沖縄県の 公務員採用試験 (教養試験)

那覇市・沖縄市・うるま市・浦添市・宜野湾市の 初級

2025

公務員試験研究会 編　協同出版

まえがき

公務員は，国や地方の行政諸機関に勤務し，営利を目的とせず，国民や住民などの幸せのため，政策・諸事務を円滑に実施・進行して，社会の土台作りを行うことを職務としています。昨今では，少子高齢化の進行や公務のDX化，国際競争力の低下などの社会情勢の変化に伴って，行政の果たす役割はますます多岐にわたり，重要さを増しています。行政改革が常に論議されているのは，どのような情勢においても安心した生活が送れるよう，公務員に対して国民や市民が，期待を寄せているからでしょう。

公務員になるためには，基本的には公務員採用試験に合格しなければなりません。公務員採用試験は，公務に携わる広い範囲の職種に就きたい人に対して課される選抜競争試験です。毎年多数の人が受験をして公務員を目指しているため，合格を勝ち取るのは容易ではありません。そんな公務員という狭き門を突破するためには，まずは自分の適性・素養を確かめると同時に，試験内容を十分に研究して対策を講じておく必要があります。

本書ではその必要性に応え，公務員採用試験に関する基本情報や受験自治体情報はもちろん，「教養試験」，「論作文試験」，「面接試験」について，最近の出題傾向を分析した上で，ポイント，問題と解説，対応方法などを掲載しています。これによって短期間に効率よく学習効果が現れ，自信をもって試験に臨むことができると確信しております。なお，本書に掲載の試験概要や自治体情報は，令和5(2023)年に実施された採用試験のものです。最新の試験概要に関しましては，各自治体HPなどをよくご確認ください。

公務員を目指す方々が本書を十分活用され，公務員採用試験の合格を勝ち取っていただくことが，私たちにとって最上の喜びです。

公務員試験研究会

沖縄県の公務員採用試験対策シリーズ

那覇市・沖縄市・うるま市・浦添市・宜野湾市の初級

◆ 目 次 ◆

第1部

試験の概要

- 公務員試験とは
- [参考資料]
  試験情報と自治体情報

公務員試験とは

◆ 公務員とはどんな職業か

一口でいえば，公務員とは，国家機関や地方公共団体に勤務する職員である。

わが国の憲法では第15条で，「公務員を選定し，及びこれを罷免することは，国民固有の権利である」としたうえで，さらに「すべて公務員は，全体の奉仕者であつて，一部の奉仕者ではない」と定めている。

また，その職務および人事管理などについては「国家公務員法」および「地方公務員法」という公務員に関する総合法規により，詳細に規定されている。たとえば「この法律は，……職員がその職務の遂行に当り，最大の能率を発揮し得るように，民主的な方法で，選択され，且つ，指導さるべきことを定め，以て国民に対し，公務員の民主的且つ能率的な運営を保障することを目的とする」（「国家公務員法」第1条）と述べられ，その職務や人事管理についてはっきりと規定されているのである。すなわち，公務は民主的な方法で選択され，また国民に対しては，民主的・能率的な公務の運営が義務づけられているといえよう。

現在の公務員の基本的性格を知るにあたって，戦前の公務員に触れておこう。戦前，すなわち明治憲法の時代には，公務員は「官吏」または「公吏」などと呼ばれ，「天皇の使用人，天皇の奉仕者」ということになっていた。したがって，官吏の立場は庶民の上に位置しており，封建時代の“お役人”とほとんど変わらない性格を帯びていた。つまり，民主主義に根ざしたものではなく，天皇を中心とした戦前の支配体制のなかで，その具体的な担い手になっていたといえるだろう。

戦後，制度が一新されて「官吏」は「公務員」と名を変え，その基本的性格もすっかり変化した。つまり，公務員の「公」の意味が「天皇」から「国民」に変わり，国民によって選定された全体の奉仕者という立場が明確にされたのである。

なお，公務員という職業は，その職務遂行にあたって国民に大きな影響をおよぼすものであるから，労働権・政治行為などの制限や，私企業からの隔離などの諸制限が加えられていることも知っておく必要がある。

◆ 公務員の種類と職務

(1) 公務員の種類

本書は，那覇市・沖縄市・うるま市・浦添市・宜野湾市の初級をめざす人のための参考書だが，ここでは公務員の種類の全体像をごく簡単に紹介しておこう。一般に公務員は国家公務員と地方公務員に大別でき，さらに一般職と特別職とに分けられる。

① 国家公務員と地方公務員

国家公務員とは，国家公務員法の適用を受け（＝一般職），国家機関である各省庁やその出先機関などに勤務し，国家から給与を受ける職員をさす。たとえば，各省庁の地方事務局などに勤務する者も，勤務地が地方であっても国家公務員である。

一方，地方公務員は，地方公務員法の適用を受け（＝一般職），各地方公共団体に勤務し，各地方公共団体から給与を受ける職員である。具体的には，都道府県や市町村の職員などを指している。

② 一般職と特別職

国家公務員と地方公務員は，それぞれ一般職と特別職に分けられる。人事院または各地方公共団体の人事委員会（またはそれに準ずるところ）を通じて採用されるのが一般職である。

特別職とは，国家公務員なら内閣総理大臣や国務大臣・国会職員などであり，地方公務員なら知事や収入役などである。それぞれ特別職は国家公務員法および地方公務員法に列記され，その特別職に属さないすべての職を一般職としている。

③ 上級職，中級職，初級職

採用試験の区分であると同時に，採用後の職務内容や給与等の区分でもある。採用試験はこの区分に合わせて実施される。地域によっては，その名称も異なる。

(2) 地方公務員の対象となる職務

地方公務員試験に合格して採用されると，各地方の職員として，事務および調査・研究または技術的業務などに従事することになる。

公務員採用にあたって公開平等に試験を実施し，成績の良い者から順に採用することを徹底していて，民間企業の採用によくみられる「指定校制」などの“制限”は原則としてない。もちろん，出身地・思想・信条などによる差別もない。これは公務員採用試験全般にわたって原則的に貫かれている大きな特徴といえよう。

◆「教養試験」の目的と内容

(1)「教養試験」の目的

教養試験は，国家公務員，地方公務員の，高校卒程度から大学卒程度までのあらゆる採用試験で，職種を問わず必ず行われている。教養試験は，単なる学科試験とは異なり，今後ますます多様化・複雑化していく公務員の業務を遂行していくのに必要な一般的知識と，これまでの学校生活や社会生活の中で自然に修得された知識，専門分野における知識などが幅広く身についているかどうか，そして，それらの知識をうまく消化し，社会生活に役立てる素質・知的能力をもっているかどうかを測定しようとするものである。

このことについては，公務員試験の受験案内には，「公務員として必要な一般的知識および知能」と記されている。このため，教養試験の分野は，大きく一般知識と一般知能の2つの分野に分けられる。

一般知識の分野は，政治，法律，経済，社会，国際関係，労働，時事問題などの社会科学と，日本史，世界史，地理，思想，文学・芸術などの人文科学，物理，化学，生物，地学，数学などの自然科学の3つの分野からなっている。

一般知識の分野の特徴は，出題科目数が非常に多いことや，出題範囲がとても広いことなどであるが，内容としては高校で学習する程度の問題が出題されているので，高校の教科書を丹念に読んでおくことが必要である。

一般知能の分野は，文章理解，数的推理，判断推理，資料解釈の4つの分野からなっている。

一般知能の分野の問題は，身につけた知識をうまく消化し，どれだけ使いこなせるかをみるために出題されているため，応用力や判断力などが試されている。そのため，知能検査に近い問題となっている。

したがって，一般知識の分野の問題は，問題を解くのに必要な基本的な知識が身についていなければ，どんなに頭をひねっても解くことはできないが，一般知能の分野の問題は，問題文を丁寧に読んでいき，じっくり考えるようにすれば，だれにでも解くことができるような問題になっている。

(2) 「一般知識分野」の内容

一般知識分野は，さらに大きく3分野に分けて出題される。

社会科学分野	われわれの社会環境，生活環境に密着した分野で，政治，経済，社会，労働，国際，時事などに分かれる。学校で学んだこと，日々の新聞などから知ることができる内容等が中心で，特に専門的な知識というべきものはほぼ必要がない。
人文科学分野	歴史・地理・文化・思想・国語など，人間の文化的側面，内容的要素に関する知識を問うもので，専門的知識よりも幅広いバランスのとれた知識が必要である。
自然科学分野	数学・物理・化学・生物・地学などを通じて，科学的で合理的な側面を調べるための試験で，出題傾向的には，前二者よりもさらに基本的な問題が多い。

以上が「一般知識分野」のあらましである。これらすべてについて偏りのない実力を要求されるのだから大変だが，見方を変えれば，一般人としての常識を問われているのであり，これまでの生活で身につけてきた知識を再確認しておけば，決して理解・解答ができないということはない問題ばかりである。

(3) 「一般知能分野」の内容

一般知能分野は，さらに大きく4分野に分けて出題される。

文章理解	言語や文章についての理解力を調べることを目的にしている。現代文や古文，漢文，また英語などから出題され，それぞれの読解力や構成力，鑑賞力などが試される。
判断推理	論理的判断力，共通性の推理力，抽象的判断力，平面・空間把握力などを調べるもので，多くの出題形式があるが，実際には例年ほぼ一定の形式で出題される。
数的推理	統計図表や研究資料を正確に把握，解読・整理する能力をみる問題である。
資料解釈	グラフや統計表を正しく読みとる能力があるかどうかを調べる問題で，かなり複雑な表などが出題されるが，設問の内容そのものはそれほど複雑ではない。

一般知能試験は，落ち着いてよく考えれば，だいたいは解ける問題である点が，知識の有無によって左右される一般知識試験と異なる。

教養試験は，原則として5肢択一式，つまり5つの選択肢のなかから正解を1つ選ぶというスタイルをとっている。難しい問題もやさしい問題も合わせて，1問正解はすべて1点という採点である。5肢択一式出題形式は，採点時に主観的要素が全く入らず，能率的に正確な採点ができ，多数の受験者を扱うことができるために採用されている。

◆「適性試験」「人物試験」の目的と内容

(1)「適性試験」の目的と内容

適性試験は一般知能試験と類似しているが，一般知能試験がその名のとおり，公務員として，あるいは社会人としてふさわしい知能の持ち主であるかどうかをみるのに対し，適性試験では実際の職務を遂行する能力・適性があるかどうかをみるものである。

出題される問題の内容そのものはきわめて簡単なものだが，問題の数が多い。これまでの例では，時間が15分，問題数が120問。3つのパターンが10題ずつ交互にあらわれるスパイラル方式である。したがって，短時間に，できるだけ多くの問題を正確に解答していくことが要求される。

内容的には，分類・照合・計算・置換・空間把握などがあり，単独ではなくこれらの検査が組み合わさった形式の問題が出ることも多い。

(2)「人物試験」の目的と内容

いわゆる面接試験である。個別面接，集団面接などを通じて受験生の人柄，つまり集団の一員として行動できるか，職務に意欲をもっているか，自分の考えを要領よくまとめて簡潔に表現できるか，などを評価・判定しようとするものである。

質問の内容は，受験生それぞれによって異なってくるが，おおよそ次のようなものである。

①	公務員を志望する動機や理由などについて
②	家族や家庭のこと，幼いときの思い出などについて
③	クラブ活動など学校生活や友人などについて
④	自分の長所や短所，趣味や特技などについて
⑤	時事問題や最近の風俗などについての感想や意見

あくまでも人物試験であるから，応答の内容そのものより，態度や話し方，表現能力などに評価の重点が置かれている。

◆「論作文試験」の目的と内容

(1)「論作文試験」の目的

「文は人なり」という言葉があるが，その人の人柄や知識・教養，考えなどを知るには，その人の文章を見るのが最良の方法だといわれている。その意味で論作文試験は，第1に「文章による人物試験」だということができよう。

また公務員は，採用後に，さまざまな文章に接したり作成したりする機会が多い。したがって，文章の構成力や表現力，基本的な用字・用語の知識は欠かせないものだ。しかし，教養試験や適性試験は，国家・地方公務員とも，おおむね択一式で行われ解答はコンピュータ処理されるので，これらの試験では受験生のその能力・知識を見ることができない。そこで論作文試験が課せられるわけで，これが第2の目的といえよう。

(2)「論作文試験」の内容

公務員採用試験における論作文試験では，一般的に課題が与えられる。つまり論作文のテーマである。これを決められた字数と時間内にまとめる。国家・地方公務員の別によって多少の違いがあるが，おおよそ1,000～1,200字，60～90分というのが普通だ。

公務員採用試験の場合，テーマは身近なものから出される。これまでの例では，次のようなものだ。

① 自分自身について	「自分を語る」「自分自身の PR」「私の生きがい」「私にとって大切なもの」
② 学校生活・友人について	「学校生活をかえりみて」「高校時代で楽しかったこと」「私の親友」「私の恩師」
③ 自分の趣味など	「写真の魅力」「本の魅力」「私と音楽」「私と絵画」「私の好きな歌」
④ 時事問題や社会風俗	「自然の保護について」「交通問題を考える」「現代の若者」
⑤ 随想，その他	「夢」「夏の１日」「秋の１日」「私の好きな季節」「若さについて」「私と旅」

以上は一例で，地方公務員の場合など，実に多様なテーマが出されている。ただ，最近の一般的な傾向として，どういう切り口でもできるようなテーマ，たとえば「山」「海」などという出題のしかたが多くなっているようだ。この題で，紀行文を書いても，人生論を展開しても，遭難事故を時事問題風に扱ってもよいというわけである。一見，やさしいようだが，実際には逆で，それだけテーマのこなし方が難しくなっているともいえよう。

次に，試験情報と自治体情報を見てみよう。

那覇市の試験情報

令和５年度那覇市職員採用候補者試験案内

受付期間

令和５年７月１９日（水）～ 令和５年８月１８日（金）

第一次試験日

＜教養・専門試験＞　９月１７日（日）
＜基礎能力検査(※)＞　９月　８日（金）～ ９月２４日（日）のうち１日

※基礎能力検査は、テストセンター方式で実施します。テストセンター方式とは、設定された受験期間中の都合が良い日時に、都合の良い会場を予約し、パソコンで受験していただくテスト方式です。

＜求める人材＞　那覇市では次のような人材を求めています。

・使命感と責任感を持って積極的かつ柔軟に行動できる向上心のある人
・思いやりを持ち親切丁寧で、協調性・コミュニケーション力のある人
・那覇が好きで、社会の一員として信頼や役割を大切にし、市民と協働できる人

1　募集職種、採用予定人数及び従事する業務

※採用予定人数はあくまでも目安です。

職種（試験区分）	採用予定人数(※)	従事する業務
行政職Ⅰ （上級・中級・初級）	30名程度	市長事務部局等において、それぞれの行政事務に従事します。
行政職Ⅱ （職務経験者）	若干名	
行政職Ⅲ （就職氷河期世代）	若干名	
行政職Ⅳ（福祉Ａ）	若干名	市長事務部局等において、社会福祉部門の業務及び行政事務に従事します。
行政職Ⅳ（福祉Ｂ）		市長事務部局等において、生活保護ケースワーク等の社会福祉部門の業務及び行政事務に従事します。
行政職Ⅴ（法務）	若干名	市長事務部局等において、それぞれの法務関係業務及び行政事務に従事します。
行政職Ⅵ（司書）	若干名	学校・市立図書館等の業務及び行政事務に従事します。
上級機械職	若干名	市長事務部局等において、機械に関する業務及び行政事務に従事します。
薬剤師	若干名	保健所に勤務し、食品・環境衛生、薬事監視等の検査・指導などの専門的業務及び行政事務に従事します。
初級土木職	若干名	市長事務部局等において、土木に関する業務及び行政事務に従事します。
消防職Ⅰ （上級・中級・初級）	10名程度	消防局及び市長事務部局において、火災の予防、鎮圧等の消防業務、救急業務及び救助業務並びに消防関係の行政事務に従事します。
消防職Ⅱ（救命）		

※市長事務部局等（市長事務部局、教育委員会、上下水道局、消防局、議会事務局及び各行政委員会事務局など）

※原則、令和６年４月１日付けの採用を予定しております。欠員状況により、令和５年度内での採用の可能性もあります。

2　受験資格

（1）各職種・試験区分ごとの受験資格は次のとおりです。

職種	試験区分	受験資格
行政職Ⅰ	上級行政	平成６年４月２日から平成14年４月１日までに生まれた者(※１)
	中級行政	平成８年４月２日から平成16年４月１日までに生まれた者 ただし、以下の者を除く。 ① 大学在学４年次以上の者又は卒業した者 ② ①と同等以上の学力があると認められる者(※２)
	初級行政	平成10年４月２日から平成18年４月１日までに生まれた者 ただし、以下の者を除く。 ① 大学（短期大学を含む。）在学２年次以上の者又は卒業した者 ② 高等専門学校卒業見込みの者又は卒業した者 ③ ②と同等の資格があると認められる者(※３)(在学２年次以上の者を含む)
行政職Ⅱ (職務経験者)		昭和61年４月２日以後生まれた者で、大学を卒業し、かつ、同一の民間企業等で継続して３年以上(36月)の職務経験がある者(※４)
行政職Ⅲ (就職氷河期世代)		昭和49年４月２日から昭和61年４月１日までに生まれた者で、下記①及び②に該当する者 ① 高等学校卒業以上の学歴を有する者 ② 沖縄県内の学校(※５)を卒業した者又は県内に住民登録がある者(※６)
行政職Ⅳ(福祉Ａ)		昭和63年４月２日以後生まれた者で、社会福祉士又は精神保健福祉士の資格を有する者(取得見込みは除く)
行政職Ⅳ(福祉Ｂ)		昭和58年４月２日以後生まれた者で、社会福祉主事の被任用資格(社会福祉士、精神保健福祉士等、有資格者含む)を有し、かつ、生活保護ケースワーカーの経験が過去10年以内に通算して３年以上(36月)ある者(※７)
行政職Ⅴ(法務)		昭和63年４月２日以後生まれた者で、法科大学院を修了した者(令和６年３月末日までに修了見込みの者を含む。)
行政職Ⅵ(司書)		平成８年４月２日以後生まれた者で、司書資格(※８)を有している者(令和６年３月末日までに取得見込みの者を含む。)
上級機械職		昭和63年４月２日から平成14年４月１日までに生まれた者で、学校教育法による大学、短期大学、専門学校又は高等学校を卒業(令和６年３月末日までに大学等を卒業見込みの者を含む。)し、かつ、機械に関する課程を履修した者(※１)
薬剤師		昭和58年４月２日以後生まれた者で、薬剤師の資格免許を有している者

職種	試験区分	受験資格
初級土木職		初級行政と同じ受験資格を有する者で、下記①又は②に該当する者 ① 学校教育法による高等学校を卒業(令和６年３月末日までに卒業見込みの者も含む。)し、かつ、土木又は建築に関する課程を履修した者 ② (a)～(h)までのいずれかの免許・資格保持者 (a)土木施工管理技士(１級・２級)、(b)技術士(建設・上下水道部門)の第一次試験合格者、(c)土木技術者(土木学会)、(d)土地区画整理士、(e)測量士、(f)建築士(１級・２級・木造)、(g)建築設備士、(h)建築施工管理技士(１級・２級)
消防職Ⅰ	上級消防	上級行政と同じ受験資格を有する者で、下記①及び②に該当する者 ① 視力(矯正視力を含む。)が両眼で 0.7 以上、一眼がそれぞれ 0.3 以上で、その他身体が職務遂行に支障のない者 ② 準中型自動車免許(AT限定・５トン限定除く。)所持者又は取得見込みの者(※９)
	中級消防	中級行政と同じ受験資格を有する者で、上級消防①及び②に該当する者
	初級消防	初級行政と同じ受験資格を有する者で、上級消防①及び②に該当する者
消防職Ⅱ(救命)		平成６年４月２日以後生まれた者で、救急救命士免許(取得見込は除く。)を有し、かつ、上級消防①及び②に該当する者

※１ 平成14年４月２日以後に生まれた者で、次のいずれかに該当する者も受験可とします。
　ア　大学（短期大学を除く。）を卒業した者又は令和６年３月31日までに卒業見込みの者
　イ　アと同等以上の学力があると認められる者（※２）

※２ 「同等以上の学力があると認められる者」とは、学校教育法に定める大学の専攻科に入学できる者、又は大学院への入学資格のある者で、外国において４年制大学を卒業した者などがこれにあたります。

※３ 「同等の資格があると認められる者」とは、平成 23 年４月 14 日号外人事院公示第 18 号（人事院の認定に関わる受験資格）第２項に定める者で、下記の者等がこれにあたります。
　ア　学校教育法による専修学校の専門課程のうち、修業年限が２年以上で、かつ、1,600 時間以上の授業の履修を義務づけている課程を卒業した者又は令和６年３月末日までに卒業見込みの者
　イ　職業能力開発促進法に基づく職業能力開発大学校及び短期大学校を卒業した者又は令和６年３月末日までに卒業見込みの者

※４ 「職務経験」とは、会社員、自営業者、公務員等として、同一の事業所に週 35 時間以上の勤務を３年以上継続していたことをいいます。(令和６年３月 31 日までの見込み含む)

※５ 小学校、中学校、高等学校、専修学校、高等専門学校、短期大学又は大学のいずれかを指します。

※６ 受付期間開始日時点で沖縄県内に住民登録がある者をいいます。

※７ 「生活保護ケースワーカーの経験」とは、平成 26 年４月１日から令和６年３月 31 日まで（見込み含む）の間に福祉事務所等で３年以上、生活保護ケースワーカー（週 30 時間以上）として勤務したことをいいます。

※８ 司書教諭及び司書補は除きます。

※9　採用後２年以内に準中型自動車免許(AT 限定・5トン限定除く。)取得見込みの者
平成 19 年６月２日～平成 29 年３月 11 日までに普通自動車免許を取得した場合は、「５トン限定準中型免許」又は「５トン限定準中型免許 AT 限定免許」となりますので、採用後２年以内に限定解除の手続きを行ってください。

＜行政職Ⅰおよび消防職Ⅰの受験資格早見表＞
○：受験可能　×：受験不可　　　　年齢基準日は令和６年４月１日時点

試験区分／最終学歴	上　級	中　級	初　級
	22 才～29 才	20 才～27 才	18 才～25 才
大学卒以上	○	×	×
短大卒・専門学校卒	○	○	×
高校卒・中学卒	○	○	○

※この早見表は、年齢と最終学歴のみでの判断ですので、注釈やその他の受験資格要件がある場合は、受験できない場合があります。

（2）次のいずれかに該当する者は受験できません。
ア　日本国籍を有しない者
イ　地方公務員法第 16 条に該当する者
① 禁錮以上の刑に処せられ、その執行を終わるまで又はその執行を受けることがなくなるまでの者
② 那覇市において懲戒免職の処分を受け、当該処分の日から２年を経過しない者
③ 日本国憲法施行の日以後において、日本国憲法又はその下に成立した政府を暴力で破壊することを主張する政党その他の団体を結成し、又はこれに加入した者

3　試験の方法及び内容

試験は第一次及び第二次試験とし、第二次試験は第一次試験の合格者について実施します。

（1）日時・試験会場等

職種等		第一次試験	第二次試験
行政職Ⅰ(上級) 消防職Ⅰ(上級)	内容	集　　合　9：00 教養試験　9：30～11：30 専門試験　13：00～15：00	・適性検査（WEB 方式） ・ケース記述試験 ・口述試験 ・体力測定（消防職のみ）
	日程	**9月 17 日(日)**	11 月４日（土） 11 月５日（日）
	会場	市内の中学校又は市役所本庁舎 ※必ず受験票で会場を確認してください。	第一次試験合格者に通知します。

<table>
<tr><th colspan="2">職種等</th><th>第一次試験</th><th>第二次試験</th></tr>
<tr><td rowspan="3">行政職Ⅳ(福祉A)
初級土木職</td><td>内容</td><td>集　合　9：00
教養試験　9：30～11：30
専門試験　13：00～14：30</td><td>・適性検査(WEB方式)
・ケース記述試験
・口述試験</td></tr>
<tr><td>日程</td><td>9月17日(日)</td><td>11月4日(土)
11月5日(日)</td></tr>
<tr><td>会場</td><td>市内の中学校又は市役所本庁舎
<u>※必ず受験票で会場を確認してください。</u></td><td>第一次試験合格者に通知します。</td></tr>
<tr><td rowspan="3">行政職Ⅴ(法務)</td><td>内容</td><td>集　合　9：00
教養試験　9：30～10：45
専門試験　12：00～13：30</td><td>・適性検査(WEB方式)
・ケース記述試験
・口述試験</td></tr>
<tr><td>日程</td><td>9月17日(日)</td><td>11月4日(土)
11月5日(日)</td></tr>
<tr><td>会場</td><td>市内の中学校又は市役所本庁舎
<u>※必ず受験票で会場を確認してください。</u></td><td>第一次試験合格者に通知します。</td></tr>
<tr><td rowspan="3">行政職Ⅰ(中級/初級)
行政職Ⅵ(司書)
消防職Ⅰ(中級/初級)
消防職Ⅱ(救命)</td><td>内容</td><td>集　合　9：00
教養試験　9：30～11：30</td><td>・適性検査(WEB方式)
・ケース記述試験
・口述試験
・体力測定(消防職のみ)</td></tr>
<tr><td>日程</td><td>9月17日(日)</td><td>11月4日(土)
11月5日(日)</td></tr>
<tr><td>会場</td><td>市内の中学校又は市役所本庁舎
<u>※必ず受験票で会場を確認してください。</u></td><td>第一次試験合格者に通知します。</td></tr>
<tr><td rowspan="3">行政職Ⅱ(職務経験者)
行政職Ⅲ(就職氷河期世代)
行政職Ⅳ(福祉B)
上級機械職
薬剤師</td><td>内容</td><td>基礎能力検査</td><td>・適性検査(WEB方式)
・ケース記述試験
・口述試験</td></tr>
<tr><td>日程</td><td>9月8日(金)
～9月24日(日)</td><td>11月4日(土)
11月5日(日)</td></tr>
<tr><td>会場</td><td>全国のテストセンター</td><td>第一次試験合格者に通知します。</td></tr>
</table>

（２）試験内容及び出題分野

＜**第一次試験**の内容＞

試験科目	試験内容
教養試験	公務員として必要な一般教養についての択一式による筆記試験を試験区分ごとに行います。
専門試験	専門知識、能力についての択一式による筆記試験を試験区分ごとに行います。
基礎能力検査	基礎的な知的能力およびその応用力、学力についての択一式による試験を行います。

＜**第一次試験**の出題分野＞

試験科目	試験区分	試験時間	出題分野
基礎能力検査	行政職Ⅱ（職務経験者） 行政職Ⅲ（就職氷河期世代） 行政職Ⅳ（福祉Ｂ） 上級機械職 薬剤師	60分	大学卒業相当の文章読解能力、数的能力、論理的思考能力、人文・社会、自然に関する一般知識、基礎英語（120問）
教養試験	行政職Ⅰ（上級） 消防職Ⅰ（上級） 行政職Ⅳ（福祉Ａ）	120分	時事、社会・人文、自然に関する一般知識並びに文章理解、判断・数的推理及び資料解釈に関する能力を問う問題（40題）
	行政職Ⅴ（法務）	75分	社会についての関心や基礎的・常識的な知識、職務遂行に必要な基礎的な言語能力・論理的思考力を検証する問題（60題）
	行政職Ⅰ（中級/初級） 行政職Ⅵ（司書） 初級土木職 消防職Ⅰ（中級/初級） 消防職Ⅱ（救命）	120分	時事、社会・人文に関する一般知識並びに文章理解、判断・数的推理及び資料解釈に関する能力を問う問題（40題）
専門試験	行政職Ⅰ（上級） 消防職Ⅰ（上級）	120分	憲法、行政法、民法、経済学、財政学、社会政策、政治学、行政学、国際関係（40題）
	行政職Ⅳ（福祉Ａ）	90分	社会福祉概論（社会保障及び介護を含む。）、社会学概論、心理学概論（30題）
	行政職Ⅴ（法務）	90分	【必須問題】　計20題 憲法（5題）、行政法（5題）、民法（5題）、政治学・行政学（5題） 【選択問題】　計10題を解答（1分野5題） ※以下の6分野から2分野を選択。 経済理論、経済政策・経済事情、財政学・金融論、社会政策（社会福祉や社会保険などの社会保障と雇用）、国際関係、社会学・教育学

試験科目	試験区分	試験時間	出題分野
専門試験	初級土木職	90分	数学・物理・情報技術基礎、土木基礎力学（構造力学、水理学、土質力学）、土木構造設計、測量、社会基盤工学、土木施工（30題）

<第二次試験の内容>

試験科目	試験区分	試験内容
適性検査	全試験区分	択一式による性格適性検査を行います。 ※口述試験の資料として使用します。
ケース記述試験	全試験区分	与えられた状況設定（ケース）に対して、問題解決力、文章による表現力等についての筆記試験を行います。
口述試験	全試験区分	個別面接、集団討論を行います。
体力測定	消防職Ⅰ・Ⅱ	職務遂行に必要な体力を測定します。握力、上体起こし、立位体前屈、反復横跳び、懸垂（女子はぶら下がり）、20mシャトルラン（往復持久力走）、立ち幅跳び

4　合格者の発表

第一次試験	10月11日（水）	那覇市役所本庁舎1階ロビーに受験番号を掲示（午後3時予定）するほか、那覇市ホームページに掲載します。また合格者へ通知します。
第二次試験	12月中旬	

※第一次試験の成績については、第一次試験合格者以外の方に通知いたします。

※第二次試験の結果については、第二次試験不合格者にも通知いたします。

※各試験科目には一定の基準があり、基準を満たさない試験科目がある場合は不合格となります。

※所定の試験科目をすべて受験した場合に有効に受験したものとし、棄権した試験科目が1つでもある場合は、他の試験科目についても採点を行いません。

5　採用候補者名簿への登載及び採用までの流れ

（1）最終合格者は、職種ごとに作成される採用候補者名簿に登載され、各任命権者が採用候補者名簿の中から採用者を決定します。

（2）採用予定者数や採用を辞退する者等の数を考慮して最終合格者数を決定するため、最終合格者数が実際の採用者数を上回ることがあり、合格しても採用にならない場合があります。

（3）心身の故障のため、職務の遂行に支障があり、又はこれに堪えないことが明らかになった場合には、採用候補者名簿から削除されます。

（4）採用までに公務員としてふさわしくない行為等があった場合には、最終合格者であっても採用にならない場合があります。

（５）採用候補者名簿の有効期間は、原則として名簿登載日(最終合格発表の日)から１年間です。

（６）消防の最終合格者は、業務遂行に必要なため、各自で４種類（麻疹、風疹、流行性耳下腺炎及び水痘）の抗体検査を実施し、抗体価が低い場合には、採用までに各自で予防接種をしていただくこととなりますので予めご了承ください。なお、抗体検査の結果表と予防接種を受けた証明（領収書等）を提出していただきます。

６　給与・勤務条件等

（１）給与（令和５年４月１日現在）

採用時における給与の額はおおむね次のとおりです。

(※職歴のある者、大学院修了者等の場合、内容に応じて加算調整が行われます。)

＜ 行政職Ⅰ～Ⅵ、上級機械職、初級土木職、消防職Ⅰ・Ⅱ ＞

大学卒程度	１８５，２００円
短大卒程度	１６７，１００円
高校卒程度	１５４，６００円

＜ 薬剤師 ＞

６年生大学卒	２１３，６００円
４年生大学卒	１９１，５００円

上記に加えて、扶養手当、住居手当、通勤手当などがそれぞれの支給要件に応じて支給されるほか、期末勤勉手当（いわゆるボーナス）が支給されます。

（２）勤務時間及び休暇等（令和５年４月１日現在）

勤務時間は、原則として午前８：30 から午後５：15 までの１日７時間 45 分勤務で、土・日曜日及び祝日等の休日は休みです。(ただし、原則と異なる勤務体制の部署もあります。)

休暇には、年次休暇（年 20 日）のほか、各種特別休暇等が付与されます。

また、ワーク・ライフ・バランス（仕事と家庭生活の両立）支援制度として、育児休業制度等があります。

（３）条件付採用について

地方公務員法の規定により、採用後６か月間は、条件付採用となります。この間の職務を良好な成績で遂行したときに正式採用となります。

那覇市の自治体情報

予算のはなし

令和5年度那覇市の一般会計の予算は、前年度比91億6200万円(5.7%)増の1686億7700万円となっています。

歳入については、市税において、景気の回復基調により個人市民税が約9億円(5.9%)増、軽減措置の終了等に伴い固定資産税が約14億円(5.5%)増、市税全体としては、約29億円(5.6%)の増額となる約545億円を見込んでいます。また、地方消費税全体の増額見込みにより地方消費税交付金は約6億円(7.8%)増、沖縄振興特別推進交付金等により県支出金は約29億円(18・8%)増、市立病院建替等により市債は約41億円(30・0%)の増額を見込む一方、コロナ関連経費の減等により国庫支出金は約9億円(2.0%)の減額を見込んでいます。

歳出については、障害福祉サービス等給付費や生活保護費など社会保障費の増により民生費が約22億円(2.6%)、市立病院の建替などで衛生費が約66億円(52・5%)、学校屋内運動場建設などで教育費が約26億円(18%)増加する一方、新真和志支所複合施設建設用地購入の終了による事業費減などにより総務費が約19億円(15・6%)減額となっています。

主な取り組みとしては、物価高騰への対応として、学校給食費高騰分の公費負担支援を行うほか、こども政策分野では出産・子育て世帯応援のための相談支援及び給付金支給などを行います。また、経済分野では泊漁港や第一牧志公設市場の再整備など、デジタル化に向けては産業DX促進支援などを行うほか、公共施設等の整備として、道路の雑草対策や奥武山体育施設の整備などについても予算を計上しています。

一般会計・特別会計・上下水道事業の企業会計をあわせた総括予算は2602億4210万3千円で前年度比122億7379万7千円(4.9%)の増となっています。

財政課 ☎862-9938

■令和5年度那覇市一般会計予算(款別)

歳入 1,686億7,700万円 ※単位:百万円、( )内は構成比、単位未満を四捨五入

市税 54,508 (32.3%)
国庫支出金 45,525 (27.0%)
県支出金 18,797 (11.1%)
市債 18,039 (10.7%)
その他 22,878 (13.6%)
地方交付税 8,930(5.3%)

内訳
- 固定資産税 27,212(16.1%)
- 市民税 21,091(12.5%)
- 市たばこ税 4,258(2.5%)
- 事業所税 1,078(0.7%)
- 軽自動車税 852(0.5%)
- 入湯税 17(0%)

財源別構成比
依存財源 60.4%
自主財源 39.6%

歳出 1,686億7,700万円 ※単位:百万円、( )内は構成比、単位未満を四捨五入

民生費 89,131 (52.9%)
衛生費 19,279 (11.4%)
教育費 17,267 (10.2%)
土木費 13,211 (7.8%)
公債費 12,566(7.5%)
総務費10,407(6.2%)
その他 6,816(4.0%)

内訳
- 消防費 3,304(2.0%)
- 商工費 1,374(0.8%)
- 農林水産業費 1,070(0.6%)
- 議会費 788(0.5%)
- 労働費 36(0.0%)
- その他 244(0.1%)

歳出の科目
- 民生費:児童福祉や社会福祉、生活保護など
- 衛生費:ごみ収集・処理や公衆衛生、保健衛生など
- 教育費:学校教育、社会教育など
- 土木費:道路・公園・市営住宅の整備や維持管理など
- 公債費:国や金融機関から借り入れた市債の返済金

総務費・・・選挙や戸籍、徴税、庁舎の維持管理など
消防費・・・生命・財産を守るための救急・消防など
商工費・・・商工業振興、観光振興など
農林水産業費・・・農業・水産業振興など
議会費・・・議員の報酬や議会運営に関係する経費
労働費・・・労働者の福祉向上や就労支援など

令和5年度　予算総括表(企業会計を含む)

単位:千円

	会計別	令和4年度当初予算	令和5年度当初予算	増減額	令和5年度対前年度増減率(%)	令和4年度対前年度増減率(%)
一般会計		159,515,000	168,677,000	9,162,000	5.7	△ 0.9
特別会計	病院事業債管理特別会計	276,288	403,557	127,269	46.1	28.5
	介護保険事業特別会計	29,671,991	30,065,228	393,237	1.3	1.3
	国民健康保険事業特別会計	39,341,559	40,945,146	1,603,587	4.1	2.7
	後期高齢者医療特別会計	3,632,357	3,938,916	306,559	8.4	△ 1.1
	母子父子寡婦福祉資金貸付事業特別会計	82,669	91,875	9,206	11.1	△ 10.2
	土地区画整理事業特別会計	12,385	10,035	△ 2,350	△ 19.0	△ 3.5
	市街地再開発事業特別会計	352,185	348,010	△ 4,175	△ 1.2	9.5
	小計	73,369,434	75,802,767	2,433,333	3.3	2.0
合計(一般会計・特別会計)		**232,884,434**	**244,479,767**	**11,595,333**	**5.0**	**0.0**
企業会計	水道事業	9,157,422	9,557,565	400,143	4.4	1.7
	下水道事業	5,926,450	6,204,771	278,321	4.7	1.5
	小計	15,083,872	15,762,336	678,464	4.5	1.6
総合計		**247,968,306**	**260,242,103**	**12,273,797**	**4.9**	**0.1**

「なは市民の友　2023年5月号」より抜粋

沖縄市の試験情報

令和５年度
沖縄市職員採用候補者試験案内

沖縄市役所 総務部 人事課
沖縄市仲宗根町26番1号
電話(098)929−3100

受付期間

令和5年7月24日（月）～令和5年8月6日（日）午後11時59分まで

※インターネットによる申込のみ

一次試験日

【建築・土木職以外】 9月17日（日）

【建築・土木職】 9月 3日（日）～9月17日（日）のうち1日(※)

※建築・土木職はテストセンター方式で行います。全国にあるテストセンターから都合のいい場所・日時を予約し受験することが可能です。

（沖縄県内では那覇市に4会場、浦添市、石垣市及び宮古島市に1会場ずつあります。）

二次試験日

令和5年11月 5日（日）・令和5年11月19日（日）

令和5年度沖縄市職員採用候補者試験を次の通り実施いたします。

1．募集職種、採用予定人数、業務内容

職　種	採用予定人数	業務内容
上級行政職（A）	若干名	市長部局、教育委員会、上下水道局及び各行政委員会において、それぞれの行政事務に従事
中級行政職（B）		
初級行政職（C）		
建築職（D）		市長部局、教育委員会、上下水道局及び各行政委員会において、それぞれの技術にかかわる業務に従事
土木職（E）		
保健師職（F）		市長部局において保健、福祉分野を主とした保健師業務及び行政事務に従事

職　種	採用予定人数	業 務 内 容
保育士職(G)	若干名	市長部局(市立保育所等)において、保育士業務に従事
幼稚園教諭職(H)		市立幼稚園において、幼稚園教育業務に従事
司書職(I)		教育委員会において、司書関連業務に従事
消防職(J)		消防本部において、火災の予防・防御及び救急・救助業務に従事

2. 受験資格

(1) 各職種・試験区分ごとに次のような受験資格(職種ごとで全ての受験資格要件を満たすこと)が必要です。

職種及び試験区分	受験資格
上級行政職 (A)	平成6年4月2日から平成18年4月1日までに生まれた者
中級行政職 (B)	平成8年4月2日から平成18年4月1日までに生まれた者 ただし、以下の者を除く。 ① 学校教育法に基づく四年制大学を卒業した者、又は令和6年3月31日までに卒業見込みの者 ② ①と同等以上の学力があると認められる者(*注1)
初級行政職 (C)	平成10年4月2日から平成18年4月1日までに生まれた者 ただし、以下の者を除く。 ① 学校教育法に基づく大学(短期大学を含む。)在学2年次以上の者又は卒業した者 ② 学校教育法に基づく高等専門学校卒業見込みの者又は卒業した者 ③ ②と同等の資格があると認められる者(在学2年次以上の者を含む)(*注2)
建築職 (D)	昭和59年4月2日以後生まれた者で、下記①又は②に該当する者 ① 大学等(*注3)において建築に関する専門課程を履修した者 ② 令和5年8月6日時点で以下(a)~(d)のいずれかの資格を有する者 (a) 建築基準適合判定資格者 (b) 技術士又は技術士補(建設部門) (c) 建築士(1級又は2級) (d) 建築施工管理技士(1級又は2級)
土木職 (E)	昭和59年4月2日以後生まれた者で、下記①又は②に該当する者 ① 大学等(*注3)において土木に関する専門課程を履修した者 ② 令和5年8月6日時点で以下(e)~(i)のいずれかの資格を有する者 (e) 技術士又は技術士補(建設部門又は上下水道部門) (f) RCCM(シビルコンサルティングマネージャー) (g) 土地区画整理士 (h) 測量士又は測量士補 (i) 土木施工管理技士(1級又は2級)
保健師職 (F)	昭和 59 年4月2日以後生まれた者で、下記①、②すべてに該当する者 ① 保健師免許を有する者(令和6年3月31日までに取得見込みの者を含む) ② 普通運転免許取得者(AT限定可)又は令和6年3月31日までに取得可能な者

保育士職 (G) 幼稚園教諭職 (H)	昭和 63 年4月2日以後生まれた者で、下記に該当する者 ① 保育士資格及び幼稚園教諭免許の両方を有する者(令和6年3月31日までに取得見込みの者を含む)
司書職 (I)	平成6年4月2日以後生まれた者で、下記に該当する者 ① 司書資格を有する者(令和6年3月31日までに取得見込みの者を含む)
消防職 (J)	平成 6 年4月2日以後生まれた者で、下記①、②、③すべてに該当する者 ① 学校教育法による高等学校以上を卒業した者又は令和6年3月31日までに卒業見込みの者、若しくはこれと同等の資格があると認められる者 ② 普通自動車運転免許所持者又は取得見込みの者(※) ③ 視力(矯正視力が両眼で0.8以上かつ、片眼でそれぞれ0.5以上)、聴力(左右とも正常である)、その他身体が職務遂行に支障のない者 ※採用後2年以内に普通自動車運転免許を取得見込みの者。また、大型自動車運転免許の取得可能な資格要件に達した後、速やかに当該運転免許を取得すること

*注1 学校教育法に定める大学の専攻科に入学できる者又は、大学院への入学資格のある者で、外国において4年制大学を卒業した者などがこれにあたります。

*注2 *注1の者又は次に掲げる者

①学校教育法による専修学校の専門課程のうち、修業年限が 2 年以上で、かつ、1,600 時間以上の授業の履修を義務付けている課程で、筆記試験等を卒業の要件とするものを卒業した者、又は令和 6 年 3 月 31 日までに卒業見込みの者

②職業能力開発促進法に基づく職業訓練短期大学校を卒業した者、又は令和 6 年 3 月 31 日までに卒業見込みの者

*注3 学校教育法に基づく大学(短期大学を除く)(令和6年3月31日までに卒業見込みを含む)若しくはこれと同等以上の学力があると認められる者

※受験資格について虚偽がある場合は、最終試験に合格しても合格取り消しになります。

※他の職種との重複申し込みはできません。

(2) 欠格事項(次のいずれかに該当する者は受験できません)

①日本国籍を有しない者。

②地方公務員法第 16 条に該当する者。

ア. 禁錮以上の刑に処せられ、その執行を終わるまで又はその執行を受けることがなくなるまでの者

イ. 沖縄市において懲戒免職の処分を受け、当該処分の日から 2 年を経過しない者

ウ. 日本国憲法施行の日以後において、日本国憲法又はその下に成立した政府を暴力で破壊することを主張する政党その他の団体を結成し、又はこれに加入した者

3. 試験の方法及び内容

試験は第一次試験及び第二次試験とし、第二次試験は第一次試験の合格者についてのみ実施します。

※消防職については、第二次試験は体力試験合格者のみ実施します。

(1) 日時・試験会場

<table>
<tr><th>区 分</th><th colspan="2">日 時</th><th>試験会場</th></tr>
<tr><td rowspan="3">第一次試験
(建築・土木職以外の職種)</td><td rowspan="3">令和５年９月17日(日)</td><td>着　席 9:30</td><td rowspan="3">市内中学校
(※)</td></tr>
<tr><td>教養試験 10:00~12:00</td></tr>
<tr><td>専門試験 13:15~
(上級行政職、保健師職、保育士職、幼稚園教諭職のみ)</td></tr>
<tr><td>第一次試験
(建築・土木職)</td><td>令和５年９月３日(日)
~令和５年９月17日(日)
のうち１日</td><td>基礎能力試験</td><td>全国のテストセンター(各自で日時・会場を予約し受験)</td></tr>
<tr><td>体力試験
(消防職のみ)</td><td>令和５年10月14日(土)
＊一次試験合格者のみ</td><td>受付開始 9:00</td><td>沖縄市消防本部</td></tr>
<tr><td>第二次試験</td><td colspan="3">令和５年11月　5日(日)　ケース記述試験(消防職を除く全試験区分)
個別面接１回目(全試験区分共通)
令和５年11月19日(日)　個別面接２回目(全試験区分共通)
＊個別面接を２回実施します(詳細は一次試験合格者あてに通知)</td></tr>
</table>

※第一次試験の試験会場は、「受験票」で指定しますので、各自御確認下さい。

【第一次試験(建築・土木職以外の職種)に関する注意事項】

◎試験会場の駐車場は利用できません。バス等の交通機関をご利用ください。

(会場周辺での違法駐車がないようお願いします。)

◎試験会場(校舎玄関)は、午前9時30分と午後1時15分に施錠します。

遅刻者は原則受験できませんので注意して下さい。

(2) 試験の内容

<第一次試験>　※択一式

試験科目	試験区分	試験時間	試験内容
基礎能力試験	建築職 土木職	45分	文章読解能力、数的能力、論理的思考能力（大学卒業程度）
教養試験	上級行政職	120分	時事、社会・人文に関する一般知識を問う問題（「自然に関する一般知識」の出題はありません。） 文章理解、判断・数的推理、資料解釈に関する能力を問う問題（大学卒業程度）
	中級・初級行政職 保健師職 保育士職 幼稚園教諭職 司書職 消防職	120分	時事、社会・人文に関する一般知識を問う問題（「自然に関する一般知識」の出題はありません。） 文章理解、判断・数的推理、資料解釈に関する能力を問う問題（高校卒業程度）
専門試験	上級行政職	120分	憲法、行政法、民法、経済学、財政学、社会政策、政治学、行政学、国際関係
	保健師職	90分	公衆衛生看護学、疫学、保健統計学、保健医療福祉行政論
	保育士職	90分	社会福祉、子ども家庭福祉（社会的養護を含む。）、保育の心理学、保育原理・保育内容、子どもの保健 ※障害児保育については、上記のいずれかの分野で出題することがあります。
	幼稚園教諭職	90分	発達心理、教育学、保育原理、保育内容、法規

<体力試験>　※消防職第一次試験合格者のみ

試験科目	試験の内容
体力試験	男子）①懸垂　②上体起こし　③反復横とび　④立ち幅とび　⑤シャトルラン 女子）①ぶら下がり　②上体起こし　③反復横とび　④立ち幅とび　⑤シャトルラン

【体力試験に関する注意事項】

※　運動着、運動靴（屋外用・屋内用両方）、タオル、飲み物等持参。
　　雨天決行（遅刻者は原則受験不可）。

※　詳しくは別紙実施要領をご確認ください。

<第二次試験>

試験科目	試験の内容
ケース記述試験	与えられた状況設定に対する問題解決力や文章表現力等についての試験 （消防職を除く全試験区分）
口述試験	個別面接（全試験区分共通）
身上調査	受験資格の有無、受験申込記載事項の審議、申込書内容等の調査（全試験区分共通）
身体検査	職務遂行に必要な健康を有するかどうかの検査（消防職のみ） （医療機関等において検査した診断書の提出を求め、これにより判断します）

※最終合格者については第二次試験の成績のみにより決定し、第一次試験の成績は反映されません。

4. 合格者の発表

	日時	方法
第一次試験	令和5年10月6日(金)午後2時	沖縄市役所玄関横に受験番号の掲示。 沖縄市ホームページへの掲載。 合格者へ別途通知。
体力試験	令和5年10月17日(火)午後2時	
第二次試験	令和5年12月上旬予定	

※ 第一次試験・第二次試験の成績については、合格発表後に試験申込マイページにて確認できます。
(第一次試験合格者については、最終合格発表後にしか確認できません。)

5. 受験申込方法等　※インターネットによる申込のみ

沖縄市ホームページにアクセスし、手順に従い申込を行って下さい(詳細は8,9ページ参照)。

https://www.city.okinawa.okinawa.jp/shiseijouhou/jinjisaiyou/shokuinsaiyou/index.html

※事情によりインターネットによる方法が困難な方は、令和5年7月27日(木)までに以下の≪連絡先≫までご連絡ください。

●申込期間:令和5年7月24日(月)午前8時30分〜令和5年8月6日(日)午後11時59分
(申込期間中は24時間いつでも申込可能ですが、システムの保守・点検等のため予告なく停止する場合があります)

※申込後マイページにて受験票を送信します。各自でA4用紙に印刷し試験当日持参して下さい。
令和5年8月25日(金)までに受験票発行メールが届かないときには直ちにご連絡下さい。
※車椅子利用等の受験者は、申込時に連絡して下さい。

≪連絡先≫ 総務部人事課 TEL(098)929−3100

6. 採用候補者名簿の作成・採用の経路

(1) 最終合格者は、職種ごとに作成される採用候補者名簿に登載され、各任命権者が採用候補者名簿の中から順に採用者を決定します。
(2) 最終合格者の数は、年間の採用予定者数に採用を辞退する者の数を考慮して決定しますので、採用数を上回る合格者となり、合格しても採用にならないことがあります。
(3) 採用候補者名簿の有効期間は、原則として名簿登載の日から1年間です。
(4) 消防職の最終合格者は、業務遂行に必要なため、各自で4種類(麻疹、風疹、流行性耳下腺炎及び水痘)の抗体検査を実施し、抗体価が低い場合には、採用までに各自で予防接種して頂くことになります。なお、抗体検査の結果表と予防接種を受けた証明(領収書等)を提出して下さい。

7．給与・勤務条件等

（1）給与

採用時における給料はおおむね次の通りです。（令和5年7月現在）　単位：円

職　種	上　級（大卒程度）	中　級（短大卒程度）	初　級（高校卒程度）
行政職	185,200	167,100	154,600
建築職	185,200		
土木職	185,200		
保健師職	198,500		
保育士職	185,200	167,100	
幼稚園教諭職	191,700	172,600	
司書職	185,200	167,100	
消防職			154,600

このほか扶養手当、住居手当、通勤手当など、それぞれの支給要件に応じて支給されるほか、期末・勤勉手当（賞与）が支給されます。学歴・職歴等がある場合には、内容に応じて給料の加算調整が行われます。

（2）勤務時間等（令和5年7月現在）

①勤務時間は、原則として月曜日から金曜日までの午前8時30分から午後5時15分までの週休2日制です。ただし、前記と異なる勤務体制の部署もあります。

②毎年度に20日分の年次休暇のほか、各種特別休暇があります。

沖縄市の自治体情報

1　予算の概要

令和５年度一般会計予算の総額は、前年度当初予算に比べ1.6%減（12億800万円減）の738億500万円となっている。

歳入について、市税では、固定資産税や法人市民税の増などにより前年度当初比で2.1%の増、地方消費税交付金は7.8%の増、地方特例交付金は72.6%の増、地方交付税は2.8%の増、国庫支出金は沖縄アリーナ推進事業（再編推進事業補助金）や新型コロナ感染症臨時交付金の減により11.9%の減、県支出金は特別支援教育事業（沖縄振興交付金）や音楽のまち推進事業（沖縄振興交付金）の増により12.1%の増、繰入金は財政調整基金繰入金が2.6%の増、公共施設等整備基金繰入金が19.6%の減、市債は2.2%の減となっている。

歳出について、総務費では、市議会議員及び市長選挙費ほか、県知事選挙費、参議院議員選挙費の減により約7,724万円の減（1.3%減）、民生費では、私立保育施設等整備事業が皆減となった一方、教育・保育給付費や障害者自立支援給付費の増により約5億9,082万円の増（1.4%増）、衛生費では、出産・子育て応援給付金給付事業費の増により約1億2,791万円の増（2.7%増）、農林水産費では、水産業振興対策事業の増により約7,713万円の増（22.4%増）、商工費では、沖縄アリーナ推進事業やプレミアム付商品券事業（新型コロナ感染症緊急対策）の減により約29億7,489万円の減（58.5%減）、土木費では、美里市営住宅建替事業の減により約2億7,593万円の減（4.9%減）、消防費では、消防車両等維持管理費の増により約2,344万円の増（2.0%増）、教育費では、宮里中学校整備事業や学校施設太陽光発電設備整備事業の増により約11億4,298万円の増（16.6%増）となっている。

2 歳入予算の一覧

（単位：千円）

区　分	令和5年度予算額	構成比（%）	対前年度増減額	増減率（%）	令和4年度予算額
1 市税	15,964,014	21.6	323,551	2.1	15,640,463
2 地方譲与税	264,578	0.4	△ 1,766	△ 0.7	266,344
3 利子割交付金	3,133	0.0	△ 2,656	△ 45.9	5,789
4 配当割交付金	32,746	0.0	12,826	64.4	19,920
5 株式等譲渡所得割交付金	35,150	0.1	16,242	85.9	18,908
6 法人事業税交付金	179,488	0.2	20,942	13.2	158,546
7 地方消費税交付金	3,147,148	4.3	226,887	7.8	2,920,261
8 環境性能割交付金	25,947	0.0	4,445	20.7	21,502
9 国有提供施設等所在市町村助成交付金	1,444,553	2.0	56,603	4.1	1,387,950
10 地方特例交付金	95,129	0.1	40,029	72.6	55,100
11 地方交付税	11,695,561	15.9	316,204	2.8	11,379,357
12 交通安全対策特別交付金	18,232	0.0	△ 473	△ 2.5	18,705
13 分担金及び負担金	412,234	0.6	13,795	3.5	398,439
14 使用料及び手数料	759,605	1.0	△ 25,546	△ 3.3	785,151
15 国庫支出金	22,601,060	30.6	△ 3,043,365	△ 11.9	25,644,425
16 県支出金	8,522,047	11.6	919,727	12.1	7,602,320
17 財産収入	1,310,329	1.8	8,727	0.7	1,301,602
18 寄付金	166,843	0.2	39,787	31.3	127,056
19 繰入金	4,188,616	5.7	△ 74,640	△ 1.8	4,263,256
20 繰越金	1	0.0	0	–	1
21 諸収入	472,472	0.6	△ 2,895	△ 0.6	475,367
22 市債	2,466,114	3.3	△ 56,424	△ 2.2	2,522,538
合　計	73,805,000	100.0	△ 1,208,000	△ 1.6	75,013,000

3 歳出予算の一覧

(1)目的別

(単位:千円)

区 分	令和5年度予算額	構成比(%)	対前年度増減額	増減率(%)	令和4年度予算額
1 議会費	406,219	0.6	12,217	3.1	394,002
2 総務費	6,079,284	8.1	△ 77,239	△ 1.3	6,156,523
3 民生費	41,530,237	56.3	590,817	1.4	40,939,420
4 衛生費	4,818,119	6.5	127,913	2.7	4,690,206
5 労働費	122,476	0.2	31,384	34.5	91,092
6 農林水産業費	422,092	0.6	77,126	22.4	344,966
7 商工費	2,107,571	2.9	△ 2,974,893	△ 58.5	5,082,464
8 土木費	5,406,370	7.3	△ 275,928	△ 4.9	5,682,298
9 消防費	1,172,386	1.6	23,437	2.0	1,148,949
10 教育費	8,034,527	10.9	1,142,979	16.6	6,891,548
11 災害復旧費	4	0.0	0	–	4
12 公債費	3,545,714	4.8	114,187	3.3	3,431,527
13 諸支出金	1	0.0	0	–	1
14 予備費	160,000	0.2	0	–	160,000
合 計	73,805,000	100.0	△ 1,208,000	△ 1.6	75,013,000

3 歳出予算の一覧

(2)性質別

(単位:千円)

区　分	令和5年度予算額	構成比(%)	対前年度増減額	増減率(%)	令和4年度予算額
1　人件費	10,435,957	14.1	373,269	3.7	10,062,688
2　物件費	10,142,205	13.8	143,667	1.4	9,998,538
3　維持補修費	353,968	0.5	△ 33,217	△ 8.6	387,185
4　扶助費	31,486,535	42.7	566,792	1.8	30,919,743
5　補助費等	4,596,519	6.2	△ 355,505	△ 7.2	4,952,024
6　普通建設事業費	6,935,765	9.4	△ 2,307,512	△ 25.0	9,243,277
7　災害復旧事業費	4	0.0	0	-	4
8　失業対策事業費	0	0.0	0	-	0
9　公債費	3,545,714	4.8	114,187	3.3	3,431,527
10　積立金	836,871	1.1	52,602	6.7	784,269
11　投資及び出資金	0	0.0	0	-	0
12　貸付金	10,177	0.0	0	-	10,177
13　繰出金	5,301,285	7.2	237,717	4.7	5,063,568
14　予備費	160,000	0.2	0	-	160,000
合　計	73,805,000	100.0	△ 1,208,000	△ 1.6	75,013,000

「令和5年度沖縄市予算の概要」より抜粋

うるま市の試験情報

うるま市役所総務部職員課

令和5年度 うるま市職員採用候補者試験要項（行政職）

令和5年度うるま市職員採用候補者試験を次のとおり実施します。

●令和5年度中にうるま市が実施する他の試験とは併願できません。ご留意願います。

1. 職種・試験区分、受験資格、従事する業務、採用予定人数

職種・試験区分	受験資格	従事する業務	採用予定人数
行政職Ⅰ（上級行政）A	①昭和63年4月2日以降に出生した者 ②学校教育法に基づく四年制大学を卒業した者、又は令和6年3月31日までに卒業見込みの者、若しくはこれと同等以上の学力があると認められる者（※注1）	市長部局、教育委員会、水道部及び各行政委員会事務局等において、それぞれの行政事務に従事します。	若干名
行政職Ⅰ（中級行政）B	①昭和63年4月2日以降に出生した者 ②最終学歴が学校教育法に基づく短期大学、高等専門学校を卒業した者、又は令和6年3月31日までに卒業見込みの者、若しくはこれと同等の資格があると認められる者（※注2）（※注3）（※注4）		
行政職Ⅰ（初級行政）C	①昭和63年4月2日以降に出生した者 ②最終学歴が学校教育法に基づく高等学校を卒業した者、又は令和6年3月31日までに卒業見込みの者、若しくはこれと同等の資格があると認められる者（※注5）（※注6）		

注1 「同等以上の学力があると認められる者」とは、学校教育法第102条第2項の規定により大学院に入学したことのある者、同法第104条第7項に該当する者及び学校教育法施行規則第155条第1項各号に該当する者で、外国において四年制大学を卒業した者のほか、うるま市職員採用試験委員会が同等以上の学力があると認める者がこれにあたります。

注2 「同等の資格があると認められる者」とは、次に掲げる者がこれにあたります。

(1) 学校教育法による専修学校の専門課程のうち、修業年限が2年以上で、かつ、1,600時間以上の授業の履修を義務付けている課程で、筆記試験等を卒業の要件とするものを卒業した者、又は令和6年3月31日までに卒業見込みの者

(2) 職業能力開発促進法に基づく職業訓練短期大学校を卒業した者、又は令和6年3月31日までに卒業見込みの者

(3) (1) (2) 以外の者で、うるま市職員採用試験委員会が同等の資格があると認める者

注3 上級の受験資格を有する者は、受験できません。

注4 大学在学中の者の試験区分については、大学に2年以上在籍し、62単位以上の単位取得者については、中級区分とします。

注5 「同等の資格があると認められる者」とは、うるま市職員採用試験委員会が同等の資格があると認める者がこれにあたります。

注6 上級又は中級の受験資格を有する者は、受験できません。

※次のいずれかに該当する者は受験できません。

①日本国籍を有しない者

②地方公務員法第16条に該当する者

ア 禁固以上の刑に処せられ、その執行を終わるまで又はその執行を受けることがなくなるまでの者

イ うるま市職員として懲戒免職の処分を受け、当該処分の日から2年を経過しない者

ウ 日本国憲法施行の日以後において、日本国憲法又はその下に成立した政府を暴力で破壊することを主張する政党、その他の団体を結成し、又はこれに加入した者

2. 試験日時、試験会場及び内容

※台風等で日程が変更になる場合は、メール又はホームページでお知らせします。

【第一次試験】

日 時	令和5年9月17日（日） 試験時間 10:00～12:00 <開場時刻 8:30 集合時刻 9:30> ※試験会場へ入場する際に検温を実施します。※37.5℃以上の方、体調不良の方は別室にて受験いただきます。 ※9:30に玄関を閉鎖します。それ以降の入場は出来ませんのでご注意ください。
会 場	うるま市立具志川中学校（うるま市字喜屋武591番地）
内 容	**教養試験** ●（全試験区分で実施） **【出題分野】** 時事、社会・人文に関する一般知識を問う問題（「自然に関する一般知識」の出題はありません。）及び文章理解、判断・数的推理、資料解釈に関する能力を問う問題についての筆記試験です。 **【問題形式及び回答時間】** 5肢択一式 40題 （120分）

【第二次試験】 ※第一次試験合格者のみ

日 時	令和5年10月下旬 ①ケース記述試験　②性格特性検査　③職場適応性検査 ※詳細は、第二次試験の手続きの際にお知らせするほか、第一次試験合格者へ通知します。 令和5年11月中旬 ④口述試験（個人面接）
会 場	①～③うるま市役所東棟3階　④うるま市役所西棟4階
内 容	**①ケース記述試験 700字（60分）** ●全試験区分で実施 与えられた状況に対して、起こっている問題と原因・解決策を解答する記述試験です。 **②性格特性検査（20分）** ●全試験区分で実施 公務員に求められる資質に関し、性格傾向の面から特徴を把握するための検査です。 **③職場適応性検査（20分）** ●全試験区分で実施 職務への対応や対人関係に関し、性格傾向の面から特徴を把握するための検査です。 **④口述試験（個人面接）** ●全試験区分で実施

【第三次試験】 ※第二次試験合格者のみ

日 時	令和5年11月下旬 ※詳細は、第三次試験の手続きの際にお知らせするほか、第二次試験合格者へ通知します。
会 場	うるま市役所西棟4階
内 容	口述試験（個人面接） ●全試験区分で実施

3. 合格発表

合格発表日		合格発表場所
第一次試験	令和5年10月6日（金）	うるま市ホームページへ掲載します。
第二次試験	令和5年11月17日（金）	
第三次試験	令和5年12月8日（金）	

（注） 各試験の合否について、電話やメール等による確認にはお応えできません。

4. 申込み方法等

※必ず以下を確認し、申込みを行ってください。

申込み方法	インターネットによる申込みのみです うるま市職員採用候補者試験に関するページ ※うるま市ホームページ内の申込み専用サイトリンクにアクセスしてください。 【URL】 https://www.city.uruma.lg.jp/shisei/163 （申込みに係る通信料は、受験申込者のご負担となります。） ▲▲QRコード
受付期間	受付開始 令和5年 7月10日（月）13:00 受付終了 令和5年 7月24日（月）23:59

● 申込み締め切りの直前は、サーバーが込み合うことなどにより申込みに時間がかかるおそれがありますので、時間に余裕をもって手続きを行ってください。

● 受付期間中は、24時間いつでも申込み可能ですが、システムの保守・点検等を行う必要がある場合や、重大な障害その他やむを得ない理由が生じた場合は、事前の通知を行うことなく、本システムの運用停止、休止、中断、または制限を行うことがありますので、あらかじめご了承ください。また、このために生じた申込みの遅延等には一切の責任を負いませんのでご注意ください。

6. 合格から採用について

（1） 虚偽の申告等により受験し合格（採用）した者に虚偽が発覚した場合は、合格（採用）を取消します。

（2） 卒業見込みの者で、令和6年3月31日までに卒業できない者は、合格（採用）を取消します。

（3） 最終合格者は、うるま市職員採用候補者名簿に合格通知の日から1年間登録し、その間に任命権者の請求により採用されます。

（4） 最終合格者の数は、年間の採用予定者数と採用辞退する者等を考慮して決定し、うるま市職員採用候補者名簿に登録されますが、**うるま市職員採用候補者名簿の登録期限が1年であることから、うるま市職員採用候補者名簿に登録されても採用されないことがあります。**

（5） 最終合格者の採用は令和6年4月1日を予定しておりますが、欠員状況等により令和5年度内採用の可能性もあります。

7. 給与・勤務条件等

（1） 給与

採用時における給料は、おおむね次のとおりです。※令和5年4月1日現在

試験区分	初任給
上級（大学卒業程度）	185,200円
中級（短大卒業程度）	167,100円
初級（高校卒業程度）	154,600円

※ 職歴等により給料の加算調整があります。

※ このほか扶養手当、住居手当、通勤手当、期末勤勉手当等が支給要件に応じて支給されます。

（2） 勤務時間、休暇等

① 勤務時間は、原則として月曜日から金曜日までの8:30から17:15までの週休2日制です。ただし、これと異なる勤務体制の部署もあります。

② 1年に20日の年次有給休暇のほか、各種特別休暇があります。

（3） 条件付採用について

地方公務員法の規定により、採用後6箇月間は、条件付採用となります。
この間の勤務成績が良好な者について、正式採用となります。

うるま市の自治体情報

令和5年度 うるま市の予算

第167回うるま市議会定例会で、令和5年度の一般会計予算および特別会計等の予算が可決されました。予算規模は、1,067億7,088万円で、前年度当初予算に比べ3.7%の増額となっています。

(単位：万円)

区分		令和５年度当初予算額	令和４年度当初予算額	比較	伸び率
一般会計		6,896,733	6,677,621	219,112	3.3%
特別会計	国民健康保険特別会計	1,619,032	1,578,212	40,820	2.6%
	介護保険特別会計	1,143,085	1,107,759	35,326	3.2%
	農業集落排水事業特別会計	11,370	2,491	8,879	356.5%
	後期高齢者医療特別会計	124,453	113,704	10,749	9.5%
	小計	2,897,940	2,802,166	95,774	3.4%
水道事業会計		414,753	383,246	31,507	8.2%
下水道事業会計		467,662	430,380	37,282	8.7%
合計(予算規模)		10,677,088	10,293,413	383,675	3.7%

※端数処理のため、比較及び合計の予算額が合わないこともあります。

一般会計予算 689億6,733万円

このうち一般会計予算を目的別と性質別に分けて分析すると、次の円グラフのとおりになります。
※円グラフの内側が性質別で、外側が目的別の構成になります。

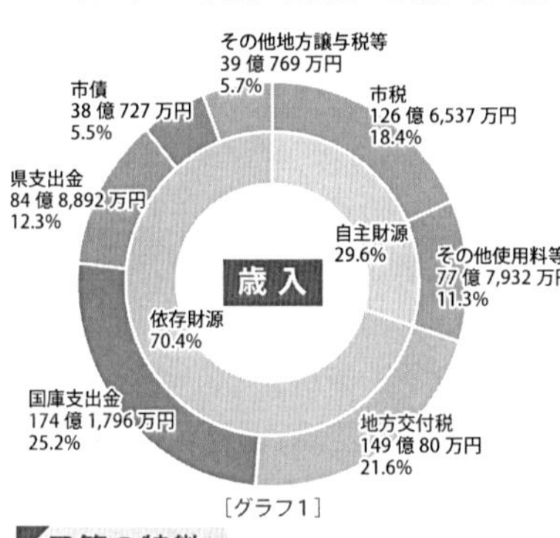

［グラフ1］

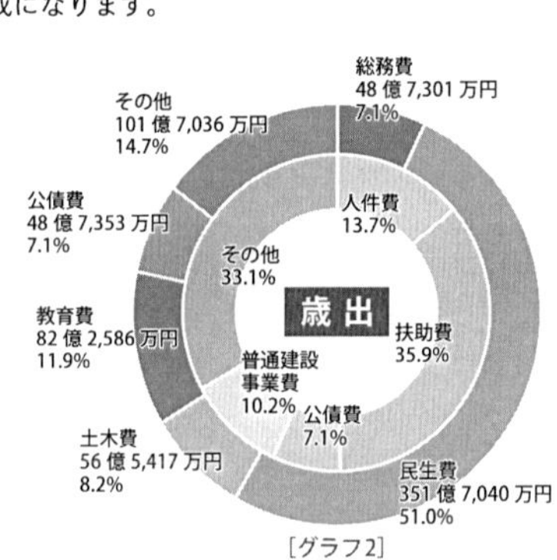

［グラフ2］

予算の特徴

令和５年度は、「第2次うるま市総合計画・後期基本計画」の２年目となり、市民が互いに支えあい協働によるまちづくりを実践し、まちの将来像「愛してます　住みよいまち　うるま」の実現に取り組んでいくためのより重要な時期になります。そのような中、財政運営の健全化を図りつつ、少子高齢化などを背景とする社会保障等を充実させる一方、新型コロナウイルス感染症の影響で落ち込んだ経済の回復及び地域活性化を目的とした「がんばろう！地域活動元気応援事業」等の事業実施を予定しております。令和５年度の一般会計予算の総額は689億6,733万円で、前年度当初予算と比較して21億9,112万円、率にして3.3％の増額となっております。

歳入については、市税等の自主財源が歳入総額の29.6％、地方交付税及び国庫支出金等の依存財源は70.4％となっています。自主財源においては市税が前年度と比較して6.3％の増額、地方交付税については1.8％の増額を見込んでいます。

歳出については、行政サービスを目的別で分類した経費で見ると「福祉や医療などの経費(民生費)」や「学校教育や生涯学習などの経費(教育費)」が大きな割合を占めています。性質別で分類した経費で見ると、扶助費が9.1％増額となっています。

うるま市では行財政改革の視点に立ち、事務事業の見直し等による経費の圧縮や市民税などの徴収率の向上による自主財源の確保に取り組んでいますが、歳入における自主財源の割合が低い中、多様化する市民ニーズと地域課題に対応するため、市の貯金である財政調整基金を約47億円取り崩して予算収支の均衡を保つなど、依然として厳しい予算編成となっています。

今年度の主な事業

総務費

【がんばろう！地域活動元気応援事業：18,000千円】
地域活性化に関連する取組を行っている市内団体等を対象に事業提案を公募し、助成金を交付する事業。

民生費

【権利擁護事業：11,042千円】
弱者保護の観点から、権利擁護及び成年後見制度の相談支援等を実施する事業。

衛生費

【出産・子育て応援給付金事業：136,605千円】
妊娠期から出産・子育てまでを一貫した相談支援及び経済的支援を行う事業。

商工費

【観光誘客促進事業：50,000千円】
観光地としての認知度向上や誘客促進を目的に、メディアやイベント等を活用し、本市の魅力発信を行う事業。

土木費

【勝連城跡周辺文化観光拠点整備事業：124,665千円】
世界遺産である勝連城跡の歴史環境保全、観光振興及び地域活性化等に資する拠点を整備する事業。

消防費

【高規格救急車購入事業：52,762千円】

教育費

【総合アリーナ整備事業：411,548千円】
老朽化した具志川総合体育館等の更新等を行う事業。

市民一人当たり納税額＝ $\dfrac{\text{市税}}{\text{人口}}$ ＝100,500円

市民一人当たり予算額＝ $\dfrac{\text{一般会計}}{\text{人口}}$ ＝547,260円

差額＝▲446,760円

市民一人当たりの納税額と予算額の差額44万6,760円は地方交付税や国県の支出金、また市の借金等で賄われています。

予算額の内訳を市民一人あたりで見てみると…
（令和5年4月1日現在の人口126,023人で換算）

予算で使われる用語の意味

【一般会計と特別会計】
一般会計は福祉や教育、道路・公園や衛生など市の基本的な施策を行うための会計で、特別会計は特定の収入をもって特定の事業を実施するために設けられている会計です。

【自主財源と依存財源】
自主財源は、市税やごみ処理手数料など市が自主的に収入できる財源のことで、依存財源は、国や県から交付されたり割り当てられる収入のことです。

【市税】
市民税や固定資産税など、市民や市内の事業所などが納めた税金です。

【地方交付税】
全国的に一定水準の行政サービスが実施できるよう、歳入の格差を調整するために国から配られるお金です。

【国・県支出金】
事業を実施するための特定目的の財源として、国や県から交付される使いみちが決められているお金です。

【総務費】
市の全般的な管理事務・事業や交通安全、防犯対策などに要する費用です。

【民生費】
児童、高齢者、障害者などの福祉に要する費用です。

【土木費】
道路建設や公園の整備、市営住宅の管理などに要する費用です。

【教育費】
幼稚園、小中学校をはじめ学校教育や社会教育・文化振興などの教育全般にわたる費用です。

【公債費】
地方公共団体が借り入れた市債（長期の借金）の元利償還金及び一時借入金の利子です。

【人件費】
職員等に対し勤労の対価、報酬として支払われる費用です。

【扶助費】
児童から高齢者まで幅広い市民を対象に国の法令や市の条例などに基づき、社会生活を援助するために支出する費用です。

【普通建設事業費】
学校や公営住宅、道路などを建設するための費用です。

「広報うるま　2023年5月1日号」より抜粋

浦添市の試験情報

令和５年度
浦添市職員採用候補者選定試験案内

●募集する職種等

職　　種	従事する業務内容	採用予定数	採用予定年月日
一般行政職	行政事務全般に従事します。	8名程度	原則として、令和6年4月1日に採用されます。 なお、既に学校等を卒業している人又は資格・免許等を取得している人については、令和6年4月より前に採用されることもあります。
消防職	火災の防御・鎮圧、救急業務に従事します。	若干名	
情報技術職	行政事務及びシステム開発やシステム管理などの業務に従事します。	若干名	
設備職（電気・機械）	電気、機械に関する業務及び行政事務に従事します。	若干名	
社会福祉士職	社会福祉部門の業務及び行政事務に従事します。	若干名	
保育士・保育教諭職	市立の保育所及び認定こども園における教育・保育に関する業務のほか、行政事務に従事します。	若干名	

●申込受付期間　令和５年７月28日（金）から８月21日（月）まで

●申込方法　インターネット申込のみ

●試験日時等

	試験日時	試験会場
一次試験	令和５年９月１７日（日） 午前９時30分集合（午前１０時開始） ※ただし、保育士・保育教諭職は午前11時30分集合（12時開始）	琉球大学　工学部棟
二次試験	令和５年１１月初旬から中旬 ※日程の詳細は第一次試験合格者へ通知します。	浦添市役所本庁舎 浦添市消防本部

その他、詳細については次頁以降の浦添市職員採用候補者選定試験実施要項をご覧ください。

〒９０１－２５０１　沖縄県浦添市安波茶１－１－１
浦添市役所 総務部職員課 人事係　　電話(０９８) ８７６－１２３４　内線（２０６７）

1　職種及び試験区分、受験資格及び給与等について

（1）職種及び試験区分等

職種及び試験区分、受験資格については、下表のとおりです。

	職種及び試験区分	受　験　資　格
上級	一般行政職 （A）	平成6年4月2日から平成14年4月1日までに生まれた者。（※1）
上級	消防職 （B）	平成6年4月2日から平成14年4月1日までに生まれた者（※1）で、下記ア及びイに該当する者。 ア 普通自動車運転免許を有する者、又は令和6年3月末日までに取得見込みの者 イ 採用後に大型自動車免許を取得すること
上級	情報技術職 （C）	昭和58年4月2日以降に生まれた者で、下記ア及びイに該当する者。 ア 情報処理システムの構築及び運用管理の実務経験が令和5年7月 28 日現在で、次の最終学歴区分に応じた経験年数を有する者（※2） ◆大学卒業（※3）以上・・・・・・・・・・通算5年以上 ◆短期大学（※4）もしくは専修学校卒業・・通算7年以上 ◆高等学校卒業・・・・・・・・・・・・・・通算１０年以上 イ　独立行政法人情報処理推進機構が実施する（※5）、別表1の（ア）～（ツ）のいずれかの試験に合格している者
上級	設備職 （電気・機械） （D）	昭和 63 年4月2日から平成 14 年4月1日までに生まれた者　（※1）で、下記ア～ウのいずれかに該当する者。 ア　学校教育法による大学、短期大学、専修学校、高等学校若しくは、職業能力開発促進法に基づく職業能力開発大学校（短期大学校含む）を卒業（令和6年3月末日までに大学等を卒業見込みの者も可とする。）し、かつ、電気又は機械に関する専門課程を履修した者。 イ　電気設備の設計及び工事監理等の実務経験又は、機械設備の保守管理及び設計・工事監理業務等の実務経験が令和5年7月 28 日現在で通算3年以上（※2）ある者 ウ　令和5年7月28日現在で（a）～（e）のいずれかの資格を有する者 （a）電気工事施工管理技士（1級・2級） （b）電気主任技術者（第1種・第2種・第3種） （c）技術士又は技術士補（部門：電気・電子、機械又は総合技術管理（電気・電子又は機械）のいずれか） （d）管工事施工管理技士（1級・2級） （e）建築設備士
上級	社会福祉士職 （E）	昭和63年4月2日以降に生まれた者で、令和5年7月28 日現在、社会福祉士資格を有する者。

中級	保育士・ 保育教諭職 (F)	昭和 59 年 4 月 2 日以降に生まれた者で、幼稚園教諭免許及び保育士資格を有する者。 (令和 6 年 3 月末日までに取得見込みの者を含む)
初級	一般行政職 (G)	平成 10 年 4 月 2 日から平成 18 年 4 月 1 日までに生まれた者。ただし、4 年制大学の 4 学年以上に在学する者及び卒業した者(大学院も含む)は除く。
	消防職 (H)	平成 10 年 4 月 2 日から平成 18 年 4 月 1 日までに生まれた者で、下記ア及びイに該当する者。ただし、4 年制大学の 4 学年以上に在学する者及び卒業した者(大学院も含む)は除く。 ア 普通自動車運転免許を有する者又は令和 6 年 3 月末日までに取得見込みの者 イ 採用後に大型自動車免許を取得すること

(※1) 平成 14 年 4 月 2 日以降に生まれた者で学校教育法による大学(短期大学を除く。)を卒業(令和 6 年 3 月末日までに卒業見込みの者も可)した者又はこれと同等以上の資格があると試験委員会が認める者も受験資格があります。

(※2) 実務経験が複数の場合は通算することができます。ただし、同一期間内に複数の職務に従事した場合は、いずれか一方の職歴に限って通算することができます。

(※3) 職業能力開発大学校卒業を含みます。

(※4) 職業能力開発短期大学校卒業を含みます。

(※5) 平成 16 年 1 月以前に(財)日本情報処理開発協会が実施したものを含みます。

別表 1

(ア) データベーススペシャリスト試験　(イ) ネットワークスペシャリスト試験
(ウ) アプリケーションエンジニア試験　(エ) ソフトウェア開発技術者試験
(オ) テクニカルエンジニア試験(データベース、システム管理、ネットワーク、エンベデッドシステム、情報セキュリティのいずれか)
(カ) 情報セキュリティアドミニストレーター試験
(キ) 上級システムアドミニストレーター試験　(ク) システム監査技術者試験
(ケ) システムアナリスト試験　(コ) プロジェクトマネージャ試験
(サ) 基本情報技術者試験　(シ) 応用情報技術者試験　(ス) ITストラテジスト試験
(セ) システムアーキテクト試験　(ソ) エンベデッドシステムスペシャリスト試験
(タ) 情報セキュリティスペシャリスト試験　(チ) ITサービスマネージャー試験
(ツ) 情報処理安全確保支援士試験

(2) **欠格条項について**・・・次のいずれかに該当する者は受験できません。

① 日本国籍を有しない者
② 地方公務員法第16条に規定する次の事項に該当する者
ア 禁錮以上の刑に処せられ、その執行を終わるまで又はその執行を受けることがなくなるまでの者
イ 浦添市において懲戒免職の処分を受け、当該処分の日から2年を経過しない者
ウ 日本国憲法施行の日以後において、日本国憲法又はその下に成立した政府を暴力で破壊することを主張する政党その他の団体を結成し、またはこれに加入した者

(3)給与・・・採用時における給料はおおむね次のとおりです。(令和5年4月1日現在)

上級　１８５，２００円
中級　１６７，１００円
初級　１５４，６００円

このほか扶養手当、住居手当、通勤手当などがそれぞれの支給要件に応じて支給されるほか、期末・勤勉手当が支給されます。

※給料は学歴や職歴等に応じて加算調整が行われます。ただし、職歴の職務内容が募集職種と異なる場合は換算率が低くなり、上記給料額を下回る場合がございます。

(4)勤務時間、休暇等

勤務時間は、原則として、午前８時３０分から午後５時１５分まで、月曜日から金曜日までの週休２日制。ただし、消防職等、勤務体制が異なる部署もあります。

休暇については、１年に２０日の年次有給休暇のほか、各種特別有給休暇があります。

(5)条件付採用について

地方公務員法第２２条第１項により、採用後６か月間は条件付採用となります。この間、その職務を良好な成績で遂行したときにはじめて正式採用となります。

2 第一次試験の内容

(1)第一次試験の出題分野、問題形式、時間

項目	職種及び試験区分	出題分野	問題形式及び時間
教養試験	一般行政職(A、G) 消防職(B、H)	時事、社会・人文、自然に関する一般知識を問う問題(20題) 文章理解、判断・数的推理、資料解釈に関する能力を問う問題(20題)	択一式 10時00分～ 12時00分
教養試験	情報技術職(C) 設備職(D) 社会福祉士職(E)	社会についての関心や基礎的・常識的な知識、職務遂行に必要な基礎的な言語能力・論理的思考力を検証する問題(60題) **※公務員試験に向けた準備をしていない方でも受験しやすい試験です。**	択一式 10時00分～ 11時15分
専門試験	一般行政職(A)	憲法、行政法、民法、経済学、財政学、社会政策、政治学、行政学、国際関係(40題)	択一式 13時15分～ 15時15分
専門試験	保育士・保育教諭職(F)	社会福祉、子ども家庭福祉(社会的養護を含む。)保育の心理学、教育学・教育法規、保育原理・保育内容、子どもの保健(30題) ・障害児保育については、上記のいずれかの分野で出題することがあります。	択一式 12時00分～ 13時30分

※消防職(B、H)、情報技術職(B)、設備職(D)、社会福祉士職(E)、一般行政職(H)は教養試験のみ実施いたします。

※保育士・保育教諭職(F)は専門試験のみ実施いたします。

（2）第一次試験タイムスケジュール

職種	1	2	3
上級行政（A）	教養 10：00～12：00	休憩 12：00～13：00	専門 13：15～15：15
上級消防（B）、初級行政（G）、初級消防（H）	教養 10：00～12：00		
情報（C）、設備（D）、社福（E）	教養 10：00～11：15		
中級　保育士・保育教諭（F）	専門 12：00～13：30		

3　受験申込方法、受付期間及びその他の事項

HP へのｱｸｾｽはこちらから

（1）受験申込方法

インターネットによる申し込みとなります。
浦添市ホームページ内の申込専用サイトからアクセスし、
別紙「エントリーフォームからの申込方法」を参照しお申し込みください。

（2）申込受付期間　：令和５年７月２８日（金）　から
令和５年８月２１日（月）　23 時 59 分まで

【注意事項】
・インターネットに要する機器や通信料などの費用は受験者の負担となりますのでご了承ください。
・受験申込締め切り後はいかなる理由があっても受付けません。
・受験申込は１つの職種・試験区分に限ります。複数申し込んだ場合は、申し込んだ全ての職種・試験区分の申込を取消します。
・受験申込後、９月４日（月）までに受験票発行メールが届かないときは、浦添市職員課人事係までお問い合せください。
・原則インターネッによる申し込みとなります。ただし、インターネット環境が無いなどの理由により電子申請ができない方は、職員課にお問い合わせください。
（問い合わせ先：浦添市役所　職員課人事係　TEL：098-876-1208（内線 2067））

（3）第一次試験の実施について

実施日　：　令和５年９月１７日（日）午前９時３０分集合（午前１０時開始）
※ただし、保育士・保育教諭職は午前 11 時 30 分集合（午後 12 時 00 分開始）
場　所　：　琉球大学　工学部棟
※会場が変更になる場合もあるため、必ず後日送付される受験票をご確認ください。

（注）【暴風時の対応】
当日、台風が襲来し暴風警報が発令され、午前９時現在で本島中部において公的交通機関のバスが運行停止する場合は、試験実施日を令和５年 10 月 15 日（日）の午前 10 時に延期します。
９月 17 日（日）午前９時以降にバスが運行停止する可能性がある場合は、浦添市ホームページ、マイページにて試験実施に関しての案内をいたしますので、適宜ご確認ください。
なお、延期の場合は試験会場も変更になる予定ですので、後日、試験実施に関する最新情報を浦添市ホームページ、マイページにて確認してください。試験会場が市内の中学校となった場合は、駐車場は利用できません。会場周辺での違法駐車が無いようにしてください。

（4）第一次試験合格者について

	日　　時	場所・方法等
第一次試験合格者の発表	令和５年 10 月 13 日（金）午後３時	合格者は、浦添市ホームページに受験番号で掲示します。

上記合格発表のほか、合格者全員に対して、マイページ及び封書で合格通知を行います。
※ 電話での確認には応じられませんので、了承ください。

4 第一次試験の注意事項

（1）試験会場は受験票に記載しております。時間に余裕を持って来場してください。
（2）試験当日は、ＨＢの鉛筆および消しゴムを必ず持参してください。
（3）筆記用具、時計、受験票以外は机の上に置いてはいけません。
また、スマートフォン・スマートウォッチ等、情報機器としての機能を有する物は、時計としても一切使用できません。スマートフォン等の電子機器は、必ず電源を切ってください。
（4）試験は午前１０時開始ですが、出欠点検，諸注意及び問題集等の配付を行いますので、午前９時３０分までに所定の席に着いてください。
※保育士・保育教諭職は 12 時開始の為、午前 11 時 30 分までに所定の席に着いてください。
（5）上級一般行政職は専門試験も実施いたします。専門試験についても開始時刻が決まっている為、４ページのタイムスケジュールをご確認いただき、各試験開始時刻の１５分前までに所定の席に着いてください。
（6）棄権した試験種目が１つでもある場合は、他の試験職種についても採点を行いません。
（7）試験会場（琉球大学）は、敷地内全面禁煙となっております。
（8）琉球大学内試験会場周辺駐車場への自家用車、オートバイ等の乗り入れは自由ですが、駐車場所に限りがありますので、時間には余裕を持ってお越しください。なお駐車場における盗難・事故等には当局は一切関知いたしません。
（9）試験会場はクーラーがついており、冷えすぎる場合がありますので、必要な方は適宜上着（カーディガン等）をご準備ください。

5 第二次試験の試験内容等

第二次試験は下表のとおりです。

職種・区分	試験内容等
全試験区分に共通	適性検査（択一式） 二次試験の面接試験においての人物理解を深めるための資料として使用します。
上級　行政職（A） 上級　情報職（C） 上級　設備職（D） 上級　社福職（E） 初級　行政職（G）	面接試験（２回実施）
上級　消防（B） 初級　消防（H）	①　面接試験 ②　消防適性検査（職務の適応性についての検査） ③　実技試験（懸垂（女性は、ぶら下がり）、腕立て伏せ、上体おこし（腹筋運動）、275m走）
中級　保育士・保育教諭職（F）	①　面接試験 ②　実技試験（ピアノの演奏・歌唱、読み聞かせ、小論文）

※面接試験は、個別面接又は集団面接を実施します。実施方法については、二次試験受験者へご案内いたします）
※その他、全職種を対象に身上調査（受験資格の有無、申込書記載事項の真否等について調査確認）を実施します

6. 第二次試験の申込書類様式の交付、申込方法及びその他の事項

（1）第二次試験日
令和5年11月初旬から中旬にかけての土日
※日程の詳細は第一次試験合格者へ通知いたします。

（2）第二次試験に必要な書類様式の交付・通知
第一次試験合格者(10月13日（金）午後3時発表)に対し、合格通知と共に必要な書類様式をマイページにて通知します。

（3）第二次試験の申込受付期間
令和5年10月中旬から下旬　※詳細は第一次試験合格者へ通知いたします。

（4）第二次試験申込の際に提出する書類
①資格又は免許等を要する職種については、 資格証明書、 資格証書又は免許の写し
②その他職員課が指定する書類

（5）第二次試験合格者発表日
令和5年12月中旬　　第一次試験と同じ方法により行います。

7. 職員採用候補者名簿の作成、採用の方法

（1）第二次試験に合格した者（最終合格者）は、令和5年度浦添市職員採用候補者名簿（以下「名簿」という。）に登載します。名簿の有効期限は、名簿登載の日から1年間です。

（2）職員採用の方法は、各任命権者が名簿に登載された者の中から採用者を決定します。

（3）受験資格がないことが判明した場合には、合格を取り消します。また、採用後にその事実が判明した場合には懲戒免職処分の対象となります。

浦添市の自治体情報

浦添市の家計簿

問い合わせ
財政課
☎(876) 1202

人口		114,868人
	男	55,745人
	女	59,123人
世帯数		52,742世帯
面積		19.44km²

令和4年度下半期財政状況（令和5年3月31日現在）

浦添市の家計簿は、予算の執行状況や市有財産の状況、市の借入金等を中心に年2回公表しております。

一般会計予算執行状況

歳出科目	予算現額	構成比	支出済額	執行率	市民一人当たりに使われる経費	説明
民生費	323億5,694万円	50.9%	298億5,495万円	92.3%	259,907円	生活保護、障がい者福祉など
総務費	106億8,841万円	16.8%	68億6,185万円	64.2%	59,737円	防災、選挙費、デジタル費用など
教育費	46億6,560万円	7.3%	42億7,015万円	91.5%	37,174円	小中学校の管理、保健体育費など
衛生費	45億3,213万円	7.1%	34億6,138万円	76.4%	30,134円	保健衛生費、清掃費など
土木費	42億5,079万円	6.7%	31億3,006万円	73.6%	27,249円	道路・街路・公園の維持管理など
公債費	30億6,444万円	4.8%	30億6,035万円	99.9%	26,642円	借入金の元金・利子など
消防費	9億5,059万円	1.5%	9億2,649万円	97.5%	8,066円	消防、救急関係の費用など
商工費	11億2,880万円	1.8%	8億9,128万円	79.0%	7,759円	観光、商工業振興など
農林水産業費	7億8,119万円	1.2%	3億8,350万円	49.1%	3,339円	農業、林業、水産業など
その他	11億 668万円	1.9%	9億6,093万円	86.8%	8,366円	議会費、労働費、予備費など
総額	635億2,557万円	100.0%	538億 94万円	84.7%	468,373円	

※各項目の合計と総額の相違に関しては、端数処理による。

●一般会計の主な支出（支出済額）

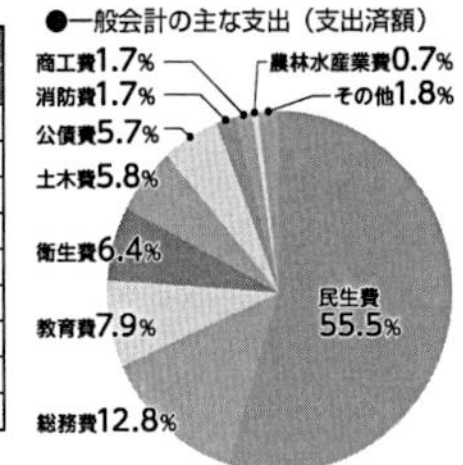

財源	歳入科目	予算現額	構成比	収入済額	収入率
自主財源	市税	172億4,250万円	27.6%	175億6,946万円	101.9%
	負担金・諸収入	7億3,284万円	1.2%	8億5,400万円	116.5%
	使用料・手数料	5億9,347万円	1.0%	6億円	101.1%
	繰入金等	68億6,109万円	11.0%	41億2,452万円	60.1%
依存財源	国・県支出金	261億1,339万円	41.8%	234億8,900万円	90.0%
	地方交付税	54億3,394万円	8.7%	54億9,997万円	101.2%
	交付金等	39億3,002万円	6.3%	38億2,790万円	97.4%
	市債	15億1,410万円	2.4%	1億3,755万円	9.1%
	総額	624億2,135万円	100.0%	561億 240万円	89.9%

●一般会計の主な収入（収入済額）

- 交付金等 8%
- 市債 0.2%
- 地方交付税 9.8%
- 市税 31.3%
- 国・県支出金 41.9%
- 繰入金等7.4%
- 使用料・手数料1.1%
- 負担金・諸収入1.5%

●市税の徴収状況（3月末時点）

	本年度課税分	徴収率	滞納繰越分	徴収率
収入済額	172億 460万円	96.0%	1億 969万円	43.0%
徴収すべき金額	179億1,799万円		2億5,480万円	

各会計予算執行状況

会計名		予算現額	収入済額	支出済額	執行率
一般会計		635億2,557万円	561億 240万円	538億 94万円	84.7%
国民健康保険		128億 210万円	127億 188万円	126億3,504万円	98.7%
土地区画整理事業		31億8,455万円	20億5,133万円	19億2,439万円	60.4%
介護保険		83億6,465万円	81億3,585万円	78億5,946万円	94.0%
後期高齢者医療		11億8,081万円	11億8,886万円	11億6,297万円	98.5%
水道事業会計	収益的収入	27億1,045万円	27億3,389万円		100.9%
	収益的支出	26億5,579万円		25億2,611万円	95.1%
	資本的収入	5億1,522万円	4億5,698万円		88.7%
	資本的支出	11億1,161万円		6億2,780万円	56.5%
下水道事業会計	収益的収入	19億2,376万円	18億7,172万円		97.3%
	収益的支出	18億5,855万円		18億1,583万円	97.7%
	資本的収入	24億8,302万円	19億3,616万円		78.0%
	資本的支出	28億 3万円		20億1,549万円	72.0%

市有財産の状況

土地
2,060,635m²

建物
294,149m²

基金
125億6,062万円

有価証券
134億6,280万円

●市の借入金（3月末現在）

借入現在高	389億6,244万円
市民一人当たりの借金	34万円
一日当たりの支払利子	49万円

●一時借入金の状況（3月末現在）

一般会計	0円
特別会計	0円
企業会計	0円

「広報うらそえ　2023年6月号」より抜粋

宜野湾市の試験情報

令和５年度
第２回　宜野湾市職員採用候補者試験案内

受付期間	令和５年７月31日（月）～ 令和５年８月16日（水）
第一次試験	令和５年９月17日（日）
試験会場	宜野湾市立真志喜中学校（宜野湾市真志喜三丁目19番１号）
採用予定日	令和６年４月１日

令和５年度第２回宜野湾市職員採用候補者試験を次のとおり実施いたします。

1　募集職種、採用予定人数及び従事する業務内容

試験区分	職種	採用予定人数	従事する業務
上級	行政職（A）一般事務	若干名	市長事務部局、教育委員会、上下水道局等において、それぞれの職種に関連する業務、行政事務等に従事します。
	保健師職（B）	若干名	
	行政職（C）建築	若干名	
中級	行政職（D）一般事務	若干名	
	行政職（E）建築	若干名	
初級	行政職（F）一般事務	若干名	
	行政職（G）建築	若干名	
	消防職（H）	若干名	消防本部、消防署においてそれぞれ消防業務に従事します。（交代勤務があります。）

2 受験資格

(1) 各試験区分・職種ごとに次のような受験資格があります。

試験区分	職種	受験資格
上級	行政職（A）一般事務	① 昭和62年4月2日以後に出生した者 ② 学校教育法に基づく大学（短期大学を除く）を卒業した者又は令和6年3月31日までに卒業見込みの者、若しくはこれと同等以上の学力があると認められる者（＊注1）
	保健師職（B）	① 昭和62年4月2日以後に出生した者 ② 保健師免許取得者又は、令和6年3月末日までに取得見込みの者 ③ 普通運転免許取得者（AT限定可）又は令和6年3月末日までに取得可能な者
	行政職（C）建築	昭和58年4月2日以後に出生した者かつ、学校教育法に基づく大学（短期大学を除く）を卒業した者又は令和6年3月31日までに卒業見込みの者、若しくはこれと同等以上の学力があると認められる者（＊注1）で、下記の①又は②に該当する者 ① 学校教育法による大学で建築に関する課程を履修した者 ② (a)～(c)のいずれかの免許・資格保持者 (a)建築士（1級、2級）、(b)建築設備士、(c)建築施工管理技士（1級）
中級	行政職（D）一般事務	① 平成5年4月2日以後に出生した者 ② 最終学歴が学校教育法に基づく短期大学、高等専門学校を卒業した者、又は令和6年3月31日までに卒業見込みの者、若しくはこれと同等の資格があると認められる者（＊注2）（＊注3）
	行政職（E）建築	昭和58年4月2日以後に出生した者で、最終学歴が学校教育法に基づく短期大学、高等専門学校を卒業した者、若しくはこれと同等の資格があると認められる者（＊注2）（＊注5）で、下記の①又は②に該当する者 ① 学校教育法に基づく短期大学、高等専門学校で、建築に関する課程を履修した者 ② (a)～(c)のいずれかの免許・資格保持者 (a)建築士（1級、2級）、(b)建築設備士、(c)建築施工管理技士（1級）
初級	行政職（F）一般事務	① 平成5年4月2日以後に出生した者 ② 最終学歴が学校教育法に基づく高等学校を卒業した者、又は令和6年3月31日までに卒業見込みの者、若しくはこれと同等の資格があると認められる者（＊注4）
	行政職（G）建築	昭和58年4月2日以後に出生した者かつ、最終学歴が学校教育法に基づく高等学校を卒業した者、又は令和6年3月31日までに卒業見込みの者、若しくはこれと同等の資格があると認められる者（＊注6）で、下記の①又は②に該当する者 ① 学校教育法による高校で建築に関する課程を履修した者 ② (a)～(c)のいずれかの免許・資格保持者 (a)建築士（1級、2級）、(b)建築設備士、(c)建築施工管理技士（1級）
	消防職（H）	① 平成10年4月2日以降に出生した者 ② 最終学歴が学校教育法に基づく高等学校以上を卒業した者又は令和6年3月31日までに卒業見込みの者 ③ 普通自動車運転免許取得者（AT限定の免許取得者は除く）又は令和6年3月31日までに取得可能な者（＊注7） ④ 身体が職務遂行に支障のない者

＊注1「同等以上の学力があると認められる者」とは、学校教育法に定める大学の専攻科に入学できる者又は、大学院への入学資格のある者で、外国において4年制大学を卒業した者などになります。

＊注2「同等の資格があると認められる者」とは、次の者になります。

ア 学校教育法に定める専修学校の専門課程のうち、修業年限が2年以上で、かつ1,600時間以上の授業の履修を義務付けている課程を卒業した者又は令和6年3月31日までに卒業見込みの者

イ 職業訓練短期大学校を卒業した者、又は令和6年3月31日までに卒業見込みの者

＊注３　行政職（Ａ）受験資格を有する者は受験できません。
＊注４　行政職（Ａ）及び行政職（Ｄ）の区分の受験資格を有する者及び４年制大学の３学年以上に在学する者は受験できません。
＊注５　行政職（Ｃ）受験資格を有する者は受験できません。
＊注６　行政職（Ｃ）及び行政職（Ｅ）の区分の受験資格を有する者及び４年制大学の３学年以上に在学する者は受験できません。
＊注７　普通自動車運転免許に加え、自己の負担により大型自動車第一種運転免許を取得することになります。

(2)　欠格条項（次のいずれかに該当する場合は受験できません）

ア　地方公務員法第16条に該当する者

(ｱ)禁錮以上の刑に処せられ、その執行を終わるまで又はその執行を受けることがなくなるまでの者

(ｲ)宜野湾市において懲戒免職の処分を受け、当該処分の日から２年を経過しない者

(ｳ)日本国憲法施行の日以後において、日本国憲法又はその下に成立した政府を暴力で破壊することを主張する政党その他の団体を結成し、またはこれに加入した者

(3)　国籍要件

日本国籍を有しない者も受験できますが、公権力の行使又は公の意思形成への参画に携わることはできないとする公務員の基本原則に基づき任用されます。（採用にあたっては、就職が制限されない在留資格が必要です。）

3　試験の方法及び内容

試験は第一次試験及び第二次試験とし、第二次試験は第一次試験の合格者のみ実施します。

(1)日時・試験会場

区　分	日	時	試験会場
第一次試験	令和５年９月17日(日)	集　　合　9時30分	真志喜中学校
		教養試験　10時00分から12時00分	
		専門試験　行政職（Ａ）、（Ｃ）、（Ｅ） 13時30分から15時30分 保健師職（Ｂ）、行政職（Ｇ） 13時30分から15時	
第二次試験	令和５年月10月下旬から11月上旬予定	詳細は一次試験合格者に別途お知らせ致します。	

(2) 試験の内容

第一次試験

科　目	職種	試験の種類等
教養試験	行政職（A）、（B）、（C）	時事、社会・人文に関する一般知識を問う問題（13 題）（「自然に関する一般知識」の出題はありません。） 文章理解、判断・数的推理、資料解釈に関する能力を問う問題（27 題） 出題数 40 題　形式：5肢択一式　解答時間2時間※大学卒業程度以上
	行政職（A）・（B）・（C）を除く職種	時事、社会・人文に関する一般知識を問う問題（13 題）（「自然に関する一般知識」の出題はありません。） 文章理解、判断・数的推理、資料解釈に関する能力を問う問題（27 題） 出題数 40 題　形式：5肢択一式　解答時間2時間※高校卒業程度以上
専門試験	行政職（A）	憲法、行政法、民法、経済学、財政学、社会政策、政治学、行政学、国際関係 出題数：40 題　形式：5肢択一式　解答時間2時間※大学卒程度
	行政職（B）	公衆衛生看護学、疫学、保健統計学、保健医療福祉行政論 出題数：30 題　形式：5肢択一式　解答時間1時間 30 分
	行政職（C）、（E）	数学・物理、構造力学、材料学、環境原論、建築史、建築構造、建築計画（都市計画、建築法規を含む。）、建築設備、建築施工 出題数：30 題　形式：5肢択一式　解答時間2時間※大学卒、高専卒程度
	行政職（G）	数学・物理・情報技術基礎、建築構造設計、建築構造、建築計画、建築法規、建築施工 出題数：30 題　形式：5肢択一式　解答時間1時間 30 分※高卒程度

第二次試験（一次試験合格者のみ）

科　目	職種	試験内容等
作文試験	共通	文章による表現力、課題に対する構想力などについての筆記試験を行います。
口述試験		面接試験を行います。
職場適応性検査	消防職（H）を除く全職種	公務員としての適応性についての検査を行います。
消防適性検査	消防職（H）	消防職員として必要な適応性の検査を行います。
体力テスト	消防職（H）	職務遂行に必要な体力検査を行います。

4　合格者の発表

	日　時	方　法
第一次試験	令和5年 10 月6日　(金)　10 時以降	宜野湾市ホームページ、宜野湾市役所本庁前掲示板に受験番号を掲示するほか、合格者に通知します。
第二次試験	令和5年 12 月1日（金）　10 時以降	

試験結果については、宜野湾市個人情報保護条例（平成 13 年条例第 17 号）第 11 条の規定により開示請求することができます。マイナンバーカード、運転免許証、旅券など本人であることを証明できる書類を持参のうえ、下記問い合わせ先までお越しください。

※電話・メール等での開示請求には一切応じません。

5　受験手続き

(1)　第一次試験

ア　申込方法

宜野湾市ホームページの専用ページにアクセスし、手順に従い受験申込みしてください。電子申請による方法が事情により困難な方は、下記問い合わせ先までご連絡ください。

※申込書類は、宜野湾市役所総務部人事課で受け取ることもできます。

※予見できないシステムトラブルについての責任は一切負いません。

申込ページ： https://www.city.ginowan.lg.jp/soshiki/somu/5/1/2/1/saiyou_r5/13365.html

QR コード：

※手続きに必要となりますので、以下のドメインからのメールを受け取れるように設定しておいてください。

「@city.ginowan.okinawa.jp」（宜野湾市採用担当）

「@mail.graffer.jp」（受験申込サイト）

(2)　第二次試験

ア　申込書の交付及び受付

第一次合格者に対し、令和5年10月6日(金)から10月20日(金)まで総務部人事課で行います。(土・日曜日、祝日を除く8時30分から17時15分まで)

イ　第二次試験申し込みの際に提出する書類について

(ｱ) 履歴書（指定様式）

(ｲ) 卒業証明書又は卒業証書の写し（最終学歴）

(ｳ) 免許又は資格に関する証明書又は免許・資格の写し

※その他、必要に応じて追加提出頂く書類があります。

6　第一次試験当日の注意事項

(1) 電子申請により受験手続をされた方は、試験当日、受験番号を知らせるメールを提示できるよう準備をしておいてください。(メール添付ファイルの提示又は同ファイルを印刷し提示)

(2) 試験は、マークシート方式で行います。ＨＢの鉛筆を用意してください。

(3) 試験は、午前10時開始です。30分前までには所定の席に着いてください。(出欠点検、諸注意及び問題等の配布を行います。) 試験開始時間以後の入室は認めません。

(4) 試験開始後、卓上には受験票、筆記用具及び時計（時計機能のみ）以外は置かないでください。

(5) 退場する際に試験問題集、答案用紙等は回収致しますので持ち帰らないでください。
(6) 試験会場（真志喜中学校）には、受験者用の駐車場はありません。試験会場及び試験会場周辺で無断駐車をした方は、試験会場から退場していただく場合があります。
(7) 試験会場（敷地内）での喫煙はできません。敷地外でも節度ある喫煙をしてください。
(8) 会場内のごみ箱の使用はできません。持ち込んだものは全て持ち帰るようにしてください。
(9) 身体的不自由等により、合理的な配慮が必要な方は事前に申出ください。

注意
〔台風等自然災害時の対応〕
第一次試験日において、台風等の自然災害が予測され、市が試験の実施は困難と判断した場合、試験実施日を令和５年10月15日（日）午前10時に延期します。
※試験実施の有無等については市ホームページへの掲示及び電子申請時に登録したメールアドレスへ送信致しますので、随時確認するようにしてください。
〔新型コロナウイルス感染症の影響について〕
試験日程については、新型コロナウイルス感染症をめぐる状況等により、延期又は中止する場合があります。受験申込み後は、宜野湾市ホームページでご確認ください。
※電子申請をされた方へは、登録したメールアドレスへお知らせいたします。

7　採用候補者名簿の登載、採用の経路及び給与について

(1) 最終合格者は、職種ごとに採用候補者名簿に登載され、任命権者が採用候補者名簿の中から採用を決定します。（令和６年４月１日付け採用を予定しています。）
(2) 採用候補者名簿の有効期間は、原則として名簿登載の日から１年間です。
(3) 受験資格がないこと又は申込書の記載事項が正しくないことが明らかになった場合は、合格を取り消すことがあります。
(4) 採用時における給料はおおむね次のとおりです。（令和５年４月１日現在）
上級職　182,200円　中級職　163,100円　初級職　150,600円
（給料は学歴や職歴等に応じて加算調整が行われます。）
このほか、扶養手当、住居手当、通勤手当、期末・勤勉手当等が条件に応じて支給されます。

8　問い合わせ・申込先

〒901-2710
沖縄県宜野湾市野嵩一丁目１番１号
宜野湾市 総務部 人事課
０９８－８９３－４４１１（内線1411）

宜野湾市の自治体情報

令和５年度の一般会計当初予算・特別会計当初予算が、去る３月議会で可決されました。

予算とは、わたしたちの住む宜野湾市が１年間の行政活動をするための活動費であり、いわばわたしたち市民の家計のようなものです。

今年度は、どのくらいの予算で、どのような行政活動を行っていくのか、見てみましょう。

令和5年度

宜野湾市の予算

－宜野湾市の予算はどうなっているんだろう？
何に使われるんだろう？－

1　予算編成について

宜野湾市の自主財源の基本となる市税については、景気、雇用状況の影響を受けることから、物価高騰が経済情勢に与える影響等を注視しながら、税収の確保および徴収率の向上に努めることが必要であります。また、依存財源である交付税等については経済情勢や国の策定する地方財政計画と連動し、増減することから、安定した自主財源の確保が重要となるため、引き続き、ふるさと納税・ネーミングライツ等の積極的な活用に取り組むとともに、事務事業の見直しなどの行財政改革を積極的に進め、歳出の抑制を推進することを目標に令和５年度予算を編成しています。

一般会計当初予算額　513億6,000万円（対前年比　14億9,000万円、3.0％増）

歳　入

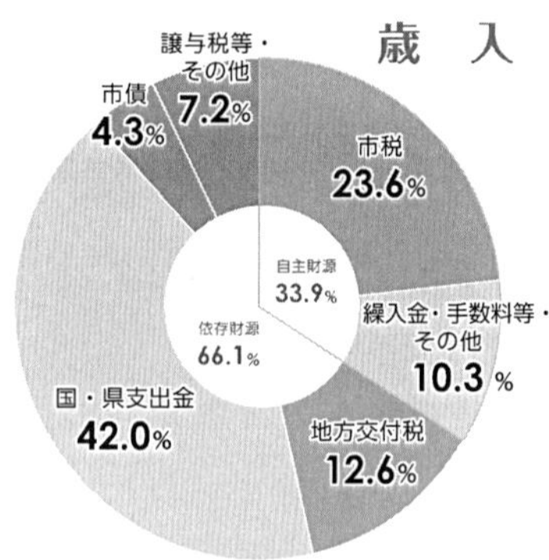

歳　出

維持補修費
0.4%
その他
（積立金・貸付金・繰出金・予備費）
9.1%
人件費
13.1%
補助費等
7.8%
物件費
10.8%
その他経費
28.1%
義務的経費
52.7%
投資的経費
19.2%
扶助費
34.8%
普通建設事業費
19.2%
公債費
4.8%

歳　入（市の収入）

地方交付税や国・県支出金等の依存財源が歳入の大半を占めている状況であるため、自主財源の確保をさらに推し進める必要があります。

市　税	12,114,500 千円
繰入金等	5,295,509 千円
地方交付税	6,458,679 千円
国・県支出金	21,554,420 千円
市　債	2,210,000 千円
譲与税等・その他	3,726,892 千円

歳　出（市の支出）

義務的経費が、大半を占めており、その中でも扶助費はここ数年伸び続けています。引き続き、歳出全般について節減努力を行っていきます。

人件費	6,745,210 千円
扶助費	17,871,701 千円
公債費	2,445,396 千円
普通建設事業費	9,876,462 千円
物件費	5,562,214 千円
補助費等	3,985,772 千円
維持補修費	224,583 千円
その他	4,648,662 千円

2 ここでは、歳入歳出それぞれ上位３位の内容を見てみましょう。

歳 入

国・県支出金

21,554,420 千円
(42.0%)

市町村等が行政事務を行う上で、国・県がその必要な財源を負担金、補助金、委託金として交付するものです。

生活保護費等の法令に基づくものや建設事業に対するものなどがあります。

市 税

12,114,500 千円
(23.6%)

○市民税（個人・法人の所得に対してかかる税）
○固定資産税(土地・家屋・償却資産に対してかかる税)
○軽自動車税（オートバイ・軽自動車等にかかる税)
○たばこ税・入湯税等

地方交付税

6,458,679 千円
(12.6%)

地方交付税とは、税収の少ない自治体と多い自治体間で、行政サービスに不均衡が生じないよう調整し、すべての自治体が一定水準の行政サービスを提供可能にすることを目的として、国から一定の割合で交付される交付金です。

歳 出

扶助費

17,871,701 千円
(34.8%)

社会保障制度の一環として支出する経費で、生活保護法、児童福祉法、老人福祉法、障害者自立支援法などの法令に基づいて支出されます。

地方自治体独自の施策に伴う支出も含まれます。

普通建設事業費

9,876,462 千円
(19.2%)

普通建設事業費とは、道路、橋りょう、学校、庁舎などの公共用または公用施設の新増設等の建設事業に要する投資的経費です。

人件費

6,745,210 千円
(13.1%)

人件費とは、議員および委員報酬、会計年度任用職員報酬、職員給与、住居等の各種手当、退職金等のことです。

3 行財政改革への取組み

本市では、これまで第七次にわたる「宜野湾市行財政改革大綱」を柱に行財政改革を推進し、平成25年度以降は「宜野湾市外部委託等推進方針」を定め「民に任せられることは民に」という考え方のもと、民間活力を積極的に導入し、最少の経費で最大の効果をあげるべく取り組んでまいりました。

また、平成31年には「宜野湾市行財政改革・集中改革方針2019（令和元年度～令和２年度）」、令和３年度には「宜野湾市財政集中対策方針2021（令和３年度～令和４年度）」を策定し、短期集中的に行財政改革や財政健全化の取り組みを強力に推進し、財源確保に努めてまいりました。

本年度におきましても、第七次行財政改革大綱および同実施計画のもと、引き続き自主財源の確保や行政サービスのデジタル化、資産マネジメントの推進などに取り組むとともに、第４次定員管理計画に基づき、組織の統廃合や合理化、事務事業の見直し等を進め、市民生活の利便性向上や効率的な行政運営を目指してまいります。

「市報ぎのわん　2023年5月号」より抜粋

第2部

教養試験
社会科学・人文科学

- 政治・経済・社会
- 歴　史
- 地　理

社会科学　政治・経済・社会

POINT

政治：学習法としては，まず，出題傾向をしっかり把握すること。出題形式や出題内容は当然変わっていくが，数年単位で見ると類似した内容を繰り返していることが多い（後述の「狙われやすい！重要事項」参照）。そのような分野を集中的に学習すれば効果的である。学習の中心となるのは基礎・基本の問題であるが，要点がまとまっているという点で，まずは本書の問題にしっかり取り組むとよい。そしてその学習の中で問題点や疑問点が出てきた場合に，教科書・学習参考書・辞典・専門書で学習内容をさらに高めていこう。

経済：まず高等学校の「政治・経済」の教科書で，次の項目のような主要な要点をまとめてみよう。

(1) 国内経済…金融政策・財政政策・景気変動・国民所得・GNIとGDP・三面等価の原則・国家予算・独占禁止法・公正取引委員会など

(2) 第二次世界大戦後の国際経済の歩み…OECD・EEC→EC→EU・GATT→WTO

(3) 国際経済機構…IMF・IBRD・IDA・UNCTAD・OPEC・OAPEC・ケネディラウンド → ウルグアイラウンド → ドーハラウンド・FTA → EPA → TPP

最新の動向については，ニュースや時事問題の問題集等で確認しておこう。

社会：社会の学習法は，問題を解くことと合わせて，新聞等を精読するに尽きる。記事をスクラップするなどして，系統的に理解を深めていくことが大切である。新聞などに掲載されている社会問題は，別の様々な問題と関連していることが多い。1つのテーマを掘り下げて理解することにより，社会で起きている時事的な問題をより横断的に結びつけてとらえることが可能となる。そのためにも，様々なメディアを通じて日々新しい情報をチェックし，政治・経済・社会・環境など，網羅的にニュースを把握しておくようにしておきたい。

狙われやすい！重要事項

☑国会や選挙の制度
☑国際的な機構や国際政治
☑基本的人権（各論まで）
☑金融政策や財政政策の制度と実情
☑少子高齢化や社会保障
☑日本経済の実情
☑日本と世界の国際関係
☑科学技術や医療などの進歩
☑社会的な課題

演習問題

1 国家に関する記述として，妥当なものはどれか。

1　プラトンは，防衛者が勇気の徳を具現化するとともに生産者が節制の徳を体現する2つの身分による国家を樹立することによって，正義が実現できるとした。

2　マキャヴェリは，君主の主要な役割として，国家の維持，拡大および強化をはかることを挙げ，そのためには「悪しき手段」を用いてもよいとした。

3　ウェーバーは，国家の三要素として領域，主権，国民を挙げるとともに，国家の本質を法的な主体としての法人であるととらえた。

4　夜警国家という言葉は，国家の警備力や軍事力を高めるべきであるとする自由主義の立場から提唱された。

5　市民革命期には，革命を担った貧困層の生活水準を向上させることこそが国家の主要な役割であるとする福祉国家論が台頭した。

2 **民主政治の基本原理に関する記述として，妥当なものはどれか。**

1　13世紀のイギリスにおいて，国王ジョンによって署名されたマグナ・カルタは，国王による課税権や逮捕権を制限するとともに，国民一般に対する平等権を含むものであった。

2　18世紀のアメリカにおいて，独立戦争を背景にジェファーソンらによって起草された独立宣言は，天賦不可侵の人権などの内容を含んでいたが，国家の神聖な役割を強調する観点から，革命権については盛り込まれなかった。

3　18世紀のフランスにおいて，フランス革命を背景にラファイエットによって起草されたフランス人権宣言では，自由と平等に加え，所有権を公共のために用いることを通じて，国民に社会権を認める内容が盛り込まれた。

4　ロックは，議会が持つ立法権によって執行権と同盟権を統制すべきであるとしたが，彼の主張の中には，自由の前提として，裁判権や司法権を明確に他の権利から分離させるべきであるという考えは盛り込まれていなかった。

5　アメリカ初代大統領ワシントンは，ゲチスバーグ演説の中で，「人民の人民による人民のための政治」を提唱し，民主主義の基本原理を示した。

3 **国際政治に関する記述として，妥当なものはどれか。**

1　主権国家を主体とする近代的な国際社会の成立は，ナポレオン戦争の講和条約の時点に求める説が有力である。

2　国際連盟規約において採用された平和維持のためのシステムは，勢力均衡方式であった。

3　国際連合憲章によれば，憲章をはじめとしたルールに違反した国は，武力によるものを含む制裁の対象となる。

4　冷戦の下では，アメリカとソ連がそれぞれの陣営を率いて対立していたため，核兵器の削減についての合意は実現しなかった。

5　冷戦終結後に頻発している地域・民族紛争は，先進国において深刻化することはなく，途上国に固有の現象であるとする見解が有力である。

4 日本の内閣制度に関する記述として，妥当なものはどれか。

1 内閣総理大臣は，衆議院議員の中から国会の議決によって指名され，天皇によって任命される。衆議院と参議院の指名が異なるときは，両院協議会が開かれ，そこで一致しないときは，衆議院の議決が国会の議決となる。

2 内閣総理大臣以外の国務大臣は，内閣総理大臣が任命し，天皇が認証する。内閣総理大臣が国務大臣を罷免する場合は，衆議院の同意を経て，解任の手続きを行う。

3 内閣総理大臣が任命する国務大臣は，全員が国会議員でなければならない。また，内閣総理大臣を含むすべての国務大臣は，文民でなければならない。

4 国務大臣は，内閣総理大臣の同意がなければ，訴追されない。ただし，それによって，訴追の権利は害されない。

5 内閣の意思決定は，閣議によって行われる。慣例上，閣議決定が行わる要件は，国務大臣の過半数とされている。

5 裁判制度に関する記述として，妥当なものはどれか。

1 アメリカ合衆国の連邦最高裁判所の判事は，上院によって任命される。任期は終身とされているため，定年はない。

2 日本を含む各国では，一部，裁判への市民参加が保障されている。アメリカ合衆国の陪審員裁判は，刑事裁判のみを対象としているのに対して，日本の裁判員裁判は，民事事件と刑事事件の両方を対象としている。

3 日本の裁判官は，心身の故障により裁判を行えないと決定される場合を除き，公の弾劾によらなければ罷免されない。ただし，高等裁判所と最高裁判所の裁判官は，国民審査によって罷免される。

4 日本の最高裁判所の長官は，内閣によって指名され，天皇によって任命される。一方最高裁判所のその他の裁判官は，内閣によって任命され，天皇によって認証される。

5 日本の最高裁判所による判決は，終審の決定としての効力を持つ。よって，理由の如何を問わず，その判決が覆されることはない。

6 **地方自治に関する記述として，妥当なものはどれか。**

1　地方自治の本旨のうち，住民の意思を自治体の運営に反映させるべきであるとする理念は，団体自治と呼ばれている。

2　大日本帝国憲法において，地方自治の規定が置かれていたものの，法律の留保が付けられるなど，その内容は極めて限定的なものであった。

3　地方自治法の規定によれば，公共施設の建設等の是非を住民投票に委ねた場合，その結果は首長や議会を拘束する。

4　地方議会が首長に対して不信任決議をした場合には，首長はそれに対抗して，議会を解散することができる。

5「大都市地域における特別区の設置に関する法律」が廃止され，東京都以外における特別区の設置が禁じられた。

7 **日本の官庁に関する記述として，妥当なものはどれか。**

1　観光庁は，観光立国の実現に向け，魅力ある観光地の形成や国際観光の振興などに関する事務を所管する官庁であり，経済産業省の下に設置された。

2　復興庁は，東日本大震災を契機として，広範な災害への対応と復興事業を担うこと等を目的とする官庁であり，永続的な官庁として内閣の下に設置された。

3　スポーツ庁は，スポーツの振興をはじめとしたスポーツに関する施策の総合的な推進を図ること等を目的とする官庁であり，文部科学省の下に設置された。

4　デジタル庁は，日本においてデジタル社会を形成するための諸施策を推進すること等を目的とする官庁であり，財務省の下に設置された。

5　こども家庭庁は，2022年に関連する法律が成立したことに伴い，厚生労働省の下に設置された。

8 国際機関に関する記述として，妥当なものはどれか。

1 国際連合では，安全保障理事会の常任理事国は，安全保障理事会に加え，総会においても拒否権をもっている。

2 ITU（国際電気通信連合）は，インターネットの発達に伴い，20世紀後半に設立された機関である。

3 IMF（国際通貨基金）と，IBRD（国際復興開発銀行）の議決権は，各国の出資額に応じて与えられている。

4 ILO（国際労働機関）の総会における決定は，各国の政府代表と労働者代表の二者によって行われる。

5 EU（欧州連合）の閣僚理事会における議決権は，加盟国に平等に配分されているため，実質的に大国に不利なルールとなっている。

9 社会契約説に関する記述として，妥当なものはどれか。

1 市民革命に大きな影響を与えた社会契約説に共通するのは，統治者の権利は神から授かった神聖なものであり，何人もそれを侵すことはできないとする思想である。

2 自然法思想は，実定法に先立つ普遍的な法が存在することを前提としており，社会契約説の展開にあたり，自然法の存在を肯定する説は社会の望ましいあり方を乱すものとして否定された。

3 ホッブズは，自然状態について，万人の万人による闘争状態であると規定し，そこから脱するために自然権を個人または合議体に譲渡することが不可欠であると述べた。

4 ロックは，自然権は，他者への信託や譲渡の対象にはならず，各人がその権利を保有したままで直接民主制により一般意思を形成するとともに，人々はそれに従うべきであるとした。

5 ルソーは，政府による統治は，自然権の一部を信託されることによって成り立つものとされ，人々はその信託に反する行為に対する抵抗権を持つとした。

10　各国の大統領制に関する記述として，妥当なものはどれか。

1　フランスの大統領は，議会の解散を決定したり，重要な案件を国民投票に付託したりする権限を持つ。

2　アメリカの大統領制は，三権分立の理念を厳格に体現したものとされるが，国民の直接選挙によって選ばれた大統領には，強力な権限が与えられている。

3　ロシアの大統領は，下院議員による互選によって選ばれる一方，首相にも一定の政治的な権限が与えられている。

4　ドイツの政治体制は議院内閣制によって運営されているものの，大統領の権限が強いため，首相の権限の多くは儀礼的なものにとどまる。

5　イタリアの大統領は，行政に関する主要な役職を実質的に決定するなど，強力な権限を持つ。

11　選挙の諸原則に関する記述として，妥当なものはどれか。

1　自由選挙は，選挙に棄権した場合でも罰則が課せられないというのが原則であり，これに反する強制選挙の実施は，国際人権規約によって禁じられている。

2　直接選挙は，投票用紙に直接に候補者名を自筆する原則を指し，これに反する例として，タッチパネル式の投票が挙げられる。

3　平等選挙は，投票数や1票の価値について個々の有権者の間に差を設けないというのが原則である。

4　秘密選挙とは，候補者の選出や投票の過程について明らかにしないというのが原則であり，強権的な独裁国家にみられる。

5　普通選挙とは，納税額や性別によって投票する権利を差別しないのが原則であり，女性を含む普通選挙制が初めて導入されたのはアメリカである。

12　政党と圧力団体に関する記述として，妥当なものはどれか。

1　圧力団体は，政権の獲得などを主たる目的として活動するのに対して，政党は，特定の集団の利益の実現を目指して行動する。

2　二大政党制は，有力な2つの政党間で実質的な競争が行われる体制であり，その典型的な国として，キューバが挙げられる。

3　政党に対する公的助成は，その政党を支持しない者から得た税収の配分を意味するため，日本を含む国々において禁止されている。

4　アメリカでは，圧力団体と関係が深いロビイストと呼ばれる人々が活動しているが，報酬の出所などについての情報が公開されている。

5　一党優位政党制は，政党間の競合が行われているにもかかわらず，特定の政党に権力が集中する体制であり，典型的な例として，イギリスの政治体制が挙げられる。

13　国際的な紛争の処理に関する記述として，妥当なものはどれか。

1　国際刑事裁判所は，国家における犯罪を裁くために設置された裁判所であり，ここで訴えが提起されると，各国政府が被告となり，審理が行われる。

2　国際司法裁判所は，国家間の紛争の解決をはかるために設置されているが，拘束力のある決定を行うためには，当事国が裁判の開始に同意することが必要となる。

3　国際連盟の主要機関として設置された常設国際司法裁判所は，世界史上初めて国家間の紛争を扱った裁判所である。

4　国際連合憲章において，国際紛争の際，個別的自衛権や集団的自衛権を行使することは禁じられている。

5　国際連合安全保障理事会において，強制力のある決定を行うためには，常任理事国が拒否権を行使しないことを前提として，10ヵ国以上の賛成が必要となる。

14　各国の政党政治に関する記述として，妥当なものはどれか。

1　アメリカ合衆国では，民主党と共和党が大きな勢力を占めているため，いずれかの政党の指名を受けない限り，大統領に就くのは極めて困難である。

2　イギリスでは，保守党と労働党が議会で大多数を占めているものの，近年では，上院において地域政党の躍進が著しい。

3　フランスでは，一時期，共和国前進などの勢力が伸びた時期があったものの，2017年以降共和党と社会党の二大政党の勢力が拡大した。

4　ドイツでは，2005年以降，キリスト教民主・社会同盟が議会において圧倒的な多数を占め，同党による単独政権が続いた。

5　中国では，全国人民代表大会の代表を中国共産党が独占してきたが，香港の返還以降，複数政党制が導入され，急速に多党化が進んでいる。

15 政党と利益集団に関する記述として，妥当なものはどれか。

1　政党と利益集団を比較すると，政策の提示やその実現のために活動する点については共通するが，後者の方が包括的な政策を掲げるのが一般的である。

2　提示した政策について誤りがあった場合の責任は，政党はその責任が明確になりやすい一方，利益集団ではあいまいなままになることが多い。

3　政党と利益集団に共通する特徴として，ともに，政権の獲得を目的としている点が挙げられる。

4　アメリカでは，ロビイング規制法により，利益集団が議員への働き掛けを行うことは禁止されている。

5　日本では，利益集団による影響力を排除するため，政党への企業・団体献金が禁止されている。

16 日本の国会に関する記述として，妥当なものはどれか。

1　常会は，毎年1回1月中に召集され，予算や法律案の審議などを行うが，その会期の延長は1回のみに限られる。

2　特別会は，内閣が必要と認めたとき，または，一方の議院に属する国会議員の4分の1以上の要求があったときに召集され，会期は国会の議決によって定められる。

3　臨時会は，総選挙の日から30日以内に召集され，内閣総理大臣の指名や，院の構成の決定などが行われる。

4　衆議院の解散・総選挙中，緊急の必要があると参議院議長が認めた場合，参議院の緊急集会が開かれ，必要な決定がなされるが，次の国会開会後10日以内に衆議院の同意を得られないとき，その案件は無効とされる。

5　公聴会は，委員会において利害関係者や学識経験者からの意見を聞く制度であるが，予算に関する決定を行う際の開催は任意とされている。

17 日本国憲法に定められた基本的人権に関する最高裁判所による判例についての記述として，妥当なものはどれか。

1　幸福追求権は，新しい人権の根拠として主張される根本的な権利であるが，この権利は具体的な権利ではなく，これを定めた規定は国の責務を示したものである。

2　平等権を定めた諸規定は，不当な差別を禁止する趣旨であるから，直系尊属の殺人に対し，他の殺人と比較して著しく重い罪を課すのは，法の下の平等を定めた憲法の規定に反する。

3　県知事が特定の神社に対して玉ぐし料として公金を支出する行為は，必ずしも宗教的な意義を持つものではなく，習俗に属するものに過ぎないから，違憲とはいえず，容認されるべきである。

4　国民には，健康で文化的な最低限度の生活を営む権利が認められているから，生活保護法による支給が著しく低額である場合には，当事者には，裁判を通じてそのような状況の改善を求める権利が認められるべきである。

5　公衆浴場の距離制限を定めた法律の規定は，経済活動の自由を定めた憲法の規定に反する。

18 日本における刑事手続に関する記述として，妥当なものはどれか。

1　犯罪を立証する唯一の証拠が本人に不利な自白に限定される場合，有罪として刑罰を科すことはできない。

2　検察官が起訴しない旨を決定した場合，他の手続きによってその事件について刑事裁判を行うことはできない。

3　検察審査会は，非行のあった検察官の懲戒などを審査する機関であり，有権者から無作為に抽出された検察審査員により構成される。

4　捜査機関に協力したことを以て，協力者が犯した犯罪の刑罰を軽くすることはできない。

5　あらゆる刑事事件は，無作為に選ばれた裁判員と裁判官がともに審理にあたる裁判員裁判の対象となる。

19 **日本における犯罪および刑罰に関する記述として，妥当なものはどれか。**

1　少年法の改正により，18歳以上の特定少年のときに犯した事件について起訴された場合，略式起訴の場合を除き，実名・写真等の報道の禁止が解除される。

2　刑法の改正により，従来の拘禁刑が廃止され，強制的に刑務作業に服させる懲役刑と，その強制を伴わない禁固刑が新設された。

3　刑法の改正により，公然と人を侮辱した者に対する刑罰については，拘留若しくは科料に限られることになった。

4　少年法の改正により，18歳以上の特定少年は，家庭裁判所に送られることなく，20歳以上の者と同様の刑事裁判を受けることになる。

5　刑法の改正により，執行猶予中に刑罰の対象となる罪を犯した場合，再度執行猶予付きの判決を下すことを可能とする制度が廃止された。

20 **日本国憲法に定められた基本的人権に関する記述として，妥当なものはどれか。**

1　プライバシーの権利は，みだりに私生活を公開されないことを保障する権利であり，憲法に明文の規定はないものの，個人情報保護法において目的として明記されている。

2　幸福追求権は，新しい人権が主張される際に憲法上の根拠として挙げられる権利であるが，最高裁判所は，この権利はプログラム規定に過ぎず，具体的な権利ではないとしている。

3　最高裁判所の判例によれば，健康で文化的な最低限度の生活を営む権利は，憲法上の具体的な権利であり，これを害された者は，訴訟によってその状態の改善を求めることができる。

4　最高裁判所は，市有地を特定の神社に無償で提供してきた行為は，特定の宗教への援助と取られてもやむを得ないなどとして，違憲判決を下した。

5　最高裁判所は，学生による政治的な内容を含む演劇の上演の際，公安調査を目的として警察官が大学内に立ち入った行為は，学問の自由や大学の自治を損なう違憲の行為であるとした。

21 日本銀行と金融政策に関する記述として，妥当なものはどれか。

1　日本銀行は，銀行券を発行する発券銀行であり，融資などの取引をする相手は，市中銀行と，基準を満たした製造業などを営む大企業に限られる。

2　日本銀行政策委員会は，総裁，副総裁，審議委員で構成され，議決が成立するためには，全会一致による決定が求められる。

3　マイナス金利は，好況やインフレーションが継続するなど，金融の引き締めが求められる際に採用される政策である。

4　主要な金融政策としてきた基準割引率および基準貸付利率の操作は，公定歩合操作に名称を変え，最も重要で効果的な政策として位置付けられている。

5　日本銀行は，政府が発行した国債を直接購入することはできないが，発行後一定期間が経過した国債については，市場を通じて購入することができる。

22 物価の変動に関する記述として，妥当なものはどれか。

1　デフレーションの進行は，貨幣価値を下落させるため，定額の収入に頼る給与所得者や年金生活者にとっての生活は不安定になる。

2　デフレーションが継続する要因の一つとして，物価の低下が企業の収益を悪化させ，さらに賃金の低下を通じて購買力が減少し，ますます安い価格で売らざるを得なくなることが挙げられる。

3　インフレーションの進行は，貨幣価値を上昇させるため，債権者には有利になる一方，債務者には不利な影響をもたらす。

4　物価の安定は，経済政策における重要な課題であり，日本における物価の変動を表す指標として，日本銀行によって集計され定期的に発表される消費者物価指数や，総務省によって公表される企業物価指数が挙げられる。

5　日本政府による月例経済報告によれば，2013年末の時点において，日本経済は深刻なデフレーションが継続していると判断された。

23 国民所得計算に関する記述として，妥当なものはどれか。

1　GDP（国内総生産）の前年比の変化率は，経済成長率と呼ばれる。成長率が低下することにより，GDPは必ず減少する。

2　外国人の演奏家が一時的に日本に滞在し，公演を行った報酬を持ち帰ったとする。この分は，GNP（国民総生産）に算入される一方，国内総生産（GDP）には算入されない。

3　国民所得計算に算入されるのは，原則として，市場で取引される財やサービスの付加価値である。ただし，例外的に，農家による自家消費分は算入される。

4　物価の変動が大きいと，名目値と実質値の差が大きくなる。また，物価が上昇すると，実質値が名目値を上回る。

5　GNP（国民総生産）から固定資本減耗分を控除すると，NNP（国民純生産）が求められる。また，NNP（国民純生産）から間接税を控除し，直接税を加えることにより，NI（国民所得）が求められる。

24 地方財政に関する記述として，妥当なものはどれか。

1　地方自治体が自主的に調達する財源は自主財源と呼ばれ，地方交付税交付金がその代表である。

2　使途が特定されている財源は特定財源と呼ばれ，地方債の発行によって調達した資金が含まれる。

3　市町村が地方債を発行する場合には，原則として，都道府県知事による許可が必要となる。

4　地方財政の悪化によって債務の返済が困難になり，財政再生団体としての指定を受けると，債務の半分についての支払いが免除される一方，予算編成権が制約を受ける。

5　三位一体の改革とは，税源移譲，補助金削減，地方譲与税新設に代表される一連の動きを指すものである。

25 21世紀の日本経済に関する記述として，妥当なものはどれか。

1　バブル崩壊後の日本経済は，「失われた10年」と呼ばれる低迷期に入った。2002年には，年平均の失業率が5.4％となり，当時としては戦後最悪の水準を記録した。

2　日本の国債残高は，増加傾向にあったものの，21世紀はじめから，緩やかな減少傾向に入った。特に，消費税率を5％から8％に増税した後は，減少幅が拡大した。

3　日本経済の発展を妨げてきた要因として，経済活動への規制が過度であることが指摘されてきた。それを踏まえ，2002年には国家戦略特区が，2013年には構造改革特区が導入された。

4　リーマンショックは，世界経済に大きな影響を及ぼした。一方，日本経済への影響は軽微であり，経済成長率の落ち込みの幅は，先進国の中で最も小さかった。

5　東日本大震災は，日本経済に大きな影響を及ぼした。一方，サプライチェーンへの影響は軽微であり，日本経済の強さを示す結果となった。

26 わが国の税制度に関する記述について，妥当なものはどれか。

1　国税には直接税と間接税があり，所得税は直接税だが，法人税は間接税である。

2　間接税である消費税は，消費者自らが納税義務者である。

3　地方交付税は，地方公共団体の財政力の格差を是正するため，国税から支出される税のことである。

4　直接税と間接税の比率（直間比率）で，日本の直接税の比率は，フランスやドイツなどのヨーロッパ先進国やアメリカより高い。

5　住民税には都道府県民税と市町村民税とがあり，どちらも所得税と同様，累進課税である。

27 **外国為替に関する記述として，妥当なものはどれか。**

1　固定為替相場制とは，異なる通貨間の交換比率を固定し，それ以外での取引を禁ずることによって成り立つ制度である。

2　1944年に合意されたブレトンウッズ協定において，IMF（国際通貨基金）などの設立とともに，変動為替相場制を導入することが定められた。

3　1970年代には，スミソニアン合意によって固定為替相場制から変動為替相場制への移行がはかられ，キングストン合意によってそれと逆行する動きがはかられるなど，外国為替市場が大きく揺らいだ。

4　外国為替市場において，金利が外国に比べて低いことによってその国の通貨が大規模に売られた場合，その通貨の価値が下落する要因となる。

5　他の条件を一定として，ある国の輸出が急増し，その国への旅行客が増えると，当該国の通貨が売られ，通貨の価値が下落する要因となる。

28 **市場機構に関する記述として，妥当なものはどれか。**

1　完全競争市場では，需要側が価格受容者として行動するのに対して，供給側は価格先導者として行動する。

2　外部不経済が存在する場合，望ましい均衡点と比較すると，均衡価格は過小に，均衡取引量は過大となる。

3　外部経済が存在する場合，政府が財やサービスの供給主体に課税することによって，最適な均衡を達成することができる。

4　技術革新によって価格が低下し，取引量が増えることは，典型的な市場の失敗の例である。

5　寡占市場では，一般に，価格が下がりにくくなる現象がみられ，このことは，価格の上方硬直性と呼ばれる。

29 **経済学説と経済政策に関する記述として，妥当なものはどれか。**

1　重農主義の代表的論客であるケネーは，価値の源泉を農業労働に求めるとともに，自由放任主義的な政策を批判した。

2　T.マンは，絶対主義を背景に重商主義的な政策を提唱し，自由貿易によって国を富ませることの必要性を説いた。

3　アダム・スミスは，各経済主体の利己的な行動が，見えざる手に導かれて，望ましい調和をもたらすとした。

4　ケインズは，乗数理論に基づき，公共投資などの財政支出の拡大より，減税の方が国民所得の大幅な増加をもたらすとした。

5　フリードマンは，安定的な経済成長に寄与する政策は，ルールに基づく金融政策ではなく，裁量的な財政政策であるとした。

30 戦後の日本経済の動向に関する記述として，妥当なものはどれか。

1　戦災によって疲弊した日本経済を回復させるため，アメリカが主導するマーシャルプランが実施された。

2　資金や資源を基幹産業に重点的に配分する傾斜生産方式が実施されたが，日本銀行が貨幣の供給量を急増させたため，激しいインフレーションをもたらした。

3　ドッジ・ラインは，復興金融金庫の創設を柱にする政策であったが，日本銀行が同金庫によって発行される債券の引き受けを拒否したため，混乱を招いた。

4　朝鮮特需とは，朝鮮戦争の際に韓国への輸出が急増することによって生じた好景気であり，これを通じて高度経済成長の基礎が築かれた。

5　1970年代末，イラン革命による混乱から第一次石油危機が発生し，日本は翌年戦後初めてのマイナス成長を経験し，高度経済成長は終焉を迎えた。

31 外国為替相場に関する記述として，妥当なものはどれか。

1　戦後の外国為替に関する国際的なルールは，1950年に発足した世界銀行によって策定された。

2　ブレトンウッズ協定には，イギリスのポンドを基軸通貨とし，ポンドと金を一定割合で交換することを保証する内容が盛り込まれた。

3　1970年代の経済的な混乱を経て，主要国は変動為替相場制に移行し，キングストン合意によってそれが追認された。

4　一般に，変動為替相場制は，通貨間の交換比率を固定し，それ以外のレートでの取引を禁ずることによって成立する。

5　ある国の通貨の価値が下落すると，その国の輸出に不利な影響を及ぼすため，各国の通貨当局や政府は外国為替市場の動向を注視している。

32 **消費者保護のための諸施策に関する記述として，妥当なものはどれか。**

1　消費者委員会は，関係省庁による消費者行政全般に対して監視機能を持つ第三者機関であり，内閣府の下に設置されている。

2　消費者庁は，「特定保健用食品」等の表示に関する許可や消費者に関する行政全般を担当する機関であり，経済産業省の下に設置されている。

3　消費者安全法に基づき，公正取引委員会は，消費者や消費生活に関する安全確保のための基本方針の策定を行う。

4　クーリング・オフは，いったん契約の申し込みや契約の締結をした場合においても，一定の期間であれば，契約者双方の合意に基づいて契約の申し込みを撤回したり，契約を解除したりできる制度である。

5　特定商取引法によれば，消費者契約について，不当な勧誘による場合は契約の取消しができるものとされ，また，不当な契約条項については無効とされる。

33 **租税に関する記述として，妥当なものはどれか。**

1　各自の負担能力に応じて税を負担することが公平であるとする考え方は，水平的公平と呼ばれる。

2　租税法律主義とは，税に関する諸制度については，議会が定める法律に基づくべきであるとする原則である。

3　戦後の日本の税制に大きな影響を与えたシャウプ勧告は，間接税を中心とした租税体系を骨格としていた。

4　相続税は，所得や財産が大きくなるほど実質な負担率が低くなる逆進性を特徴とする税である。

5　消費税は，所得や財産が大きくなるほど実質的な負担率が上昇する累進課税としての性質を持つ税である。

34 ロシアおよびウクライナをめぐる情勢に関する記述として，妥当なものはどれか。

1　2018年にロシアで行われた大統領選挙において，現職のプーチン大統領が勝利したものの，それまでの選挙と比較して2位以下との差がわずかであったため，政権の基盤の不安定さを印象付ける結果となった。

2　2020年にロシアで行われた国民投票において，大統領の任期上限を「連続2期」から「通算2期」とする一方，現職大統領と大統領経験者の任期数をゼロとみなす条項を含む憲法改正案が可決された。

3　2014年，ロシアは，ウクライナのクリミア自治共和国をロシアの一部として編入することを宣言したが，この動きは住民投票の手続を経ていなかったため，日本を含む各国の反発を招いた。

4　2022年，ロシアのプーチン政権は，「ロシアとロシア人を守るための唯一の道」などとしてウクライナへの侵攻を始めたが，NATO（北大西洋条約機構）は直ちに直接的な軍事行動に踏み切った。

5　ロシアがウクライナに本格的に侵攻する前年の2021年，ウクライナのゼレンスキー大統領は，NATO（北大西洋条約機構）とEU（欧州連合）への加盟申請書に署名するなど手続の動きを加速させ，その動きにロシアのプーチン政権は激しく反発した。

35 日本の社会福祉や社会保障に関する政策についての記述として，妥当なものはどれか。

1　ベバリッジ報告を受け，包括的な救貧政策として恤救（じゅっきゅう）規則が制定され，包括的な福祉政策が整備された。

2　生活保護法による支給額の算定は，21世紀に入り，マクロ経済スライドによることとされた。

3　児童手当は，家庭生活等における生活の安定と健やかな成長に資することを目的として導入された。

4　介護保険は，本人の状態に合わせて設定された4段階の基準に基づき，必要なサービスの給付を行う制度である。

5　障害者総合支援法は，地域社会での共生の実現に向けた施策などを盛り込みながら，名称も含めて改正され，障害者自立支援法として成立した。

36 **人口問題に関する記述として，妥当なものはどれか。**

1　人口の増減は2つに分類されており，入国者数と出国者数の差を自然増減といい，出生児数と死亡者数の差を社会増減という。

2　国立社会保障・人口問題研究所の推計によれば，日本の人口は今後減少を続け，2025年に1億人を割り込む見込みである。

3　総務省の人口推計によれば，日本では，出生率が低下しているものの，海外からの流入が増えているため，外国人を含む日本の総人口は，緩やかに増加を続けている。

4　2014年時点において，前年より人口が増加したのは東京都など7都県のみであり，40道府県は逆に減少している。

5　日本では，人口減少に伴い，空き家問題が深刻化しており，2015年には，倒壊のおそれがある場合などに所有者に撤去を命ずる権限を市町村から国に移した。

37 **地球環境問題に関する記述として，妥当なものはどれか。**

1　気候変動枠組み条約で採択された議定書は，モントリオール議定書である。

2　京都議定書は，温室効果ガスの削減数値目標を定めたものである。

3　地球温暖化の最大の要因は，不燃性廃棄物の処理時に発生するダイオキシンなどの有害物質である。

4　地球温暖化対策推進法は，ウィーン条約締結に基づいて制定された。

5　ダイオキシンは，酸性雨のおもな原因となっている。

38 **近年の民法改正に関する記述として，妥当なものはどれか。**

1　民法の成年年齢が18歳に引き下げられたことに伴い，少年法の少年の定義も18歳未満に改められた。

2　女性の婚姻年齢は，18歳に引き上げられた。

3　女性の再婚禁止期間が100日に短縮される。

4　配偶者居住権が新設され，配偶者は相続開始時に居住していた被相続人名義の建物を無条件で相続し，また，その他の遺産についても法定相続分を主張できるようになった。

5　未成年者が親の同意を得ずに契約した場合に，原則として契約を取り消すことのできる未成年者取消権は，20歳未満の者については維持されることとなった。

39 日本における男女共同参画社会に関する記述として，妥当なものはどれか。

1 2018年に成立した政治分野における男女共同参画推進法により，各政党には，立候補者の男女均等化が義務付けられ，これに反した場合には罰則が課されることになった。

2 2006年に改正された男女雇用機会均等法では，募集や採用にあたって一定の要件を課すことによって男女いずれかに不利益をもたらす間接差別が禁止された。

3 女性活躍推進法により，国，自治体，中小企業を含む民間企業に対し，数値目標を含めた行動計画の策定が義務付けられた。

4 クオータ制は，積極的改善措置の一例であるが，いわゆる逆差別を招くとして，労働基準法にそれを禁ずる規定が盛り込まれた。

5 男女共同参画第4次基本計画には，女性の理工系人材の育成や，女性への暴力の根絶などが盛り込まれたが，特定の地域に関する言及は見送られた。

40 日本の労働に関する制度や情勢についての記述として，妥当なものはどれか。

1 労働三法とは，労働基準法，労働組合法，労働安全衛生法の3つの法律を指し，特に，労働組合法には，労働争議を解決するための斡旋，調停，仲裁などの規定がある。

2 完全失業率は労働力人口に占める完全失業者の割合であり，2018年度の水準は26年ぶりの低水準となった。

3 有効求人倍率は，有効求職者1人あたりの有効求人数の割合であり，民間の職業紹介業者の数値を厚生労働省が集計して求められている。

4 最低賃金は，全国一律で定められており，2019年度については，初めて最低時給が1000円を超えた。

5 労働組合の推定組織率は，非正規雇用者の増加に伴って増加傾向にあり，21世紀に入り，2割台で推移している。

41 日本における消費者問題とその対応に関する記述として，妥当なものはどれか。

1　勧誘により購入契約を結んだ場合，一定期間内であり，かつ公的機関により契約解除の正当な理由があると認められることを条件に，書面により申し込みを撤回することができる。

2　一人暮らしのお年寄りなどを狙った強引な販売が社会問題化したことを受け，特定商取引法を改正し，訪問販売法が制定された。

3　消費者庁は，消費者行政の一元化を進めることなどを目的として，内閣府の外局として設置された。

4　消費者への情報の提供などを目的として，国の機関として，消費生活センターが設置された。

5　製造物責任法によれば，製品による事故で被害を受け，賠償責任をメーカーに負わせる場合，被害者側が製品の欠陥と過失を立証することが求められる。

42 日本の労働事情に関する記述として，妥当なものはどれか。

1　働き方改革関連法では，働き方の多様化を進める趣旨から，時間外労働の原則的な上限時間が撤廃された。

2　総労働時間については，2020年以降において，それ以前の水準より大幅に増加した。

3　新型コロナウイルス感染拡大などの影響を受け，2020年以降，それ以前と比較したパートタイム労働者の特別給与は大きく減少した。

4　新型コロナウイルス感染拡大防止のための経済活動の抑制により，2020年4月には就業者数や雇用者数が減少し，その後の回復にも関わらず，同年中にもとの水準に戻ることはなかった。

5　2020年には，新型コロナウイルスの感染拡大により，経済活動が大きな打撃を受けたことから，失業率は一時5%を上回った。

43 令和4年版防衛白書に関する記述として，妥当なものはどれか。

1　武力行使の目的をもって武装した部隊を他国の領土・領海・領空に派遣するいわゆる海外派兵は，一般に，自衛のための必要最小限度を超えるものであり，憲法上許されないと考えられている。

2　わが国が自衛権の行使として相手国兵力の殺傷と破壊を行う場合，それは交戦権の行使に該当する。

3　非核三原則とは，核兵器を持たず，作らず，使用しないという原則を指す。

4　文民統制は，シビリアン・コントロールともいい，民主主義国家における軍事に対する政治の優先，又は軍事力に対する民主主義的な政治による統制を指すが，わが国では文民統制の制度が整備されているとはいえない。

5　防衛計画の大綱（防衛大綱）は，外交政策及び防衛政策を中心とした国家安全保障の基本方針を示している。

44　令和4年版情報通信白書に関する記述として，妥当なものはどれか。

1　クラウドサービスを一部でも利用している企業の割合は2021年時点で約50％であり，今後，普及が進むものと考えられる。

2　2020年の我が国の民間企業による情報化投資は，種類別では，ソフトウェア（受託開発及びパッケージソフト）が全体の6割近くを占めている。

3　2020年の財・サービスの輸出入額（名目値）については，ICTサービスの輸入超過額がICT財の輸入超過額を上回っている。

4　2021年の端末別のインターネット利用率（個人）は，「パソコン」が「スマートフォン」を上回っている。

5　日本の半導体の出荷額は，2018年から減少を続けている。

45　令和5年版観光白書に関する記述として，妥当なものはどれか。

1　2021年の外国人旅行者受入数は，日本は世界21位（アジアで5位）であった。

2　2021年国際観光収入は，日本は世界15位（アジアで4位）であった。

3　2022年の出国日本人数は，前年から増加した。

4　2022年の日本人の国内日帰り旅行者数は，国内宿泊旅行者数を上回った。

5　2022年の日本国内のホテル，旅館等における延べ宿泊者数全体に占める外国人の割合は約10％であった。

解答・解説

1 2

解説 1. プラトンは，知恵の徳を体現し，選択肢に示した二つの身分を支配する哲人による支配を提唱した。このことを哲人政治という。　2. 正しい。マキャヴェリは，混乱していたイタリアに秩序をもたらすために，政治が自立的な役割を果たすと考え，君主の主要な役割として，国家の維持，拡大および強化をはかることを挙げ，そのために「悪しき手段」を用いなければならない場合はやむを得ないという主張をした。　3. イェリネックについての記述である。　4. 夜警国家という言葉は，国家のあり方を，治安維持や，国防などに限定する立場に対して，社会主義者のラッサールによって批判的な意味で用いられた。　5. 福祉国家論が台頭したのは20世紀である。

2 4

解説 1. マグナ・カルタは封建貴族が国王ジョンに署名させたものであり，課税権や逮捕権の制限を含んでいたという点は正しいが，平等権については含まれていなかった。　2. アメリカ独立宣言によると，暴政に対しては，「政府の廃棄」「新たなる保障の組織を創設」が認められるとした。これらは革命権を意味する。他の記述については正しい。　3. 社会権を初めて認めた憲法は，20世紀のドイツにおいて定められたワイマール憲法であり，それ以前の人権宣言や憲法的文書には盛り込まれていなかった。　4. 正しい。「立法権」「執行権・行政権」「裁判権・司法権」の三権分立を唱えたのはモンテスキューである。　5. 選択肢の説明は，第16代大統領リンカーンについてのものである。

3 3

解説 1. 17世紀に勃発した三十年戦争の講和条約であるウェストファリア条約により，主権国家を主体とする近代的な国際社会が成立した。　2. 国際連盟では，侵略等を非合法化した上で違反国に共同で制裁する集団安全保障方式を採用していた。　3. 正しい。集団安全保障についての記述である。
4. 冷戦下における核軍縮についての合意の例として，INF（中距離核戦力）

全廃条約が挙げられる。　5. 先進国における地域・民族紛争として，カナダにおけるケベック独立問題，イギリスにおける北アイルランド問題などが挙げられる。

4　4

解説 1. 誤り。内閣総理大臣は，衆議院議員ではなく，国会議員の中から指名される。他の記述については正しい。なお，衆議院が議決によって指名した後，国会休会中の期間を除いて10日間が経過した場合も，衆議院の議決が国会の議決となる。　2. 誤り。内閣総理大臣は，任意に，国務大臣を罷免できる。　3. 誤り。内閣総理大臣が任命する国務大臣は，その過半数が国会議員でなければならない。第2文については正しい。　4. 正しい。日本国憲法第75条についての記述である。なお，第2文については，国務大臣がその職を退いたときには訴追できるという意味であり，検察官が国務大臣を訴追したいと申し出て，それに総理大臣が同意しないときには，その時点で公訴時効の進行が停止する。　5. 誤り。慣例上，閣議決定は，全員の一致によって行われる。よって，決定に従わない国務大臣は，自ら辞職するか，内閣総理大臣によって罷免される。

5　4

解説 1. 誤り。アメリカ合衆国の連邦最高裁判所の判事は，上院の承認を経て，大統領によって任命される。　2. 誤り。アメリカ合衆国の陪審員裁判は，刑事裁判と民事裁判の両方を対象としているのに対して，日本の裁判員裁判は，刑事事件のみを対象としている。なお，いずれの場合も，一定の基準を満たす事件を対象としている。　3. 誤り。国民審査の対象となるのは，最高裁判所の裁判官であり，高等裁判所の裁判官は含まれていない。　4. 正しい。下級裁判所の裁判官については，最高裁判所が名簿によって指名し，内閣によって任命される。　5. 誤り。刑事裁判において，一度有罪判決が確定しても，新証拠がある場合などは，再審が開始され，その結果として無罪となった例もある。

6 4

解説 1. 選択肢の説明は，住民自治についての説明である。団体自治は，国から独立した運営を認めるべきとする理念である。　2. 大日本帝国憲法に地方自治の規定は置かれていなかった。　3. 原則として，住民投票に法的拘束力はない。　4. 正しい。議会を解散しない場合に，首長は失職する。また，解散・選挙後に開かれる議会において，再び不信任された場合にも失職する。　5. 2012年に「大都市地域における特別区の設置に関する法律」が制定され，東京都以外にも特別区を設置できるようになった。

7 3

解説 1. 誤り。「経済産業省」を「国土交通省」とすると正しい記述になる。観光庁は，観光に関する政策の推進などを目的として，2008（平成20）年に国土交通省の下に設置された。その根拠となる法律は，「国家行政組織法」第3条第2項並びに「国土交通省設置法」第41条である。　2. 誤り。選択肢の文のうち，「広範な災害への対応」と「永続的な官庁として」の部分を削除すると正しい記述になる。復興庁は，東日本大震災からの復興を目的とし，期間を定めて設置される時限的な機関として，2012（平成24）年に内閣の下に設置された。その役割は，復興に関する国の施策の企画・調整及び実施，地方公共団体への一元的な窓口と支援等を担うことである。その根拠となる法律は，「復興庁設置法」第1条および第2条である。　3. 正しい。スポーツ庁は，スポーツ振興その他スポーツに関する施策の総合的な推進を図ることを目的として，2015（平成27）年に文部科学省の下に設置された。各省庁のスポーツ施策に関する司令塔的役割を果たすことが期待されている。その根拠となる法律は，「国家行政組織法」第3条第2項並びに「文部科学省設置法」第13条である。　4. 誤り。「財務省」を「内閣」とすると正しい記述になる。デジタル庁は，デジタル社会の形成に関し，内閣の事務を内閣官房と共に助け，その行政事務の迅速かつ重点的な遂行を図ることを目的として，2021（令和3）年に内閣の下に設置された。その根拠となる法律は，「デジタル庁設置法」第3条第1項および第2項である。　5. 誤り。「厚生労働省」を「内閣府」とすると正しい記述になる。こども家庭庁の設置に関する法案は2022（令和4）年に成立した。これまで文部科学省，厚生労働省，内閣府，警察庁などが所管していた子どもを取り巻く行政事務を集約し，政策を実施する際の司令塔としての役割を果たすことが期待されている。その根拠となる法律は,「内閣府設置法」第49条第3項並びに「こども家庭庁設置法」第1条および第2条である。

8 3

解説 1. 常任理事国が拒否権を行使できるのは,安全保障理事会における実質事項についての決議である。 2. ITUは,1865年に設立された機関であり,今日まで活動を続けている中では古い部類に属する。 3. 正しい。IMFとIBRDの議決権は,一国が対等に一票ずつの議決権を持つ制度ではない。 4. ILO総会は,各国の代表で構成されるが,その内訳は,政府代表2名,労働者代表1名,経営者代表1名である。 5. EUの閣僚理事会(欧州連合理事会)における議決権は,各国の規模によって異なる。例えば,フランスやイギリスなどは29票であるのに対して,マルタは3票である。

9 3

解説 1. 誤り。「統治者の権利は神から授かった神聖なもの」などとするのはフィルマーやボシュエらが唱えた王権神授説の特徴であり,市民革命に大きな影響を与えた社会契約説は王権神授説を否定する内容を含んでいた。 2. 誤り。実際に制定され,運用されている法律を実定法と呼ぶのに対して,自然法は実定法に先立つ普遍的な法であるとされる。社会契約説はこの自然法の存在を前提として展開された。 3. 正しい。自然権とは人が生まれながらに持つ権利である。ホッブズによれば,自然権の中心は自己保存の権利であり,それを人々が行使すると「万人の万人による闘争状態」となる。そこから脱するためには,自然権を個人や合議体に譲渡せざるを得ないとし,結果的に,絶対君主の権利や絶対王政を擁護するものとなった。 4. 誤り。「ロック」を「ルソー」とすると正しい記述となる。ルソーが重視したのは,公共の利益を求める一般意志(一般意思),直接民主制である。 5. 誤り。「ルソー」を「ロック」とすると正しい記述となる。ロックによれば,政府は,自然権を信託されることによって成り立ち,その信託に反する場合,人々は抵抗権を行使できる。つまり,ロックの思想は間接民主制・代議制を正当化するものである。この思想は,市民革命を擁護するものとなった。

10 1

解説 1. 正しい。フランスの政治体制においては，大統領に様々な権限が与えられている。また，国民議会（下院）は，大統領によって任命された首相を不信任とする権限を持つ。　2. 誤り。アメリカの大統領は，大統領選挙人を介した間接選挙によって選出される。　3. 誤り。ロシアの大統領は，国民の直接選挙によって選出される。　4. 誤り。ドイツの政治は，議院内閣制によって運営されており，行政権のトップは首相である。一方，大統領の権限は，議会における決議への署名の拒否などの例があるものの，儀礼的なものにとどまる。　5. 誤り。イタリアの大統領の権限は，非常大権などの例外を除くと，その多くが儀礼的なものである。よって，「行政に関する主要な役職を実質的に決定するなど，強力な権限を持つ」という記述は誤りである。

11 3

解説 1. 誤り。自由選挙についての説明は正しいが，国際人権規約上に強制選挙を禁じる規定はない。　2. 誤り。直接選挙は，選挙人を介さず，有権者が候補者から代表者を直接選出する原則である。　3. 正しい。平等選挙と対をなす選挙制度として，戦前の地方議会における等級選挙などが挙げられる。　4. 誤り。秘密選挙とは，誰がどの候補者に投票したかを非公開とする選挙原則である。　5. 誤り。女性の参政権が初めて与えられた国はニュージーランドである。

12 4

解説 1. 誤り。政党と圧力団体についての説明が逆になっている。　2. 誤り。二大政党制はアメリカなどにみられ，キューバや中国は一党制に分類される。　3. 誤り。日本では，政党助成法に基づき，政党に関する公的助成が行われている。　4. 正しい。アメリカでは，連邦ロビイング規制法に基づき，ロビイストが登録制とされ，報酬の出所を含む様々な情報が公開されている。　5. 誤り。イギリスは，保守党と労働党による二大政党制が長く続いた。なお，地域政党なども力を伸ばしている。

13 2

解説 1. 誤り。国際刑事裁判所（ICC）は，国家ではなく，個人による犯罪を裁く裁判所である。被告となるのは，戦争犯罪などの重大な違反が疑われる個人である。 2. 正しい。 3. 誤り。常設国際司法裁判所の設置以前にも，仲裁裁判などが行われていた。 4. 誤り。国際連合憲章によれば，国連が必要な措置を講ずるまでの間，個別的自衛権や集団的自衛権を行使することは認められている。 5. 誤り。「10ヵ国以上」を「9ヵ国以上」とすると正しい記述となる。

14 1

解説 1. 正しい。アメリカ合衆国の大統領選挙は，民主党と共和党の各党において指名を受けた者により争われる。他の勢力が立候補することはできるが，当選した例はない。1853年以降は，共和党か民主党のいずれかの党から大統領が選出されている。 2. 誤り。イギリスでは，選挙により選ばれた議員によって構成される下院（庶民院）では保守党と労働党が多数を占めているが，地域政党も一定の議席を確保している。一方で，上院（貴族院）においては選挙は行われず，その議員は世襲貴族や高位聖職者などである。 3. 誤り。フランスでは，2017年の大統領選挙において，新しい政党である「共和国前進」を基盤とするマクロン大統領が当選するとともに，国民議会の選挙において，同勢力が6割を超える議席を確保した。 4. 誤り。ドイツでは，2005年以降，キリスト教民主・社会同盟を率いるメルケル政権が続いたが，同政権は，ドイツ社会民主党との連立政権だったため，選択肢の記述は誤りである。 5. 誤り。中国の政治体制は，基本的に一党制であり，多党化が進んでいるとの記述は誤りである。

15 2

解説 1. 誤り。利益集団は，特定の分野について政策を掲げるのが一般的であり，政党は，包括的な政策を綱領や公約として示すことが多い。 2. 正しい。政党は利益集団と比較すると，政策の誤りについての責任が「支持率の低下」「選挙における敗北」などの形で明確になりやすい。 3. 誤り。政党の目的が政権の獲得であるのに対して，利益集団は特定の利益の実現を目指して活動するのが一般的である。 4. 誤り。アメリカでは，利益集団が議員への働き掛けを活発に行っている。それを担うのは「ロビイスト」と呼ばれる人々であり，ロビイング規制法により，報酬の出所などの情報公開が義務付けられている。よって，「禁止されている」との記述は誤りである。　5. 誤り。日本では，制約はあるが，政党と政党が指定する資金管理団体への企業・団体献金が認められている。

16 1

解説 1. 正しい。国会法第12条において，「会期の延長は，常会にあっては1回，特別会及び臨時会にあっては2回を超えてはならない」と定められている。　2. 誤り。特別会（特別国会）ではなく，臨時会（臨時国会）についての記述である。　3. 誤り。臨時会（臨時国会）ではなく，特別会（特別国会）についての記述である。　4. 誤り。「参議院議長」を「内閣」とすると正しい記述になる。日本国憲法第54条には，「衆議院が解散されたときは，参議院は，同時に閉会となる。但し，内閣は，国に緊急の必要があるときは，参議院の緊急集会を求めることができる」「前項但書の緊急集会において採られた措置は，臨時のものであって，次の国会開会の後十日以内に，衆議院の同意がない場合には，その効力を失う」と定められている。　5. 誤り。公聴会の制度についての説明は正しいが，予算や重要な歳入に関わる案件の審議においては，必ず開かなければならない。

17 2

解説 1. 誤り。選択肢の文の前半は正しいが，最高裁判所がこれを「具体的な権利ではない」などとした判例はない。　2. 正しい。最高裁判所は，尊属殺人への重罰規定について違憲であると判断した。　3. 誤り。最高裁判所は，「愛媛玉ぐし料訴訟」の判決において，県知事による県護国神社，靖国神社への公金支出について，政教分離を定めた憲法の規定に反する行為であると判断した。　4. 誤り。最高裁判所は，「朝日訴訟」の判決において，生存権について，具体的権利性を否定している。　5. 誤り。経済活動の自由に反するため違憲とされたのは，薬局の距離制限を定めた規定である。

18 1

解説 1. 正しい。日本国憲法第38条3項についての記述である。 2. 誤り。検察官が起訴しない事件について，検察審査会が2度にわたって起訴すべきである旨を議決すると，検察の役割を担う弁護士が選任され，刑事裁判が行われる。 3. 誤り。選択肢2の解説で述べた通り，検察審査会の役割は，検察官が起訴しなかった事件の適否を審査する機関である。 4. 誤り。2018年より，日本でも司法取引が可能となり，他人の犯罪に関する捜査に協力する見返りに，求刑を軽くしたり，起訴を見送ったりすることができるようになった。 5. 誤り。裁判員裁判の対象は，殺人など，重大な刑事事件に限定される。

19 1

解説 1. 正しい。令和3（2021）年に成立し，令和4（2022）年に施行された改正少年法により，18歳および19歳の少年は特定少年とされ，正式起訴されれば，報道機関は実名報道等を行うことが可能となった。但し，比較的軽微な刑事事件に適用され，公開の法廷における手続が省略される略式手続（検察官による略式起訴および裁判所による略式命令）の場合は，除外される。
2. 誤り。令和4（2022）年に成立した改正刑法により，従来の懲役刑と禁固刑を統一する拘禁刑が新設されることになった。つまり，選択肢は時系列が逆になっている。 3. 誤り。令和4（2022）年に成立し，同年施行された改正刑法により，公然と人を侮辱した者に対する刑罰については，従来は抑留若しくは科料に限られていたが，改正後は，「1年以下の懲役若しくは禁錮若しくは30万円以下の罰金又は拘留若しくは科料に処する」こととされた（刑法第231条）。 4. 誤り。令和3（2021）年に成立し，令和4（2022）年に施行された改正少年法においても，18歳および19歳の者について，引き続き全件が家庭裁判所に送られ，家庭裁判所が処分を決定する。但し，16歳以上の者が関わる少年犯罪のうち，重大事件については検察官に逆送されるが，今回の改正により，その範囲が拡大された。具体的には，「16歳以上の少年のとき犯した故意の犯罪行為により被害者を死亡させた罪の事件」に加えて，18歳以上の少年のとき犯した「死刑，無期又は短期（法定刑の下限）1年以上の懲役・禁錮に当たる罪の事件，故意の犯罪行為により被害者を死亡させた罪の事件，死刑・無期又は短期1年以上の懲役・禁錮の罪の事件」とされた。

なお，「逆送」とは，正式には検察官送致といい，家庭裁判所が保護処分ではなく懲役，罰金などの刑罰を科すべきと判断した場合に，事件を検察官に送るものである。逆送された事件は，原則として，検察官によって起訴され，刑事裁判で有罪となれば刑罰が科されることになる。　5．誤り。執行猶予中に再度罪を犯し，有罪とされる場合について，「再度執行猶予付きの判決を下すことのできる制度が廃止された」との記述は誤りであり，むしろ，そのような判決を下すことができる対象が拡大された。改正前の刑法では，「1年以下の懲役又は禁錮」の判決が言い渡された場合にのみ，再度の執行猶予をつけることができるとされていたが，令和4（2022）年に成立した改正刑法により，「1年以下」が「2年以下」とされた。ただし，従来の懲役刑と禁固刑を統一する拘禁刑が新設されるので，運用上は，「2年以下の拘禁刑」が対象となる。

20 4

解説 1．誤り。プライバシーの権利の意義と憲法に明文の規定がない点については正しいが，個人情報保護法の条文に「プライバシーの権利」は明記されていない。　2．誤り。幸福追求権が新しい人権の根拠とされている点は正しいが，最高裁判所がこれをプログラム規定とした判例はない。最高裁判所がプログラム規定と位置付けたのは生存権である。　3．誤り。「健康で文化的な最低限度の生活を営む権利」は「生存権」であるが，最高裁判所は，その具体的な権利としての性質を否定し，国の責務を定めたプログラム規定であるとしている。　4．正しい。「北海道砂川政教分離訴訟（空知太神社訴訟）」に関する記述である。　5．誤り。選択肢は，東大ポポロ劇団事件の判例についての記述であるが，最高裁判所は，この場合の演劇の上演は，政治的・社会的活動にあたり，学問の自由や大学の自治の範囲外であるとした。

21 5

解説 1．誤り。日本銀行が発券銀行である点は正しいが，融資の相手先は銀行などの金融機関であり，製造業は含まれない。　2．誤り。日本銀行政策委員会における議決の要件は，全会一致ではなく，多数決である。　3．誤り。マイナス金利は，不況やデフレーションが継続するなど，金融の緩和が求められる際に採用される政策である。　4．誤り。公定歩合の名称は，基準割引率および基準貸付利率に変更された。また，必ずしも，最も重要で効果的な政策と位置付けられているわけではない。近年では，金融政策の中でも，公開市場操作の比重が高まっている。　5. 正しい。日本銀行が市場を通じて国債などの有価証券を売買する政策は，公開市場操作と呼ばれる。

22 2

解説 1. インフレーションについての記述である。　2. 正しい。デフレスパイラルについての記述である。なお，デフレスパイラルとは，デフレの進行と景気悪化の悪循環のことである。　3. デフレーションについての記述である。　4. 物価の安定が経済政策における重要な課題である点は正しいが，消費者物価指数と企業物価指数についての記述が逆である。　5. 2013年末の月例経済報告では，日本経済はデフレ状況ではなくなったとの認識が示された。

23 3

解説 1. 誤り。経済成長率がプラスの範囲内で低下すると，経済成長が鈍化したことを意味するが，GDP（国内総生産）が減少するわけではない。一方，経済成長率がマイナスになることは，GDP（国内総生産）が減少することを意味する。　2. 誤り。「国民総生産（GNP）」と「国内総生産（GDP）」を入れ替えると正しい記述になる。　3. 正しい。農家の自家消費，持家の家賃の分は，帰属計算として国民所得計算に算入される。　4. 誤り。物価が上昇しているときは，名目値が実質値を上回り，物価が下落しているときは，実質値が名目値を上回る。例えば，デフレが続いているときは，実質GDP（国内総生産）が名目GDP（国内総生産）を上回る。　5. 誤り。第1文については正しい。第2文については，「NNP（国民純生産）から間接税を控除し，補助金を加えることにより」とすると正しい記述になる。

24 2

解説 1. 地方交付税交付金は国から交付されるため，依存財源に分類される。　2. 正しい。特定財源としては，他に国からの補助金が挙げられる。なお，使途が特定されない財源を一般財源という。　3. 地方債を発行する場合，市町村は都道府県知事と，都道府県は総務大臣と「協議」しなければならない。つまり，原則として「許可」が必要となるという記述は誤りである。

ただし，地方財政が悪化した場合には，許可が必要となる場合がある。
4. 財政再生団体としての指定を受けると，予算編成権が制約を受けるという点は正しいが，債務の半分が免除されるという制度はない。ただし，利子の支払いが肩代わりされたという前例はある。　5. 三位一体の改革により，税源移譲，補助金削減，地方交付税の見直しが進められた。

25 1

解説 1. 正しい。21世紀における失業率のピークは，2002年であった。その後，改善傾向を示したものの，リーマンショックによって再び上昇した。2010年以降は，再び低下傾向を示していたが，2021年11月時点で再び増加傾向にある。　2. 誤り。21世紀に入って以降も，国債残高，及びそのGDP比は，増加を続けている（2019年現在）。　3. 誤り。国家戦略特区と構造改革特区の記述が逆になっている。　4. 誤り。日本の経済成長率について，リーマンショック後の落ち込みは，先進国中最悪であった。一方，その後の回復幅については，先進国中，最も大きな値であった。　5. 誤り。東日本大震災は，特に，サプライチェーン（部品供給網）に大きな影響を及ぼした。

26 3

解説 1. 直接税中心主義の日本の国税の代表格が所得税と法人税である。
2. 納税者と納税義務者が一致するのが直接税である。間接税である消費税は消費者が直接納めずに，納税義務者である事業者が納める。　3. 正しい。国税から交付される地方交付税は，その割合が法律で定められており，国税の一部として国が地方に代わって徴税しているように見えるが，原資はあくまでも国税である。　4. ヨーロッパ先進国では，間接税の比率は日本より高いが，アメリカは間接税の比率が極端に低く，間接税が比較的低い日本を下回っている。国税と地方税を合わせた2018年の各国の直間比率は，日本68：32，アメリカ76：24，イギリス57：43，ドイツ55：45，フランス55：45となっている。　5. 所得税は累進課税だが，住民税は2007年度から一律10％（市町村民税6％，都道府県民税4％）の比例税率となっている。

27 4

解説 1. 誤り。「異なる通貨間の交換比率を固定し，それ以外での取引を禁ずる」という記述は誤りであり，「基準となる為替相場を決定し，市場への介入によって変動が場を一定内に抑える」とすると正しい記述になる。外国為替とは，異なる通貨を用いている国や地域間における支払や決済の際，現金を直接輸送せずに行う方法や，そこで用いられる有価証券の名称である。それが取引される市場が外国為替市場であり，交換される通貨の比率を為替相場，または，為替レートという。基本的に，通貨に対する需要が供給を上回るときには，その通貨の価値が上がり，逆に供給が需要を上回るときには，その通貨の価値が下がる。固定為替相場は，為替相場の基準を設定するとともに，各国の通貨当局や政府が介入することによって変動幅を一定以内に抑えることによって成り立つ。 2. 誤り。「変動為替相場制」を「固定為替相場制」とすると正しい記述になる。IMF（国際通貨基金）の当初の協定の下，外国為替市場は，ドルを基軸通貨とする固定為替相場制と，金とドルを一定比率で交換することによって成り立っていた。 3. 誤り。1971年のスミソニアン合意は，ドルの切り下げと容認する変動幅の拡大によって固定為替相場制の維持をはかろうとするものであった。しかしながら，主要国は1973年には変動為替相場制に移行し，1976年のキングストン合意によってそれが追認された。 4. 正しい。資金は，金利が高い国で運用された方が有利である。そのため，金利の差が大きくなると，低い方の国の通貨は売られ，高い国の通貨は買われることになる。つまり，低い国の通貨の価値は下落し，高い国の通貨は上昇する。例えば，日本の金利が低く，アメリカの金利が高い場合，円安ドル高が進む要因となる。 5. 誤り。輸出が増え，外国からの旅行客が増えた場合，代金の多くはその国の通貨で支払われるため，その国の通貨が買われる動きが強まり，その価値は上昇する。

28 2

解説 1. 誤り。完全競争市場では，需要側，供給側ともに，価格受容者（プライステイカー）として行動する。これは，価格を自らコントロールできないことを意味する。 2. 正しい。外部不経済の例として，公害が挙げられる。 3. 誤り。外部経済とは，市場を介さずに，他の経済主体に望ましい影響を及ぼすことであり，この場合，補助金の給付によって最適な均衡を達成することができる。その例として，教育などが挙げられる。　4. 誤り。技術革新による均衡点の変化は，市場機構の中で説明できる。市場の失敗として挙げられるのは，公共財，外部経済，外部不経済などである。
5. 誤り。寡占市場では，価格先導者（プライスリーダー）が価格を決定することが多く，価格は下がりにくくなる。このことは，価格の下方硬直性と呼ばれる。

29 3

解説 1. 誤り。ケネーが価値の源泉を農業労働に求めたという点は正しいが，彼は，自由放任主義的な政策を擁護する立場であった。　2. 誤り。T.マンが絶対主義の下で重商主義的な政策を提唱したという点は正しいが，彼は，自由貿易ではなく，貿易を管理することの重要性を説いた。　3. 正しい。アダム・スミスは，『国富論（諸国民の富）』の著者として知られる。　4. 誤り。乗数理論によれば，減税より，公共投資などの財政支出の拡大の方が，国民所得の増大に寄与する。　5. 誤り。フリードマンは，マネタリストの立場から，裁量的な財政策を批判し，安定的な経済成長のためにはルールに基づく金融政策が必要であるとした。

30 2

解説 1. 誤り。マーシャルプランによる援助は，ヨーロッパ諸国を対象としていた。日本に対する援助は，ガリオア援助，エロア援助であった。
2. 正しい。傾斜生産方式が実施された時期には，復興金融金庫からの融資が盛んに行われ，その資金は，同金庫が発行した復金債を日本銀行が引き受ける形で供給されたため，復金インフレと呼ばれるインフレーションが生じた。　3. 誤り。選択肢2の解説の通り，復金債の多くは日本銀行によって引き受けられた。また，ドッジ・ラインにより，復興金融金庫は廃止された。
4. 誤り。朝鮮特需は，朝鮮戦争の際に，アメリカ軍が戦車などの修理や物資の調達を日本において行ったことによってもたらされた好景気である。
5. 誤り。1979年のイラン革命によってもたらされたのは，第二次石油危機である。日本への影響は比較的軽微であり，マイナス成長には至らなかった。第一次石油危機（オイルショック）は，1973年に勃発した第四次中東戦争によってもたらされ，これにより，翌年，日本は戦後初めてのマイナス成長を経験した。この時期には，インフレーションと不況が共存するスタグフレーションが生じた。

31 3

解説 1. 誤り。「1950年に発足した世界銀行」を「1945年に発足した国際通貨基金」とすると正しい記述である。なお，1944年のブレトンウッズ協定により，国際通貨基金（IMF）と世界銀行（国際復興開発銀行IBRD）が発足した。 2. 誤り。「イギリスのポンド」を「アメリカのドル」とすると正しい記述になる。 3. 正しい。1971年に，アメリカのニクソン大統領が金とドルの交換停止を宣言したニクソン・ショック（ドル・ショック）により，固定為替相場制は実質的に崩壊した。その後，ドルの切り下げと固定相場制の維持を図るスミソニアン協定が実施に移されたものの，1973年に主要国は変動相場制に移行した。 4. 誤り。変動為替相場制は，通貨間の交換比率を一定にせず，市場の需要と供給のバランスにより変動させることによって成立する。 5. 誤り。ある国の通貨の価値が下落すると，その国の輸出に有利な影響を及ぼす。

32 1

解説 1. 正しい。消費者委員会は，消費者庁及び消費者委員会設置法に基づき，平成21（2009）年に設置された。設置の根拠は，「内閣府設置法」第49条第3項並びに，「消費者庁及び消費者委員会設置法」第1条及び第6条である。この委員会は，内閣府の下に設置された独立機関として位置づけられている。消費者に関する行政全般について，消費者庁長官に対する建議や，消費者安全法に基づく内閣総理大臣への報告などを行う権限を持つ。 2. 誤り。「経済産業省」を「内閣府」とすると正しい記述になる。消費者庁は，消費者に関する行政や，消費生活に密接に関連する物資の品質表示に関する事務を行うことを目的として内閣府の下に設置された。設置の根拠は，「内閣府設置法」第49条第3項並びに，「消費者庁及び消費者委員会設置法」第1条および第2条である。なお，「特定保健用食品」は，からだの生理学的機能などに影響を与える保健効能成分（関与成分）を含み，その摂取により，特定の保健の目的が期待できる旨の表示である。 3. 誤り。「公正取引委員会」を「内閣総理大臣」とすると正しい記述になる。消費者安全法は，消費生活における被害の防止，安全を確保，内閣総理大臣による基本方針の策定，都道府県及び市町村による消費生活相談等の事務の実施及び消費生活センターの設置，消費者事故等に関する情報の集約等について定めた法律であり，2009（平成21）年に施行された。なお，公正取引委員会は，独占禁止法等を執行する行政機関であり，国民生活に影響の大きい価格カルテルや談合，中小事業者等に不当に不利益をもたらす優越的地位の濫用などに対処する。　4. 誤り。「契約者双方の合意に基づき」の部分を「無条件で」とすると正しい記述になる。なお，クーリング・オフについて定めているのは，特定商取引法である。　5. 誤り。「特定商取引法」を「消費者契約法」とすると正しい記述になる。消費者契約法において，事業者の一定の行為により消費者が誤認し，又は困惑した場合について契約の申込み又はその承諾の意思表示を取り消すことができることが定められている。また，事業者の損害賠償の責任を免除する条項など，消費者の利益を不当に害することとなる条項の全部又は一部を無効とすることについても定められている。

33 2

解説 1. 誤り。選択肢の記述は，垂直的公平についての記述である。水平的公平とは，同じ経済力を持つ者に等しい税負担をかすべきであるという考え方である。　2. 正しい。どのような税を負担するかを国民の代表である議会が決定すべきであるとする原則が租税法律主義である。　3. 誤り。1949年から1950年にかけて示されたシャウプ勧告は，直接税中心の税制を提言する内容を柱としていた。　4. 誤り。相続税は，獲得する財産が大きくなるほど負担率が上昇するので，累進課税に分類される。　5. 誤り。消費税は，同一の財やサービスの購入について，所得に関わらず同率の税を負担するため，逆進性を持つ。

34 2

解説 1. 誤り。2018年にロシアで行われた大統領選挙において，現職のプーチン大統領は史上最高の得票率で勝利した。　2. 正しい。ロシアの大統領のポストは連続2期までという上限があった。この制度の下，プーチン氏は2期務めた後に一旦首相となり，その後に再び選挙を経て大統領になった。2018年から連続2期・通算4期目に入っているプーチン氏は2024

年に退任を余儀なくされていた。一方，2020年に改正された憲法では，1期あたり6年の大統領任期の上限が「連続2期」から「通算2期」とされるとともに，現職大統領と大統領経験者の任期数をゼロとみなす条項が追加された。よって，今回の改正により，プーチン氏は2024年以降も2期12年にわたり大統領にとどまることが可能となる。 3. 誤り。2014年，ウクライナのクリミア自治共和国ならびにセヴァストポリ特別市において，ロシア連邦への編入の是非を問う住民投票が行われた。投票の結果，ロシアへの編入に賛成する票が全体の9割以上を占め，ロシアは編入を宣言した。しかしながら，住民投票の際，付近でのロシア軍の展開を含む様々な圧力があり，日本やアメリカを含む各国はその正当性を認めていない。 4. 誤り。2022年にロシアはウクライナに侵攻したが，アメリカをはじめとしたNATO（北大西洋条約機構）の加盟国が直接的な軍事行動に踏み切ることはなく，ロシアへの経済制裁や，軍事物資を含むウクライナへの支援を行った。 5. 誤り。2019年に大統領に就任したゼレンスキー氏がNATO（北大西洋条約機構）とEU（欧州連合）への加盟申請書に署名するなど，手続を本格化させたのは侵攻された年の2022年である。

35 3

解説 1. 誤り。イギリスにおいて，ベバリッジ報告により，包括的な社会保障が提唱されたのは1942年であり，日本の恤救（じゅっきゅう）規則の制定は1874年である。また，恤救規則による救済の対象は極めて限定されていたため，それが包括的な福祉制度とはいえない。 2. 誤り。マクロ経済スライドは，2004年度に導入された年金の支給額についての方式である。 3. 正しい。選択肢の文章は，1972年に施行された児童手当法に定められた目的を踏まえた記述である。 4. 誤り。介護保険の給付に関する分類は，要支援2段階，要介護5段階，合わせて7段階である。 5. 誤り。障害者自立支援法と障害者総合支援法を入れ替えると正しい記述となる。なお，障害者総合支援法の正式名称は，「障害者の日常生活および社会生活を総合的に支援するための法律」である。

36 4

解説 1. 自然増減と社会増減についての記述が逆である。　2. 日本の人口は，2050年頃に1億人を割り込むと推計されている。　3. 総務省の推計によれば，2014年時点の外国人を含む日本の人口は1億2708万人余りであり，2013年と比較すると21万人以上減少している。　4. 正しい。人口減少の割合が多い県の上位は，秋田県，青森県，山形県，高知県などである。　5. 2015年に空き家対策特別措置法が施行され，倒壊の恐れがある場合などには，市町村は，所有者に撤去等の措置を講ずることを命令できるようになった。

37 2

解説 1. 気候変動枠組み条約で採択された議定書は，京都議定書であり，温室効果ガスの削減数値目標を定めたものである。　2. 正しい。　3. 地球温暖化は，メタンや，かつてスプレーなどに使用されていたフロンのほか，石油や石炭などを燃やしたときに発生するCO_2，また温室効果ガスを吸収する森林の減少など，さまざまな要因が絡み合っている。　4. 地球温暖化対策推進法は，気候変動枠組み条約で採択された京都議定書を受けて，国，地方公共団体，事業者，国民の責務，役割を明らかにしたものである。　5. 大気汚染物質である硫黄酸化物や窒素酸化物などが酸として降水に取り込まれている現象が酸性雨であり，ダイオキシンは自然界で発生するほか，ごみの焼却による燃焼工程等，さまざまなところで発生する物質である。

38 2

解説 1. 誤り。少年法の少年の定義は，「20歳に満たない者」のままである。ただし，18歳・19歳の少年は特定少年といい，17歳以下とは区別されている。　2. 正しい。女性の婚姻年齢は16歳から18歳に引き上げられ，男女の婚姻開始年齢が統一された。なお，婚姻開始年齢が成年年齢と同じになったため，婚姻に関して親の同意は不要となった。　3. 誤り。女性の再婚禁止期間は，平成28年の改正で6か月から100日に短縮されたが，令和4年12月10日に成立した改正法により再婚禁止期間は廃止され，令和6年4月1日に施行される。　4. 誤り。配偶者居住権は，その他の相続人の負担付き所有権分を差し引いたものとして評価され，法定相続分に占める建物の資産価値の割合を軽減するものである。 5. 誤り。未成年者取消権は，成年年齢の引き下げにより，18歳以上の者は行使することができなくなった。

39 2

解説 1. 誤り。政治分野における男女共同参画推進法により，各政党などに立候補者の男女均等化に自主的に取り組むように求められているものの，罰則などの規定はない。 2. 正しい。間接差別の例として，身長，体重，全国転勤の可否などを要件とすることが挙げられる。 3. 誤り。民間企業については，令和4年4月1日より，常用労働者301人以上の民間企業等から，101人以上の民間企業等に対象が拡大された。 4. 誤り。クオータ制は，積極的改善措置（ポジティブ・アクション）の1つであり，性別に基づき一定の比率を割り当てる制度であるが，労働基準法によって禁じられているとする記述は誤りである。 5. 誤り。男女共同参画第4次基本計画には，農山漁村における女性の参画拡充が盛り込まれている。

40 2

解説 1. 誤り。労働三法は，労働基準法，労働組合法，労働関係調整法の3つである。また，斡旋，調停，仲裁などについて定めているのは労働関係調整法である。 2. 正しい。2018年度の完全失業率は2.4％であった。 3. 誤り。有効求人倍率についての説明は正しいが，その数値は，ハローワークにおける求人，求職，就職の状況をベースにして求められる。 4. 誤り。最低賃金は，都道府県ごとに定められている。また，東京都や神奈川県においては最低時給が1000円を超えているものの，すべての都道府県に当てはまるわけではない。 5. 誤り。労働組合の推定組織率は低下傾向にあり，18％を割り込んだ状況が続いている。

41 3

解説 1. 誤り。選択肢の記述は，クーリングオフに関する記述であるが，この際理由は問われず，一定期間内であれば，無条件で，書面により申し込みを撤回できる。 2. 誤り。2001年，訪問販売法にかわって特定商取引法が施行された。これにより，消費者保護のための制度が強化された。なお，電話勧誘，通信販売などもこの法律による規制の対象とされている。 3. 正しい。消費者問題への対応が複数の省庁にまたがったことが対応の遅れにつながったことから，これらの一元化などをめざし，2009年に消費者庁が設置された。　4. 誤り。消費生活センターは，都道府県や市町村に設置された機関であり，国の機関として設置されたのは，国民生活センターである。なお，国民生活センターは，2002年に独立行政法人となった。　5. 誤り。製造物責任法（PL法）では，無過失責任の原則により，被害者側がメーカーの過失を立証する必要はなく，製品の欠陥を立証すれば賠償を受けることができる。

42　4

解説 1. 誤り。働き方改革関連法の成立に伴い，時間外労働の上限規制が実施された。　2. 誤り。働き方改革関連法による時間外労働の上限規制や，年5日の年次有給休暇の確実な取得が進んだこと等の要因により，2019年から2020年にかけて労働時間は減少した。　3. 誤り。同一労働同一賃金の原則を含む法律の施行の影響などにより，感染拡大の影響があったにもかかわらず，パートタイム労働者の特別給与は増加した。　4. 正しい。2021年度版の労働経済白書の記述によれば，新型コロナウイルスの感染拡大防止のための経済活動の抑制により，2020年4月には就業者数，雇用者数が約100万人減少した。その後，雇用者数は回復したものの，同年中にもとの水準に戻ることはなかった。　5. 誤り。「5％」を「3％」とすると正しい記述になる。なお，2020年における完全失業率のピークは，10月の3.1％であった。

43　1

解説 1. 正しい。わが国を防衛するため必要最小限度の実力を行使できる地理的範囲が具体的にどこまで及ぶかは，個々の状況に応じて異なるので，一概には言えないが，他国の領土・領海・領空に派遣するいわゆる海外派兵は，一般に，自衛のための必要最小限度を超えるものであり，憲法上許されないと考えられている。　2. 誤り。わが国が自衛権の行使として相手国兵力の殺傷と破壊を行う場合，外見上は同じ殺傷と破壊であっても，それは交戦権の行使とは別の観念のものであるとされている。　3. 誤り。非核三原則とは，核兵器を持たず，作らず，持ち込ませずという原則を指す。　4. 誤り。わが国は，国会が，自衛官の定数，主要組織などを法律・予算の形で議決し，また，防衛出動などの承認を行う等，文民統制の制度は整備されている。
5. 誤り。外交政策及び防衛政策を中心とした国家安全保障の基本方針として策定されているのは国家安全保障戦略であり，防衛大綱は，国家安全保障戦略を踏まえて策定され，今後のわが国の防衛の基本方針，防衛力の役割，自衛隊の具体的な体制の目標水準などを示している。

44 2

解説 1. 誤り。クラウドサービスを一部でも利用している企業の割合は2021年時点で70.4％である。　2. 正しい。2020年の我が国の民間企業による情報化投資は，種類別では，ソフトウェアが8.9兆円となり，全体の6割近くを占めている。　3. 誤り。2020年のICT財の輸入超過額は3.5兆円（前年比16.6％増），ICTサービスの輸入超過額は2.7兆円（前年比20.0％減）となっており，ICT財で輸入超過の拡大が顕著である。　4. 誤り。2021年の端末別のインターネット利用率（個人）は，「スマートフォン」（68.5％）が「パソコン」（48.1％）を20.4ポイント上回っている。　5. 誤り。日本の半導体の出荷額は，2018年から減少していたものの，2021年は7,412億円（前年比29.6％増）と増加に転じた。

45 3

解説 1. 誤り。2021年の外国人旅行者受入数は，日本は25万人でランキング外となり，2020年の世界21位（アジアで5位）から順位を下げた。
2. 誤り。2021年国際観光収入は，日本は47億ドルで29位（アジアで6位）となり，2020年の15位（アジアで4位）から順位を下げた。　3. 正しい。2022年の出国日本人数は，前年から増加し，277.2万人となった（2019年比では86.2％減）。　4. 誤り。2022年の日本人の国内宿泊旅行者数は延べ2億3,247万人，国内日帰り旅行者数は延べ1億8,539万人で，国内宿泊旅行者数が国内日帰り旅行者数を上回った。　5. 誤り。2022年の日本国内のホテル，旅館等における延べ宿泊者数全体に占める外国人の割合は3.7％であった。

社会科学　歴史

POINT

日本史：日本史の対策としては以下の3点が挙げられる。

まず，高校時代に使用した日本史の教科書を何度も読み返すことが必要となってくる。その際，各時代の特色や歴史の流れを大まかにつかむようにする。その上で，枝葉にあたる部分へと学習を進めていってもらいたい。なぜなら，時代の特色や時代の流れを理解することで，それぞれの歴史事象における，重要性の軽重を判断できるようになるからである。闇雲に全てを暗記しようと思っても，なかなか思うようにはいかないのが実情であろう。

次に，テーマ別に整理し直すという学習をすすめる。高校時代の教科書はある時代について政治・社会・文化などを一通り記述した後に，次の時代に移るという構成になっている。そこで各時代のあるテーマだけを順にみてその流れを整理することで，分野別にみた歴史の変化をとらえやすくなる。そうすることで，分野別に焦点化した歴史理解が可能となろう。

最後に，出題形式からみて，空欄補充や記述問題にきちんと答えられるようになってもらいたい。空欄補充問題や記述問題に答えられるようになっていれば，選択問題に答えることが容易となる。難易度の高い問題形式に慣れていくためにも，まずは土台となる基礎用語の理解が不可欠となってくる。

世界史：世界の歴史の流れを理解し，歴史的な考え方を身につけることが「世界史」を学習する上で最も重要となってくる。しかし，広範囲にわたる個々ばらばらの細かい歴史的事項を学習するだけでは，「世界史」が理解できたとは言えない。それぞれの歴史的事項が，どのような背景や原因で起こり，どのような結果や影響を与え，また他地域との結びつきはどうだったのかなど，世界の歴史の大まかな流れと全体のメカニズムについて理解するよう努めたい。そうすることが，世界史の試験対策となる。

特に，日本と世界の結びつきについては，各々の時代背景を比較しながら理解することが必要である。また，近現代が重視されるのは，現代の社会の形成に直接的に影響を与えているからである。その観点から考えると，近現代の出来事を理解するとともにその影響についても考察し，現在の社会といかなるかかわりを持つのか，把握することも必要となってこよう。

狙われやすい！重要事項

☑江戸時代の幕藩体制～現代までの日本の変遷
☑産業革命
☑市民革命
☑第一次世界大戦～現代までの世界の変遷
☑中国王朝の変遷

演習問題

1 平安時代の歴史に関する記述として，妥当なものはどれか。

1　平安時代は，平安京に都が置かれ，天皇や貴族が権力を持った時代である。平安京への遷都は，光仁天皇によって行われた。

2　平安時代の貴族の勢力は，どれほどの荘園を支配下に置いていたかによって影響を受けた。なお，荘園の起源は，開墾した土地の永久の私有を認める三世一身の法の制定に遡る。

3　母方の親戚を外戚という。藤原氏は，娘を后妃とし，生まれた皇子を天皇に立て，外戚として摂政・関白の地位を独占した。

4　摂政の地位は，平安時代に大きく変質した。特に，藤原良房は，それまでの人臣摂政を廃止し，実質的に権力を握った。

5　9世紀末に菅原道真の進言により遣隋使が廃止されてから，日本風の文化が発達した。貴族文化や浄土教の影響を強く受けたこの文化は，国風文化と呼ばれた。

2 **日本の古代史に関する記述として，妥当なものはどれか。**

1　厩戸王（うまやどのおう）は，崇俊天皇が即位すると摂政となり，仏教や儒教の思想に基づき，豪族に官僚としての心構えを説き，集権的官僚国家を準備した。

2　蘇我蝦夷は，天皇を中心とする中央集権国家の樹立をめざした政治改革を推し進め，改新の詔で公地公民の方針を示した。

3　聖武天皇の時代に制定された大宝律令では，天皇が国家の集権的な支配を行う律令制を具体化し，神祇官と太政官が同列に置かれ，神祇官は祭祀を，太政官は一般政務を司った。

4　天智天皇は，唐と新羅の連合軍側に味方して大軍を派遣し，百済に対抗し，唐の勢力拡大に貢献した。

5　天武天皇の時代に始められた国史編纂事業は，奈良時代に日本最古の書物『古事記』および，日本最古の官撰正史『日本書紀』の完成として結実した。

3 **日本の各時代の文化に関する記述として，妥当なものはどれか。**

1　飛鳥文化は，大和国飛鳥地方を中心とした文化である。代表的な寺院に東大寺や興福寺などが挙げられる。中国の南北朝や朝鮮，ペルシアやギリシアの影響を受けた国際的な文化である。

2　天平文化は，奈良の都である平城京を中心とした文化である。代表的な寺院には法隆寺や飛鳥寺が挙げられる。密教の影響が極めて強い仏教文化である。

3　北山文化は，室町時代に足利義政によって主導された文化である。代表的な建築物には慈照寺銀閣が挙げられる。「わび」「さび」などの精神性が強くみられる文化である。

4　桃山文化は，織豊時代に発展した文化である。代表的な建築物には安土城や伏見城，大坂城が挙げられる。豪商の経済力やキリシタンの影響が強く現れた文化である。

5　元禄文化は，江戸時代の徳川綱吉が将軍であった時期に，江戸を中心として栄えた文化である。担い手が町人であることが大きな特徴であり，錦絵や川柳，滑稽本などが多く世に出た。

4 **大化の改新に関する記述として，妥当なものはどれか。**

1　大化の改新のきっかけとなったのは，蘇我入鹿が聖徳太子による施策を妨害したことについて，宮中において不満が高まったことであった。

2　大化の改新の翌年に，公地公民制が正式に導入された。
3　改新の詔には，中央集権を戒める文言が含まれていた。
4　この時期に，自ら開墾した土地の私有を認める制度が導入された。
5　この時期に，蘇我氏が作成した戸籍や計帳が破棄された。

5 日本における仏教の展開に関する記述として，妥当なものはどれか。

1　日本において，仏教が定着する上で大きな役割を果たしたのが聖徳太子であった。十七条の憲法には，日本古来の清明心，儒教の徳目とともに，仏教思想が反映している。
2　日本における受戒制度に大きな役割を果たしたのは，渡来僧の鑑真であった。彼は，従来の戒を小乗的であるとして批判し，大乗菩薩戒を導入した。
3　比叡山延暦寺を開き，日本における天台宗の発展をもたらしたのが空海であった。彼は，法華経の一乗思想に基づく平等思想を説いた。
4　平安時代末期には，戦乱や災害を背景にした末法思想の影響を受け，阿弥陀如来への信仰が広がった。源信は，他の修業を捨てて称名念仏に専念することによる救いを説いた。
5　鎌倉時代には，中国の影響を受けた禅宗が大きな広がりを見せた。はじめに，道元が臨済宗を伝え，続いて，栄西が曹洞宗を日本にもたらした。

6 江戸時代の幕藩体制と幕府の機構に関する記述として，妥当なものはどれか。

1　江戸時代の大名のうち，関ケ原の戦い以前から徳川氏に臣従していた大名は親藩と呼ばれ，その中で，将軍を出すことができるのは，尾張と紀伊に限られていた。
2　寛永令は，徳川家康が，当時の将軍であった秀忠の名で公表した法であり，大名が守るべき規範などが定められていた。
3　幕府直轄の領地は天領と呼ばれ，江戸やその周辺にとどまらず，全国各地におよんでいた。
4　江戸幕府において，政務を統括した常置の最高職は大老であった。
5　江戸幕府において，大名の監察にあたったのは若年寄であり，旗本や御家人を監督したのは大目付であった。

[7] 自由民権運動から帝国議会開催にいたる時代に関する記述として，妥当なものはどれか。

1　征韓論にやぶれて下野した板垣退助，大隈重信らは，1874年，民撰議院設立の建白書を提出し，自由民権運動の嚆矢（こうし）となった。

2　自由民権運動の高まりで，政府は1881年，「漸次立憲政体樹立の詔」を出して，10年後の国会開設を約束した。

3　国会開設に備え，1885年，内閣制度が制定され，初代伊藤博文内閣が発足したが，閣僚はすべて薩長土肥の官軍側でしめられた。

4　1889年，大日本帝国憲法が発布され，第2章「臣民権利義務」で，「法律ノ範囲内」という制限はあるものの，国民の権利が明記された。

5　1890年，第1回衆議院議員総選挙が実施されたが，政府が激しい選挙干渉をしたため，民党は勢力を伸ばせなかった。

[8] 20世紀前半における日本の情勢に関する記述として，妥当なものはどれか。

1　関東軍は，1931年に西安事件を起こし，満州で軍事行動を開始した翌年には，満州の主要地域を占領し，清朝の溥儀を執政として，満州国を建国するに至った。

2　1929年に発生した世界恐慌の影響を受けた日本も深刻な恐慌に陥ったため，松方正義蔵相は金輸出解禁を実施し，この恐慌の短期間の収拾を図った。

3　日本は1915年に中国の袁世凱政府に対する外交交渉において，二十一か条の要求をつきつけ，南満州での権益強化などを含む要求の大部分を承認させた。

4　1925年，第二次護憲運動の主導者であった原敬が内閣総理大臣となり，普通選挙法を成立させた。これにより，満25歳以上の男女全員に選挙権が付与された。

5　1936年におきた連続血盟団事件では，井上日召の思想に共鳴した青年将校らによって，犬養毅首相や高橋是清蔵相ら数人の閣僚が暗殺された。

9 織豊期・江戸時代の対外貿易に関する記述として，妥当なものはどれか。

1 織田信長は，キリスト教を弾圧したため，南蛮諸国との貿易は停滞した。そのため，彼は，朝鮮や中国との貿易を望み，積極的に大陸への進出を目指した。

2 豊臣秀吉によるバテレン追放令は，南蛮諸国との貿易の停滞をもたらした。一方，中国や東南アジアとの貿易の拡大がはかられ，奉書船貿易を本格化させた。

3 徳川家康は，ウイリアム＝アダムスやヤン＝ヨーステンを外交顧問に迎えるなど，積極的な対外貿易を進めようとした。そのことを背景に，周辺諸国との貿易も活発化した。

4 江戸幕府は徳川秀忠・家光の時代から対外貿易を制限し始めた。それゆえ，通商関係を維持したオランダや清，朝鮮については，出島でのみ貿易を行った。

5 ペリーが来航すると，江戸幕府は鎖国の方針を改め，開国和親政策へと転換した。日米和親条約により，アメリカとの自由貿易が始められた。

10 アメリカ合衆国の歴史に関する記述として，妥当なものはどれか。

1 1775年に始まったアメリカ独立戦争において，ヨーロッパ諸国が一致してイギリス側を支持したため，当初は植民地側が苦戦を強いられた。

2 フランスの貴族であったラ・ファイエットは，啓蒙思想の影響の下，アメリカ独立戦争において義勇兵としてイギリス側として参戦した。

3 1823年当時の大統領が発したモンロー宣言は，ウィーン体制の影響下にあった諸国からの干渉を排除することを目的としており，ヨーロッパ諸国との相互不干渉の方針を中心的な内容としていた。

4 1861年，政治的な立場の違いから当時のアメリカ合衆国を脱退した11州によって成立したアメリカ連合国は，翌々年に発せられた奴隷解放宣言に先立ち，奴隷制の廃止を盛り込んだ憲法を制定した。

5 第一次世界大戦後に発足した国際連盟において，アメリカ合衆国は主導的な役割を果たし，発足と同時に理事国としての地位を得た。

11 中世ヨーロッパの歴史に関する記述として，妥当なものはどれか。

1　フランク王国では，クローヴィスにより，ローマ教皇の支持を得た上でカロリング朝が開かれた。

2　セルジューク・トルコによる占領から聖地を奪還することを目的として，十字軍遠征が決められたのは，クレルモン公会議であった。

3　ローマ教皇グレゴリウス7世のときに教皇の権限が最も大きくなり，彼により，イギリスのジョン王が破門された。

4　オスマン帝国のメフメト2世はビザンツ帝国との友好関係を重視し，それが後ろ盾となり，同帝国は最盛期を迎えた。

5　ユグノー戦争は，フランスで起こった旧教と新教の対立によって勃発した戦争であり，最終的には，旧教派が勝利した。

12 第二次世界大戦後の世界状況に関する次の記述ア～オのうち，下線部に誤りのあるものの組み合わせとして，妥当なものはどれか。

ア　全欧州に対する経済援助を目的として，マーシャルプランが策定された。

イ　加盟国への短期資金の融資等を目的としてIMFが結成され，本部がワシントンに置かれた。

ウ　東南アジアにおける社会主義の勢力の拡大を防ぐことを意図したアメリカの支援などを背景に，ASEANが結成され，本部がジャカルタに置かれた。

エ　資源ナショナリズムの高まりから，OAPECがクウェート，サウジアラビア，イランにより結成された。

オ　ベトナムは，イギリスからの独立を目指していたが，それを阻止しようとする動きがインドシナ戦争の勃発につながった。

1　アとイ　　2　イとウ　　3　ウとエ　　4　エとオ　　5　イとオ

13 アジア各国において展開された植民地政策に関する記述として，妥当なものはどれか。

1 タイは，東南アジアにおいて，欧米諸国から最も過酷な植民地政策にさらされた国であり，特にラーマ5世のときには，列強によって分割された。

2 イギリスは，ミャンマーの南部で水田の開発を行うとともに，アヘンをインドにおいて生産し，それを中国に輸出した。

3 ドイツは，マレー半島のペナン，マラッカ，シンガポールを手に入れ，直轄植民地とした。

4 インドネシアのバダヴィアは，フランスによるアジア進出の拠点とされた。

5 清仏戦争を経て結ばれた天津条約により，清はベトナムの宗主権を手に入れたものの，日清戦争後の国力の衰退を背景として，その地位をフランスに奪われた。

14 中国の歴史に関する記述として，妥当なものはどれか。

1 中国史上最初の大規模な農民の反乱は，陳勝・呉広の乱であった。これに呼応して挙兵した劉邦は，漢王朝の創始者となった。

2 元では，中央政府の要職と地方長官をモンゴル人と漢民族で分け合った。この人事政策により，元は，安定的な政権運営を行うことができた。

3 秦は，長期に渡る分裂期の後，隋に代わる長期統一王朝であった。律令制度を完成させ，日本や朝鮮に大きな影響を及ぼした。

4 明は，漢民族の排斥を唱える諸民族が連合して成立させた王朝であった。その統治の特徴として，君主による独裁体制を完成させたことが挙げられる。

5 今日の中国領の基礎を築いたのは，清であった。ただし，モンゴル，チベット，新疆ウイグルなどの諸地域については，支配下に置くことができなかった。

15 **フランス革命前後に関する記述として，妥当なものはどれか。**

1　1799年に第2回対仏同盟が結成され，フランスが危機に陥ったのを勝機とみたナポレオンは，ブリュメール18日のクーデターによって統領政府を打倒し，総裁政府を開いた。

2　ジロンド派は，土地改革によって貢租を無償で廃止し，急進的な施策を実行していく一方で，保安委員会，公安委員会，革命裁判所などを設けて，多くの人々を処刑する恐怖政治を行った。

3　フランス革命期のブルボン朝の王であるルイ16世は，王妃マリー＝アントワネットとともに，オーストリアへの援助を要請するため国外逃亡を企てたが，失敗に終わった。

4　1789年に召集された三部会は，議決方式をめぐって混乱し，第三身分は国民議会の結成を宣言したが，憲法制定を待たずに解散を余儀なくされた。

5　革命以前のフランス政治および社会体制は，アンシャン＝レジームと呼ばれ，当時のフランス国民には身分制度が設けられていたが，貴族についてはどの身分にも属さない特別な存在とされた。

16 **近代ヨーロッパにおける産業革命に関する記述として，妥当なものはどれか。**

1　産業革命は，工業分野に大きな変化をもたらしたが，産業の重点が綿織物から毛織物に移ったことも，その一つである。

2　イギリスにおける産業革命の初期には，農村部において離農が進まなかったため，都市部において深刻な人手不足がみられた。

3　スティーブンソンによる蒸気船の発明は，河川や海上における交通の利便性を飛躍的に高め，産業革命後の運輸の発展に大きく貢献した。

4　各国で産業革命が進んだことにより，家内制手工業が各地において急速な発展を遂げた。

5　イギリスが産業革命の先頭に立った要因として，同国がオランダやフランスを破って制海権を手に入れ，広大な世界市場を獲得したことが挙げられる。

17 第一次世界大戦前後の欧米に関する記述として，妥当なものはどれか。

1　イギリスでは，3B政策を推進し，アフリカや中東への進出を強めたため，ドイツやフランスと対立した。

2　ドイツでは，鉄血宰相と呼ばれたビスマルクが台頭し，いわゆるビスマルク外交により，欧州の相対的な安定期がもたらされた。

3　ロシアでは，貧富の格差の拡大などから社会主義思想が広まり，マルクスに率いられたボリシェビキが革命を起こした。

4　イタリアでは，第一次世界大戦後のヴェルサイユ体制への不満から，ムッソリーニに率いられたファシスト党が政権を獲得した。

5　アメリカは，参戦国への輸出を伸ばしたことによって債務国から債権国へと転換し，民主党の主導の下，1920年代の繁栄を迎えた。

18 大航海時代に関する記述として，妥当なものはどれか。

1　1488年にスペイン人のバルトロメウ＝ディアスが喜望峰に到達した。

2　1492年にイタリア人コロンブスが，スペイン王室の援助を得てサンサルバドル島に到達した。

3　1498年，マゼランは喜望峰を回ってインド航路を開拓した。

4　1510年にスペインはインドのゴアを占領し，植民地とした。

5　1533年にポルトガル人のピサロは，インカ帝国を征服した。

解答・解説

1　3

解説 1. 誤り。平安京への遷都は，桓武天皇によって行われた。　2. 誤り。三世一身の法を墾田永年私財法に置き換えると正しい記述になる。　3. 正しい。摂関政治についての記述である。　4. 誤り。藤原良房以降の摂政が人臣摂政である。　5. 誤り。菅原道真の進言により廃止されたのは，遣隋使ではなく，遣唐使である。

2　5

解説 1. 厩戸王(うまやどのおう)（聖徳太子）は，推古天皇が即位した際に摂政となった。　2. 唐にならい天皇を中心とする中央集権国家の樹立をめざしたのは，中大兄皇子や中臣鎌足らである。　3. 大宝律令が制定されたのは，文武天皇の時代である。後半の記述に関しては正しい。　4. 日本は，百済側の味方として大軍を派遣したものの，白村江(はくすきのえ)の戦いで日本側は大敗した。　5. 正しい。『古事記』は，「帝紀」，「旧辞」を史実に沿うように正し，稗田阿礼に詠み習わせ，元明天皇が太安万侶にこの内容を撰録させたものである。『日本書紀』は，元正天皇の命により，天武天皇の第3皇子の舎人親王を中心に編纂されたものである。

3　4

解説 1. 飛鳥文化を代表する寺院は東大寺や興福寺ではなく，法隆寺である。　2. 天平文化の時代には，密教の影響はない。密教の影響が強まったのは，平安時代の桓武天皇の時代以降である。　3. 北山文化は，足利義満によって創設された鹿苑寺金閣によって代表される。一方，東山文化は，足利義政によって造営された山荘東山殿を起原とする慈照寺銀閣に代表される文化である。　4. 正しい。室町（戦国）時代の末期に訪れたポルトガルの影響や，戦国時代末期に力を蓄えた豪商の影響が大きい。　5. 元禄文化の中心は江戸ではなくて上方である。また，江戸中心の文化は化政文化であった。

4　2

解説 1. 聖徳太子がなくなった後，蘇我馬子の子蝦夷とその孫の入鹿が専制的に権力を振るった。645年，中大兄皇子・中臣鎌足らが蘇我入鹿を暗殺し，蝦夷は自害に追い込まれた。蘇我氏の滅亡と新しい体制の確立を大化の改新と呼ぶ。　2. 正しい。改新の詔には，公地公民が含まれていた。
3. 大化の改新の翌年には，改新の詔が発せられた。それには，公地公民制や中央集権体制の確立が含まれていた。　4. 自ら開墾した土地の私有を認める墾田永年私財法が制定されたのは743年である。　5. 戸籍・計帳を作成し，班田収授法が定められた。

5 1

解説 1. 正しい。役人の心構えを示した十七条の憲法には，「篤く三宝を敬え」との文言が含まれている。三宝とは，仏・法・僧である。　2. 誤り。第1文は正しいが，第2文については，最澄についての記述である。彼は，鑑真による戒を小乗的であると批判し，大乗菩薩戒による国立戒壇の設立を提唱し，死後に実現した。　3. 誤り。選択肢の文章は，最澄についてのものである。空海は，高野山に金剛峯寺を開き，日本における真言宗の発展に貢献した。　4. 誤り。第1文は正しいが，第2文については，浄土宗の開祖である法然についての記述である。源信は，称名念仏とともに，観想念仏を説いた。　5. 誤り。道元と栄西の記述が逆である。

6 3

解説 1. 誤り。関ケ原の戦い以前から徳川氏に臣従していた大名は譜代大名であり，徳川氏の一門が親藩である。また，将軍を出すことができた三家には，水戸も含まれる。　2. 誤り。選択肢の文章は，元和令についてのものである。寛永令は，徳川家光によって発布された。　3. 正しい。天領・幕領は約400万石であった。　4. 誤り。政務を担当する職のうち，大老は非常時の最高職であり，常置の最高職は老中であった。　5. 誤り。若年寄と大目付が逆になっている。

7 4

解説 1. 大隈重信は加わっていない。大隈が下野するのは，明治14年の政変によってである。板垣退助のほかに，民撰議院設立の建白書提出に加わっていたのは，後藤象二郎，江藤新平などである。　2. 「漸次立憲政体樹立の詔」ではなく，「国会開設の勅諭」。「漸次立憲政体樹立の詔」は，民撰議院設立の建白に対し，政府が板垣らと妥協を図るため，徐々に立憲政体を樹立することを宣言したもので，1875年に出された。　3. 旧幕臣で，戊辰戦争では最後まで新政府に抵抗した榎本武揚が，逓信大臣として入閣している。ほかの閣僚は薩長土肥の出身。　4. 正しい。　5. 第1回の総選挙は政府の干渉はなく，民党が圧勝した。政府による激しい選挙干渉があったのは第2回の総選挙である。

8 3

解説 1. 選択肢は，柳条湖事件についての記述である。また，西安事件とは，1936年に中国の西安で起きた，張学良・楊虎城らによる蔣介石拉致監禁事件のことである。　2. 1929年に発生した世界恐慌と浜口雄幸内閣の金輸出解禁が重なり，日本にも恐慌が波及した。また，翌年，犬養毅によって再び金輸出禁止の経済政策がとられることになった。　3. 正しい。二十一か条の要求には，他に，ドイツが山東省に持っていた権益を日本が継承することなども含まれていた。　4. 1925年に普通選挙法を成立させたのは加藤高明首相である。また，この選挙法の成立により，満25歳以上の男性に選挙権が付与されたが，女性には選挙権がなかった。　5. 犬養毅首相が暗殺されたのは1932年5月15日（五・一五事件）であり，また，高橋是清蔵相らが暗殺されたのは，1936年2月26日（二・二六事件）である。

9 3

解説 1. 織田信長はキリスト教を保護しており，南蛮貿易も活発化した。　2. 豊臣秀吉が始めた貿易は朱印船貿易。　3. 正しい。鎖国を行ったのは家康の時代ではなく，その後の時代。キリスト教の禁止と勘違いしないようにしたい。　4. 出島で貿易を行った拠点はオランダであり，中国とは，唐人屋敷において貿易を行った。　5. アメリカとの貿易が始まったのは，日米修好通商条約による。

10 3

解説 1. 誤り。アメリカ独立戦争において植民地側が当初苦戦を強いられたのは事実であるが，ヨーロッパ諸国において植民地側への支持が広がっていたので，「ヨーロッパ諸国が一致してイギリス側を支持した」との記述は誤りである。独立戦争における態度の違いによりイギリスは孤立し，このことは戦況を植民地側に有利にした。これにより1783年のパリ条約を経て，植民地側が独立を果たした。　2. 誤り。ラ・ファイエットはフランスの自由主義的な貴族であり，フランス人権宣言の起草者としても知られる。アメリカ独立戦争の際には，義勇兵として植民地側として参戦した。　3. 正しい。ヨーロッパ諸国との相互不干渉を中心とした外交政策はモンロー主義と呼ばれ，19世紀のアメリカの外交政策に大きな影響を及ぼした。なお，ウィーン体制とはナポレオン戦争の戦後処理によって成立した支配体制であり，オーストリアの宰相であったメッテルニヒによって主導された体制である。　4. 誤り。1861年，リンカーンの大統領当選後にアメリカ合衆国を脱退した南部の11州によって成立したアメリカ連合国は，州が持つ諸権利の維持や奴隷制を維持・擁護する内容を盛り込んだ憲法を制定した。つまり，「奴隷制の廃止を盛り込んだ憲法を制定した」との記述は誤りである。なお，その後，南北戦争における敗戦を受け，いずれの州もアメリカ合衆国に復帰した。　5. 誤り。国際連盟は当時の大統領であったウィルソンの提案に基づいた国際機関であったが，アメリカ合衆国はモンロー主義の影響が強かった上院の反対により，加盟することができなかった。

11 2

解説 1. 誤り。クローヴィスをピピンとすると，正しい記述になる。クローヴィスによって開かれたのはメロヴィング朝である。　2. 正しい。第1回の十字軍遠征により，聖地は奪回され，イェルサレム王国が建国された。ただし，その後の遠征は失敗が相次いだ。　3. 誤り。ローマ教皇の権限が最も大きかったのは，インノケンティウス3世のときであった。ジョン王の破門も，彼によるものであった。グレゴリウス7世は，神聖ローマ皇帝ハインリヒ4世を破門した。　4. 誤り。ビザンツ帝国は，オスマン帝国のメフメト2世によって滅ぼされた。　5. 誤り。ユグノー戦争で勝利したのは，新教・ユグノーの側であった。

12 4

解説 アは正しい。マーシャルプランは大戦で疲弊した全欧州への経済援助プランであったが，結果的にプランを受け入れたのは西欧諸国であった。イは正しい。IMFは国連の専門機関の一つであり，本部はワシントンに置かれている。ウは正しい。ベトナムや北朝鮮，中国といった社会主義の勢力拡大を阻止しようという意図が背景にあった。なお，ベトナムは，現在ASEANの正式な加盟国である。エは誤りである。OAPECにイランは含まれない。Aはアラブの意味であり，イランはアラブ人を中心とした国ではなく，ペルシア人を中心とした国である。オは誤りである。ベトナムは，イギリスではなく，フランスの植民地であった。以上より正解は4である。

13 2

解説 1. 誤り。タイは植民地支配を受けなかった。　2. 正しい。イギリスによるアヘンの生産と輸出はアヘン戦争の原因となった。　3. 誤り。ドイツではなく，イギリスについての記述である。　4. 誤り。インドネシアのバタヴィアは，オランダの拠点であった。なお，バダヴィアはジャワ島にあった都市であり，現在のジャカルタにあたる。　5. 誤り。清仏戦争において清は敗北し，天津条約によって宗主権が放棄された。

14 1

解説 1. 正しい。漢王朝は，中国最初の長期統一王朝であった。　2. 誤り。元では，モンゴル第一主義の下，中央政府の要職と地方長官をモンゴル人が独占した。　3. 誤り。秦を唐に置き換えると正しい記述になる。　4. 誤り。明は，漢民族の復興を唱え，それ以外の民族による支配を打破して成立した王朝であった。　5. 誤り。清は，モンゴル，チベット，新疆ウイグルなどの諸地域まで領土を拡大した。

15 3

解説 1. ナポレオンは，ブリュメール18日のクーデターで総裁政府を打倒し，統領政府を開いた。　2. 選択肢はジャコバン派についての説明である。ジロンド派は，商工業者を地盤とする，穏和な共和主義を主張したことで知られている。　3. 正しい。ヴァレンヌ逃亡事件に関する記述である。王妃の母国であるオーストリアへの援助を要請するため国外逃亡を企てたが，捕らえられてパリに連行された。　4. 選択肢は，球戯場の誓いについての記述であるが，これはフランス革命勃発の直前，第三身分がヴェルサイユ宮殿の球戯場に集まって，憲法制定まで解散しないことを誓ったものである。　5. 前半は正しいが，国民の身分は，第一身分は聖職者，第二身分は貴族，第三身分は平民，これら三つに大別されていた。

16 5

解説 1. 誤り。産業革命の初期において，毛織物から綿織物に重点を移行した。 2. 誤り。第2次囲い込みによって土地を失った農民が都市部に流入し，豊富な労働力をもたらした。 3. 誤り。スティーブンソンが発明したのは蒸気機関車であり，蒸気船を発明したのはフルトンである。 4. 誤り。産業革命の進展に合わせ，工場制機械工業が発達したことにより，家内制手工業は急速に衰退した。 5. 正しい。イギリスは，17世紀にオランダを破り，それに続いて18世紀にフランスに勝利した。

17 4

解説 1. イギリスが推進した政策は3C政策。 2. 第一次世界大戦以前の1890年代にビスマルクは引退している。第一次世界大戦の直前期は，ヴィルヘルム二世による親政が進められた時代であった。 3. ロシア革命の直接の指導者はマルクスではなく，レーニンであった。 4. 正しい。イタリアは大恐慌以前から，つまりドイツよりも先にファシズムが浸透した。 5. 1920年代において，アメリカの政治は共和党による政権が担っていた。

18 2

解説 1. 誤り。バルトロメウ＝ディアスは，ポルトガル人である。 2. 正しい。イタリア人コロンブスは，スペイン女王イザベルⅠ世の援助を得て，カリブ海のサンサルバドル島に到達した。 3. 誤り。喜望峰を回ってインド航路を開拓したのは，ヴァスコ＝ダ＝ガマである。マゼランは，大西洋を横断してマゼラン海峡を発見し，太平洋に出て，1521年にフィリピン諸島に到達した。 4. 誤り。インドのゴアを占領したのは，ポルトガルである。 5. 誤り。インカ帝国を征服したピサロは，スペイン人のコンキスタドール（征服者）である。

社会科学　地理

POINT

地図と地形図：地理において地図と地形図は，頻出事項の分野である。まず地図の図法は，用途と特徴を確実に把握し，地形図は，土地利用や距離などを読み取ることができるようになる必要がある。

世界の地形：地形に関する問題は，かなり多く取り上げられる。地形の特色・土地利用・その代表例は押さえておきたい。また，大地形・沈水海岸・海岸地形なども，よく理解しておくこと。試験対策としては，地形図と関連させながら，農業・工業とのかかわりを整理しておくとよい。

世界の気候：気候に関しては，ケッペンの気候区分が最頻出問題となる。次いで農業とのかかわりで，土壌や植生の問題も出題される。気候区の特徴とその位置は明確に把握しておこう。気候区とあわせて土壌・植生なども確認しておくことも大切である。

世界の地域：アメリカ合衆国は，最大の工業国・農業国であり，南米やカナダとのかかわりを問う問題も多い。また東南アジア，特にASEAN諸国での工業・鉱物資源などは広範に出題される。EU主要国に関しては，できるだけ広く深く学習しておく必要がある。資源・農業・工業・交通・貿易など総合的に見ておこう。

日本の自然：地形・気候を中心とした自然環境は頻出である。地形や山地・平野などの特徴は理解しておきたい。

日本の現状：農業・工業などに関する問題は，今日本が抱えている問題を中心に整理するとよい。農産物の自由化が進み，労働生産性の低い日本の農業は，苦しい状況に追い込まれている。工業においては，競争力を維持していく手段を選んでいかざるを得ない状況に陥っている。環境問題も大きな課題である。このような時事的な繋がりのある問題を取り上げた出題にも対処する必要がある。

狙われやすい！重要事項

☑地図・地形
☑土壌・環境・気候
☑人種・民族
☑人口・交通
☑アジア・オセアニア
☑ヨーロッパ
☑南北アメリカ
☑アフリカ

演 習 問 題

1 世界の人口に関する記述として，正しいものはどれか。

1 人口の国際移動は，経済的，宗教的，政治的要因によって発生するが，中国の華僑は主に宗教的要因によって国際移動したと見られている。

2 出生率が高く人口の自然増加が多い国の人口ピラミッドは，富士山型（ピラミッド型）となり，逆に出生率の低下した先進国などは，つり鐘型になる。

3 産業別人口構成では，先進国は第一次産業人口の割合が高く，発展途上国では第二次，第三次産業人口の割合が高い。

4 現在，世界で成長センターとなっているアジアだが，経済的要因から出稼ぎ労働者の移動が多い。しかし各国はこれを規制し，数ヶ月程度のごく短期間に限って出稼ぎ労働を認めている。

5 現在，世界の人口は約70億人で，人口の多い国の順位は，1位中国，2位アメリカ，3位インドである。

2 **世界の水産資源に関する記述として，正しいものはどれか。**

1　漁獲量が多い国は，中国，インドネシア，アメリカなどがある。いずれの国も広大な領海内での漁業が中心となっている。

2　日本の漁業は，漁業部門別では遠洋漁業の割合が最も高い。特に，焼津や釧路などが遠洋漁業の基地として非常に発展している。

3　南米のペルーやチリでは，アンチョビの漁獲量が多い。それを支えているのは，各国において行われているアンチョビの大規模な養殖である。

4　東南アジアでは，エビの漁獲高が大きく，その多くは，日本に輸出されている。これは，各国においてマングローブ畑をエビの養殖地に転換し，産出を増やしたことによる。

5　全世界的に捕鯨の禁止が広まっている。これは乱獲による資源の枯渇の側面もあるが，欧州には，そもそも鯨を捕る文化がないことが原因である。

3 **世界各国の農牧業に関する記述として，妥当なものはどれか。**

1　原始的農牧業の一種である焼畑農業は，畑が数年で放棄され，地球温暖化との関連も指摘されているが，雑草や害虫がほとんど発生しないため，土地生産性は極めて高い。

2　遊牧は，水や草を求めて，家畜とともに地域を移動しながら営まれる牧畜であるが，それが行われてきた範囲は，温帯の地域に限られる。

3　アジア式稲作農業は，水田を中心に稲作を行うことによって成り立ち，他の農業に比べて，その経営規模は極めて大きい。

4　ヨーロッパにおいて行われている地中海式農業は，乾燥性の強い樹木作物と自給用の穀物を栽培することによって営まれている。

5　企業的穀物農業は，主としてトウモロコシの生産で導入が進められているが，機械化の遅れた地域で営まれているため，労働生産性は他の農業に比べて低い。

4 世界の河川に関する記述として，妥当なものはどれか。

1 世界的に大きな河川は，日本の河川に比べて，流れは緩やかで，流域面積も広い。最も大きな流域面積を持つのはアマゾン川であり，ナイル川がそれに続く。

2 主に川を堰き止めることによって建設されるダムは，生活用水，工業用水の確保や発電などに役立てられる。世界のダムの中で，最大の貯水量を誇るのは，ガーナのアコソンボである。

3 中国には，流域面積で世界の30位以内に入る河川が複数ある。そのうち，同国，及び東アジアにおいて最大の流域面積を持つのは，黄河である。

4 モンスーンの雨季には，多くの降水により，河川が増水し，洪水が度々起こる地域がある。この地域では，河川の増水に伴い急速に茎を伸ばす浮き稲を栽培し，船による収穫を行っている。

5 アメリカ合衆国のニューヨーク州東部を流れる川が，ミシシッピ川である。ニューヨークステートバージ運河とつながっているため，海運が盛んである。

5 世界の山脈と関係する国家の組み合わせとして，妥当なものはどれか。

	〈山脈〉	〈関係する国家〉
1	スカンディナビア山脈	ノルウェー
2	ドラケンスバーグ山脈	スペイン
3	グレートディバイディング山脈	南アフリカ
4	アパラチア山脈	オーストラリア
5	ピレネー山脈	アメリカ

6 **下の表は，2020年における各国の主要輸出品の上位5位を示している。A～Eに入る国名の組み合わせとして，妥当なものはどれか。**

国	A	B	C	D	E
1位	機械類	機械類	機械類	鉄鉱石	原油
2位	医薬品	自動車	自動車	石炭	鉄鋼
3位	自動車	医薬品	精密機械	金(非貨幣用)	天然ガス
4位	衣類	航空機	石油製品	肉類	銅
5位	金属製品	化学品	医薬品	機械類	天然ウラン

（帝国書院　『地理データファイル2022年度版』より作成）

	A	B	C	D	E
1	フランス	イタリア	アメリカ合衆国	カザフスタン	オーストラリア
2	アメリカ合衆国	オーストラリア	イタリア	カザフスタン	フランス
3	フランス	イタリア	オーストラリア	カザフスタン	アメリカ合衆国
4	オーストラリア	フランス	イタリア	アメリカ合衆国	カザフスタン
5	イタリア	フランス	アメリカ合衆国	オーストラリア	カザフスタン

7 **南アメリカに関する記述として，妥当なものはどれか。**

1　南アメリカ大陸全体の約半分を占めるブラジルは，典型的な農業国であり，耐久消費財を周辺諸国からの輸入に依存していることが同国経済の弱点である。

2　南アメリカ大陸の中央にあるボリビアは，領土に沿岸地域を持たない内陸国であり，錫（すず）の生産などで知られる。

3　チリの国土は，多くの部分が大西洋に接する沿岸地域であり，銅の生産や輸出が同国経済の中で大きな比重を占める。

4　ペルーは，太平洋に臨む国であり，鉱産資源に乏しいため，アンチョビなどの漁業と，加工した水産物の輸出が経済を支えている。

5　カリブ海に臨むベネズエラは，19世紀にオランダからの独立を果たした国であり，石油の生産と輸出が同国経済を支えている。

8 東南アジアに関する記述として，妥当なものはどれか。

1 東南アジアは，ヨーロッパ諸国の植民地とされた国が多い。植民地支配が典型的であった時期にイギリスとフランスの緩衝地帯として機能したタイは，この地域において唯一の独立国であった。

2 東南アジア諸国連合（ASEAN）は，近年の高い経済成長により，その地位や機能を高めつつある。新規の加盟については，社会主義を掲げる国や，軍事政権下にある国を排除する方針を明確にした。

3 東南アジアの植民地支配は，この地域の農業に変革をもたらした。旧来よりプランテーション型の農業が営まれた地域において，これを廃止したのはその典型であった。

4 シンガポールは，旧イギリス領であったため，他の地域のような宗教の混在がみられない。イギリスの影響を強く受けたことにより，キリスト教の教会が各地に散在している。

5 東南アジアは，他の地域に比べて，地震や火山の活動が少ない。これは，アルプス造山帯と環太平洋造山帯の影響を受けにくい特性による。

9 次のハイサーグラフA～Dとそれに対応する気候区分の組み合わせのうち，妥当なもののみをすべて挙げているのはどれか。

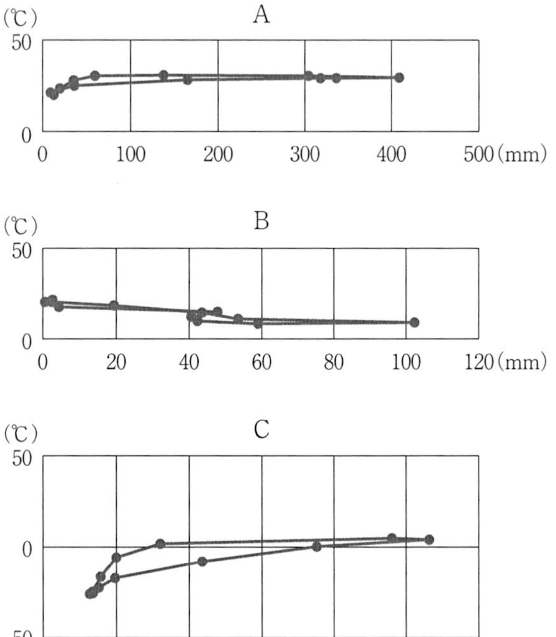

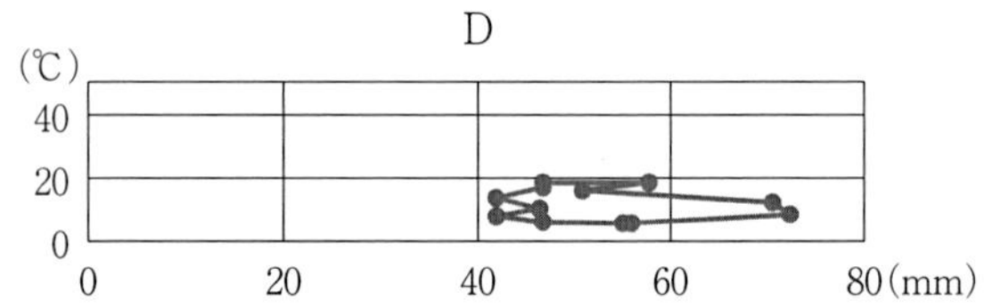

A　ステップ気候　　　　B　地中海性気候
C　亜寒帯湿潤気候　　　D　西岸海洋性気候

1　A，B　　2　A，C　　3　B，C　　4　B，D　　5　C，D

10 世界の土壌に関する記述として，妥当なものはどれか。

1 赤褐色の間帯土壌であるテラロッサは，石灰岩の風化によって生成され，中国華北地方を中心に分布する。

2 玄武岩の風化によって生成されるテラローシャは，暗紫色の間帯土壌であり，コーヒーの栽培に適している。

3 ポドゾルは，強いアルカリ性の灰白色の土壌であり，その性質上，林業には不適である。

4 プレーリー土は，北アメリカに分布する黒色の土壌であるが，養分が極めて少ないため，栽培できる作物が限られている。

5 気候や植生などの影響を受けて生成された土壌が成帯土壌であり，デカン高原に分布するレグール土はその代表的な例である。

11 世界の鉱産資源に関する記述として，妥当なものはどれか。

1 世界の石炭の約70%は古期造山帯に集中しており，その中でもロッキー炭田は，アメリカ最大量の石炭を産出している。

2 ブラジルは，鉄鉱石の産出量，埋蔵量共に世界最大の地位を占め，鉱産資源の取引自由化を進めた後も，最先端技術などを取り入れ，工業は安定的に成長している。

3 オーストラリアは，ボーキサイトの産出量が世界第1位であり，金や鉄鉱石も豊富に産出され，また，アルミニウム精錬や高度加工製品の製造が盛んである。

4 チリは，銅鉱の産出が世界第1位であり，主にビンガムやモレンシーといった銅鉱山などで産出されている。

5 東南アジアでは，ルソン島周辺に油田が多く分布しており，特にフィリピンやタイが主な産油国となっている。

12 ヨーロッパの工業に関する記述として，妥当なものはどれか。

1　ユーロポートは，ヨーロッパの玄関として発達したドイツの港湾地区であり，鉄鋼や石油化学工業などが発達している。

2　プラハには，旧ソビエト連邦の影響の下で工業の近代化が遅れた影響が残されており，食品工業などの軽工業が工業生産のほとんどを占めている。

3　ルール工業地帯は，ヨーロッパ最大の工業地域であり，油田や陸運がその発展を支えてきた。

4　フランス北西部のルアーヴルは，セーヌ川の河口付近に位置する港湾都市として発展を遂げ，近年では，原子力発電所が林立し，ヨーロッパの工業をエネルギーの面から支えている。

5　バルセロナ，フランス南部，イタリア北部にかけて，航空機産業やエレクトロニクス産業などの先端技術を柱とする産業が連なり，これらは，ヨーロッパのサンベルトと呼ばれる。

13 気候区分に関する記述として，妥当なものはどれか。

1　熱帯サバナ気候は，赤道付近に分布しており，一年を通して高温多雨である。また，その地域ではスコールが降り，密林が茂っている。

2　やや高緯度の大陸西岸では，地中海性気候がみられる。偏西風と暖流の影響を受け，夏は涼しく冬は温暖であり，一年を通した降雨も特徴的の一つである。

3　温暖湿潤気候は，中緯度の大陸東岸でみられる。季節風の影響を受けることから，その緯度とは関係なく冬は低温少雨，夏は高温多雨である。

4　雨季と乾季がはっきり分かれる砂漠気候では，乾季に植物が育つことはほとんどないが，雨季ではステップとよばれる短草草原が広がる。

5　西岸海洋性気候は，高気圧の影響から夏は高温で乾燥し，冬は比較的寒く少雨がみられる。

14 世界の言語に関する記述として，妥当なものはどれか。

1　言語の分類については諸説あるが，世界には，数百の言語があるとされている。そのうち，数億人が用いる大言語は，中国語，ヒンドゥー語，英語，スペイン語などである。

2　国家が公に使用することを定めている言語を公用語という。1国ごとに1言語が一般的であるが，複数が定められることもある。

3　旧植民地を支配した人々の言語と，先住民などの言語が混合して独特の言語が形成された場合，それは，混成語と呼ばれる。スワヒリ語は，その典型である。

4　方言の差が激しい言語の場合，全地域に通じるように整備された語が求められる。そのような言語は，特に母語と呼ばれる。

5　言語学上，共通の祖語を持つなど，関係の深い諸言語を語派という。また，語派の中で，特に親近性が強い言語のまとまりが語族である。

解答・解説

1　2

解説　1. 華僑（海外で暮らす中国系住民のうち中国の国籍をもっているもの）は，鉱山やプランテーションの労働者など経済的要因が一因となり，東南アジアなどに移動した人々である。　2. 正しい。　3. 先進国では第二次産業（製造・建設業など），第三次産業（サービス・商業・運輸通信業など），発展途上国では第一次産業（農林・水産業）の人口の割合が高い。　4. アジア各国では移民（出稼ぎ）労働者規制をしている国は少なくないが，「数ヶ月程度のごく短期間」に限られているわけではない。　5. 人口の多い国（2017年）は1位中国（約13.9億人），2位インド（約13.4億人），3位アメリカ（約3.3億人）である。

2　4

解説　1. 中国は周辺に多くの国があり，領海での漁獲量は必ずしも多くない。　2. 日本では，1970年代以降，遠洋漁業の割合はきわめて低く，現在は沖合漁業が中心である。　3. アンチョビは養殖では作らない。　4. 正しい。マングローブは熱帯地域で育つ樹種である。海岸に存在し，水質の浄化にも役に立つ。　5. 欧州にもノルウェーやアイスランドなどの捕鯨国は存在する。

3 4

解説 1. 誤り。焼畑農業による畑には，雑草や害虫が発生するため，土地生産性は低い。　2. 誤り。北極圏において，トナカイを主要な家畜とする遊牧がみられる。　3. 誤り。他の農業に比べ，アジア式稲作農業の経営規模は小さい。　4. 正しい。地中海農業は，夏の乾燥と冬の温暖さなど，地中海性気候の特性を生かして営まれている農業である。　5. 誤り。企業的穀物農業は，機械化を進めつつ，小麦などの穀物を大規模に営む農業であり，労働生産性は高い。

4 4

解説 1. 誤り。第1文は正しいが，アマゾン川に次いで大きな流域面積を持つのは，コンゴ川であり，ミシシッピ川，ラプラタ川がそれに続く。なお，世界で最も長い川はナイル川である。　2. 誤り。世界最大の貯水量を持つダムは，ウガンダのナルバーレである。なお，有効貯水量の多くはヴィクトリア湖によるものであるため，ジンバブエとザンビアのカリバを1位としている統計もある。　3. 誤り。中国及び東アジアにおいて最大の流域面積を持つのは長江である。　4. 正しい。チャオプラヤ川，エヤワディ川，メコン川などの流域において，浮き稲を利用した稲作が行われている。　5. 誤り。選択肢の文章は，ハドソン川についてのものである。ミシシッピ川は，アメリカ合衆国の中央部を南流する川である。

5 1

解説 1. 正しい。スカンディナビア山脈は多くの西欧北欧の山地と同じく古期造山帯になる。　2. 古期造山帯のドラケンスバーグ山脈は南アフリカにある。　3. 古期造山帯のグレートディバイディング山脈はオーストラリアにある。　4. 古期造山帯のアパラチア山脈はアメリカにある。　5. 新期造山帯のピレネー山脈はフランスとスペインにまたがっている。

6 5

解説 選択肢に示されたそれぞれの国について，特徴的な輸出品目をヒントにすることが大切である。例えば，イタリアの衣類，フランスの航空機，アメリカの精密機械，オーストラリアの鉄鉱石や石炭，肉類，カザフスタンの原油や天然ガス，天然ウランが特徴的な輸出品目に該当する。 Aは，イタリアである。ファッションを発信する国の1つであり，衣類が上位に入っている点から判断できる。北部においては工業が発展し，南部には農村地域が広がっていたが，近年では先端技術や情報化の発達がみられる。 Bは，フランスである。航空機が上位に入っている点から判断できる。ヨーロッパにおいて穀物や酪農品を供給してきたが，各地に工業基地を造成し，工業国としての発展がみられる。 Cは，アメリカ合衆国である。自動車などに加え，精密機械や医薬品が上位に入っている点から判断できる。航空宇宙産業や，エレクトロニクス分野などの面で最先端を誇る工業国である。表中には登場しないが穀物の世界最大の輸出国でもある。 Dは，オーストラリアである。石炭，鉄鉱石，肉類が上位に入っている点から判断できる。鉱物資源の開発が進み，これらを日本を含む各国に供給するとともに，肉類などの輸出も盛んである。 Eは，カザフスタンである。原油，天然ガス，天然ウランが上位に入っている点から判断できる。主要な産業は鉱物資源である。
以上より，正解は5。

7 2

解説 1. 誤り。ブラジルは，ラテンアメリカ最大の工業生産力を誇り，耐久消費財のほとんどを自給している。 2. 正しい。ボリビアは，19世紀に独立を果たしたものの，チリとの戦いに敗れて沿岸地域の領土を失った。 3. 誤り。大西洋を太平洋とすると正しい文になる。 4. 誤り。ペルーは，銅，鉄鉱石，銀などの資源に恵まれている。 5. 誤り。「オランダから独立を果たした国」という部分が誤りである。ベネズエラは，19世紀にスペインによる支配を脱し，その後，グラン・コロンビア共和国から分離・独立を果たした。

8 1

解説 1. 正しい。東南アジア諸国の多くが独立したのは，第二次世界大戦後のことであった。 2. 誤り。軍事政権下のミャンマーや，社会主義のベトナムも加盟した。 3. 誤り。プランテーションは，ヨーロッパ人が東南アジアに持ち込んだものである。 4. 誤り。かつてイギリス領であったことや，華僑や印僑の移住の影響により，キリスト教，ヒンドゥー教，道教，イスラム教，仏教など多様な宗教がみられる。そのため，各地に多様な寺院がみられる。　5. 誤り。東南アジアは，アルプス造山帯と環太平洋造山帯が合流する場であるため，火山や地震の活動は激しい。

9 4

解説 Aは誤り。Aのグラフはインドのカルカッタのものであり，ステップ気候ではなくサバナ気候に属する。ステップ気候は，砂漠周辺に分布する乾燥気候であり，降水量が少ない。サバナ気候は，雨季と乾季の区別が明瞭な熱帯気候であり，気温の年較差が大きい。　Bは正しい。Bのグラフは，チリのサンティアゴのものである。地中海性気候は，夏に乾燥すること，冬に降水が多くなることによって特徴付けられる温帯の気候である。温帯冬雨気候ともよばれる。　Cは誤り。Cのグラフはアメリカ合衆国・アラスカのバローのものであり，亜寒帯湿潤気候ではなく，ツンドラ気候に属する。亜寒帯湿潤気候は，一年を通じて比較的降水が確保され，また，冬には多量の降雪がみられる気候である。ツンドラ気候は，短い夏の間だけ，永久凍土の表層が溶ける程度の気候である。　Dは正しい。Dのグラフは，イギリスのロンドンのものである。西岸海洋性気候は，偏西風と暖流の影響を受けるため，気温の年較差が小さい。また，降雨も年間を通じて安定している。以上より，正解は4である。

10 2

解説 1. 誤り。テラロッサが分布するのは，主に，地中海沿岸である。　2. 正しい。テラローシャは，ブラジル高原などに分布する。　3. 誤り。ポドゾルは，強酸性の土壌であり，それが分布する地域には，林業地域が広がっている。　4. 誤り。プレーリー土は肥沃であり，小麦などが栽培されている。　5. 誤り。成帯土壌についての説明は正しいが，レグール土は間帯土壌である。

11 3

解説 1. アメリカの炭田で産出量が最大なのは，アパラチア炭田である。ロッキー炭田は埋蔵量がアメリカ最大である。　2. 鉄鉱石の埋蔵量が世界第1位なのはオーストラリアである。　3. 正しい。オーストラリアの主な鉄鉱石の採掘場は，ハマーズリー山脈付近のマウントホエールバックである。
4. チリは，銅鉱の産出が世界第1位であることは正しいが，その主な銅鉱山はチュキカマタやエルテニエンテなどである。選択肢に示されているのは，アメリカの代表的な銅鉱山である。 5. 東南アジアの油田は，ボルネオのカリマンタン島や，スマトラ島に分布しており，インドネシアやブルネイが主な産油国である。

12 5

解説 1. 誤り。ユーロポートが位置しているのはドイツではなくオランダである。 2. 誤り。プラハでは，自動車，航空機，機械工業，繊維，ガラス，印刷などの工業が発展している。 3. 誤り。ルール工業地帯の発展を支えてきたのは，炭田やライン川の水運などである。陸運もある程度整備されてきたが，比較的古くから活用されてきたのは水運であった。 4. 誤り。ルアーヴルにおいて発達している工業は，造船，自動車，食品などである。
5. 正しい。ヨーロッパにおいて，複数の国にまたがる工業が盛んな地域の呼称として，選択肢に示したヨーロッパのサンベルトとともに，イギリス南東部からイタリア北部にかけて広がるブルーバナナが挙げられる。

13 3

解説 1. 選択肢は，熱帯雨林気候についての記述である。熱帯サバナ気候は，年中高温で，雨季と乾季の区別が明瞭であり，サバナと呼ばれる熱帯草原が広がるといった特徴をもつ。 2. 西岸海洋性気候の説明である。低気圧が頻繁に通過することから，年中小雨で冬と夏の気温差が比較的小さい。
3. 正しい。また，季節風の影響から，四季の変化が最も明瞭であることも覚えておきたい。 4. 砂漠気候は，年間を通し降水量が極端に少なく，雨季と乾季の区別はない。なお，ステップが広がる地域はステップ気候である。 5. 地中海性気候についての記述である。

14 2

解説 1. 誤り。世界の言語の数については，3000とする説，6000を超えているという説などがあるが，数百というのは誤りである。第2文については正しい。 2. 正しい。カナダ，スイスなどは，複数の公用語を持つ。 3. 誤り。スワヒリ語は，混成語ではない。混成語の例としては，クレオール語が挙げられる。　4．誤り。第1文は，共通語，または標準語についてのものである。母語は，人が最初に身に付ける言語である。　5．誤り。語派と語族を入れ替えると，正しい記述になる。

第3部

教養試験
自然科学

- 数　学
- 物　理
- 化　学
- 生　物
- 地　学

自然科学　数 学

POINT

数学の分野では，高校までの学習内容が出題される。教科書に出てくる公式を覚えるだけではなく，応用問題への対応が必要となる。以下に示す単元ごとの最重要事項を確実に押さえ，本書でその利用法を習得しよう。

「数と式」の内容では，一見何をしたらよいか分かりづらい問題が出てくるが，「因数分解」，「因数定理」，「剰余の定理」，「相加平均・相乗平均の関係」などを用いることが多い。その他にも，「分母の有理化」や根号，絶対値の扱い方などをしっかり確認しておこう。

「方程式と不等式」の内容では，特に二次方程式や二次不等式を扱う問題が頻出である。「二次方程式の解と係数の関係」，「解の公式」，「判別式」を用いた実数解や虚数解の数を求める問題は確実にできるようにしたい。また，「二次不等式の解」，「連立不等式の解の範囲」については，不等号の向きを間違えないように注意しよう。余裕があれば，「三次方程式の解と係数の関係」や「円の方程式」なども知っておきたい。

「関数」の内容でも，中心となるのは二次関数である。「二次関数のグラフの頂点」，「最大値と最小値」，「x軸との共有点」は確実に求められるようにしよう。また，グラフを「対称移動」や「平行移動」させたときの式の変形もできるようにしたい。その他にも，「点と直線の距離」，「三角関数」の基本的な公式なども知っておきたい。

「数の性質」の内容では，「倍数と約数」，「剰余系」，「n進法」などの問題が出題される。これらについては，とにかく多くの問題を解いてパターンを覚えることが重要である。

「微分・積分」の内容では，グラフのある点における「接線の方程式」，グラフに囲まれた「面積」が求められるようになっておきたい。

「場合の数と確率」の内容では，まずは順列・組合せと確率計算が正しくできなければならない。その際，場合の数が多かったり抽象的であったりして考えにくいようであれば，樹形図の活用や問題の具体的な内容を書き出すことで，一般的な規則性が見つかり解法が分かることがある。余事象を利用することで，容易に解ける問題もある。「同じものを含む順列」，「円順列」などもできるようにしたい。

「数列」の内容では，等差数列，等比数列，階差数列の一般項や和の公式を覚えよう。余裕があれば，群数列にも慣れておこう。

「図形」の内容では，三角形の合同条件・相似条件，平行線と角に関する性質，三角形・四角形・円などの基本的性質や，面積の計算方法などは必ずと言ってよいほど必要となるので，しっかりと整理しておくこと。

数学の知識は「判断推理」や「数的推理」の問題を解く際にも必要となるため，これらと並行して取り組むようにしたい。

狙われやすい！重要事項

- ☑ 二次方程式・不等式
- ☑ 二次関数の最大値・最小値
- ☑ 平面図形の面積

演習問題

1 ある数xから3引いて2乗した数が，xを2倍して3引いた数に等しくなった。この場合，ある数xとして正しいものの組み合わせはどれか。

1　1，3　　2　1，5　　3　2，3　　4　2，6　　5　2，9

2 1個のさいころを続けて3回投げるとき，目の和が偶数になるような場合は何通りあるか。正しいものを選べ。

1　106通り　　2　108通り　　3　110通り
4　112通り　　5　115通り

3 右図のような一辺の長さが5の正四面体O-ABCにおいて，辺OB上の点P，辺OC上の点QがOP＝1，OQ＝4を満たすとき，PQの長さを求めよ。

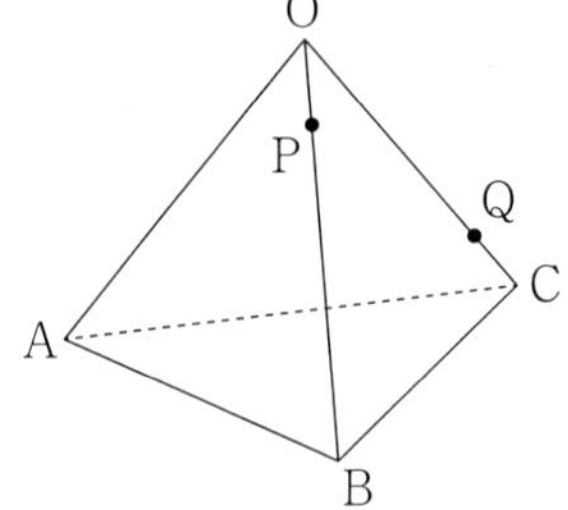

1　$\sqrt{13}$　　2　$2\sqrt{13}$　　3　4
4　$\sqrt{15}$　　5　$2\sqrt{15}$

4 $x^2-8x+14=0$の2つの解をα，βとするとき，$\alpha^2+\beta^2$と$\alpha^3+\beta^3$の値の組み合わせとして妥当なものはどれか。

	$\alpha^2+\beta^2$	$\alpha^3+\beta^3$
1	24	−88
2	24	88
3	36	−176
4	36	176
5	48	176

5 次の2つの式で示される直線とx軸，y軸により，次の図のように，全体はA～Jの10領域に分かれる。

$y=2x+4$ …①

$y=-x-2$…②

①，②の2つの式を以下③，④のような不等式に変えた場合，これらの条件をすべて満たす領域として正しいものはどれか。

$y>2x+4$ …③

$y<-x-2$…④

x
$y=2x+4$
$y=-x-2$
A B C D O E H F I G J
y

1　A，C　　2　B，D，H，I　　3　D，H　　4　E，F　　5　G，J

6 縦50m，横60mの長方形の土地がある。この土地に，図のような直角に交わる同じ幅の通路を作る。通路の面積を土地全体の面積の$\frac{1}{3}$以下にするには，通路の幅を何m以下にすればよいか。

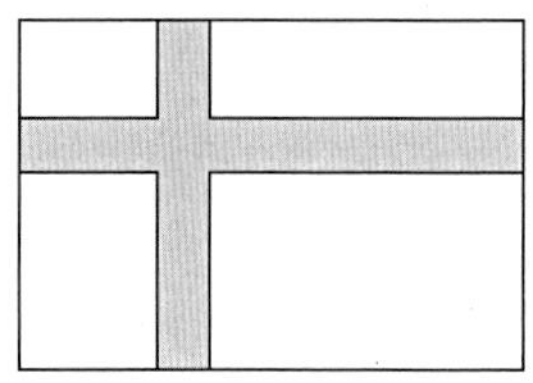

1　8m　　2　8.5m　　3　9m　　4　10m　　5　10.5m

7 xy平面上に2点A$(-2,\ 5)$，B$(6,\ 9)$がある。またx軸上に点P$(t,\ 0)$をとる。このとき，PA＝PBとなるtの値として，正しいものはどれか。

1 $\frac{9}{2}$　2 $\frac{24}{5}$　3 5　4 $\frac{11}{2}$　5 $\frac{29}{5}$

8 2次関数$y=x^2-2bx+4b$におけるyの最小値として，正しいものはどれか。

1 $2b^2+2b$　2 $2b^2-2b$　3 $-b^2+4b$
4 $-b^2-4b$　5 $4b^2+4b$

9 平行四辺形ABCDにおいて，AB＝3，BC＝4，∠ABC＝60°のとき，2本の対角線の長さとして正しい組合せはどれか。

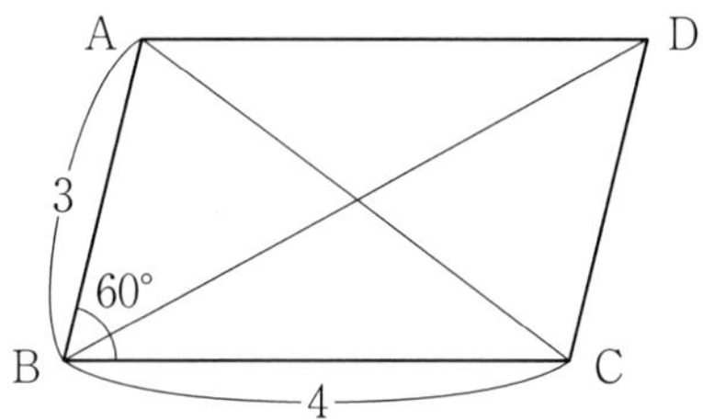

1 $\sqrt{11},\ \sqrt{35}$　2 $6,\ \sqrt{35}$　3 $\sqrt{13},\ \sqrt{37}$
4 $7,\ \sqrt{37}$　5 $7,\ \sqrt{39}$

10 右の図において，四角形ABCDは円に内接しており，弧BC＝弧CDである。AB，ADの延長と点Cにおけるこの円の接線との交点をそれぞれP，Qとする。AC＝4cm，CD＝2cm，DA＝3cmとするとき，△BPCと△APQの面積比として正しいものはどれか。

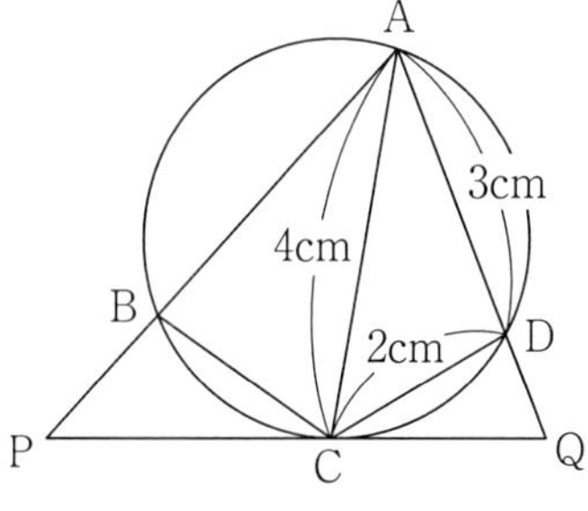

1 1：5　2 1：6　3 1：7　4 2：15　5 3：20

解答・解説

1　4

解説 $(x-3)^2=2x-3$より，$x^2-8x+12=0$

$(x-2)(x-6)=0$

$\therefore \quad x=2,\ 6$

以上より，正解は4。

2　2

解説 和が偶数になるのは，3回とも偶数の場合と，偶数が1回で，残りの2回が奇数の場合である。さいころの目は，偶数と奇数はそれぞれ3個だから，

（ⅰ）3回とも偶数：$3\times3\times3=27$〔通り〕

（ⅱ）偶数が1回で，残りの2回が奇数

・偶数/奇数/奇数：$3\times3\times3=27$〔通り〕

・奇数/偶数/奇数：$3\times3\times3=27$〔通り〕

・奇数/奇数/偶数：$3\times3\times3=27$〔通り〕

合計すると，$27+(27\times3)=108$〔通り〕である。

以上より，正解は2。

3　1

解説 正四面体は4つの合同な正三角形から構成される。

$\triangle$OPQにおいて，OP = 1，OQ = 4，$\angle$POQ = 60°なので，余弦定理より，

$$
\begin{aligned}
PQ^2 &= OP^2+OQ^2-2\times OP\times OQ\times\cos\angle POQ\\
&=1+16-2\times1\times4\times\cos60^\circ\\
&=17-8\times\frac{1}{2}\\
&=13
\end{aligned}
$$

$PQ=\sqrt{13}$

以上より，正解は1。

4 4

解説 一般に，2次方程式$ax^2+bx+c=0$（$a \neq 0$）の2つの解をα，βとすると，$\alpha+\beta=-\dfrac{b}{a}$，$\alpha\beta=\dfrac{c}{a}$　が成り立つ。

ここでは，$a=1$，$b=-8$，$c=14$であるから，$\alpha+\beta=-\dfrac{-8}{1}=8$，$\alpha\beta=\dfrac{14}{1}=14$となる。

よって，求める値は

$\alpha^2+\beta^2=(\alpha+\beta)^2-2\alpha\beta=8^2-2\times14=36$

$\alpha^3+\beta^3=(\alpha+\beta)^3-3\alpha\beta(\alpha+\beta)=8^3-3\times14\times8=512-336=176$

以上より，正解は4。

5 4

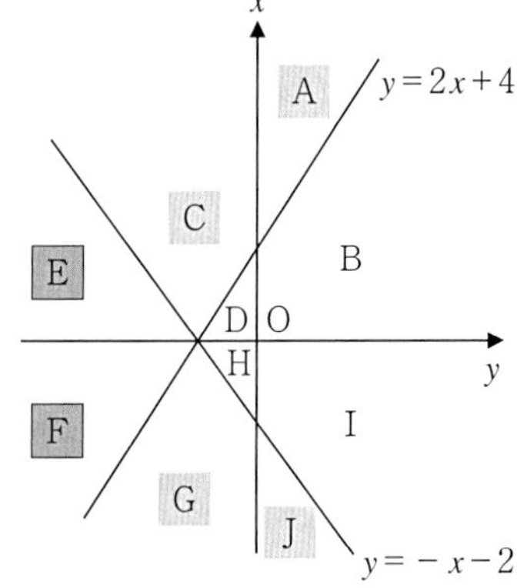

解説 $y>2x+4$に，(0，0) を代入すると，$0>4$になるので不成立である。よって，該当する領域は直線$y=2x+4$に対して，原点 (0，0) の反対側にあることが分かる。つまり，A，C，E，Fのいずれかである。

次に，$y<-x-2$に，(0，0) を代入すると，$0<-2$になるので，不成立である。よって，該当する領域は，

直線$y=-x-2$に対して，原点 (0，0) の反対側にあることが分かる。つまり，E，F，G，Jのいずれかであり，

求める領域は，「A，C，E，F」と「E，F，G，J」の重なった領域なので，「E，F」となる。

以上より，正解は4。

6 4

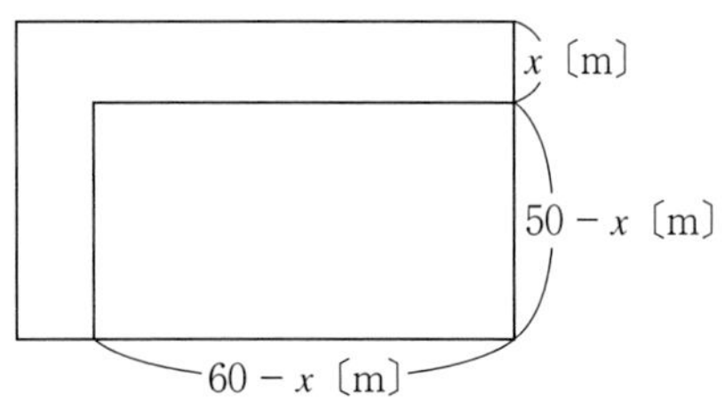

解説 通路の幅をx〔m〕とし($0 < x < 50$)，次のように通路を左上に寄せて考える。
通路の面積は，

$x \times 60 + (50 - x) \times x$〔m²〕

土地全体の面積は，50×60
よって，

$$x \times 60 + (50 - x) \times x \leqq 50 \times 60 \times \frac{1}{3}$$

$$60x + 50x - x^2 \leqq 1000$$

$$x^2 - 110x + 1000 \geqq 0$$

$$(x - 10)(x - 100) \geqq 0$$

$$x \leqq 10,\ 100 \leqq x$$

$0 < x < 50$より，$0 < x \leqq 10$
したがって，通路の幅を10m以下にすればよい。
以上より，正解は4。

7 4

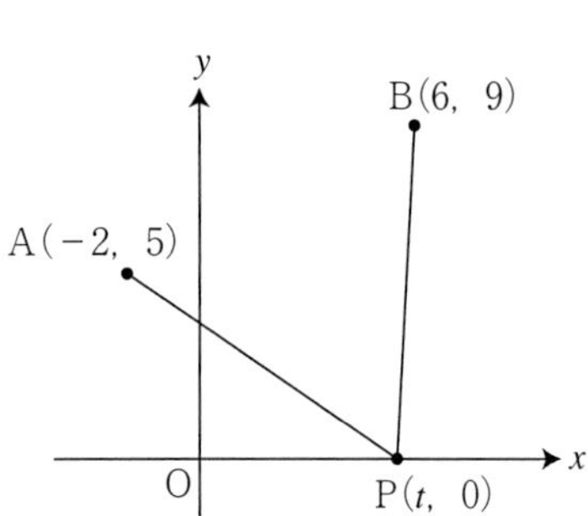

解説 PA = PBより，$PA^2 = PB^2$

$$(-2 - t)^2 + 5^2 = (6 - t)^2 + 9^2$$

$$4 + 4t + t^2 + 25 = 36 - 12t + t^2 + 81$$

$$16t = 88$$

$$t = \frac{11}{2}$$

以上より，正解は4。

8 3

解説 $y = x^2 - 2bx + 4b$

$$= (x - b)^2 - b^2 + 4b$$

よって，この2次関数は，$x = b$のとき，最小値$-b^2 + 4b$をとる。
以上より，正解は3。

9 3

解説 △ABCにおいて，余弦定理より，

$AC^2 = 3^2 + 4^2 - 2 \cdot 3 \cdot 4\cos 60°$

$= 9 + 16 - 12$

$= 13$

ゆえに，$AC = \sqrt{13}$

また，平行四辺形より，隣り合う角の和は180°となるので，

$\angle BCD = 180° - \angle ABC$

$= 180° - 60°$

$= 120°$

よって，

△BCDにおいて，

$BD^2 = 3^2 + 4^2 - 2 \cdot 3 \cdot 4\cos 120°$

$= 9 + 16 + 12$

$= 37$

ゆえに，$BD = \sqrt{37}$

以上より，正解は3。

10 3

解説 四角形ABCDは円に内接しているので，向かい合う内角の和は180°となるので，

$\angle ABC + \angle ADC = 180°$

また，$\angle ABC + \angle PBC = 180°$より，$\angle PBC = \angle ADC$

さらに，接弦定理より，$\angle PCB = \angle BAC$

円周角の定理より，$\angle BAC = \angle CAD$

よって，2角が等しいので，$\triangle BPC \backsim \triangle DCA$

弧BC＝弧CDより，BC＝CD＝2〔cm〕

よって，△BPCと△DCAの相似比は2：3より，

$\triangle BPC : \triangle DCA = 4 : 9$…①

一方，△CQDと△AQCにおいて，$\angle CQD = \angle AQC$，

接弦定理より，$\angle QCD = \angle QAC$

よって，2角が等しいので，$\triangle CQD \backsim \triangle AQC$，

CD＝2〔cm〕，AC＝4〔cm〕より，相似比は1：2，面積比は1：4

よって，△DCA：△AQC＝3：4＝9：12…②

①，②より，△BPC：△DCA：△AQC＝4：9：12…③

ここで，△BPCと△CPAについて同様に考えると，

△BPC∽△CPA，相似比1：2，面積比は1：4

よって，△BPC：△ABC＝1：3＝4：12…④

③，④より，△BPC：△APQ＝△BPC：(△BPC＋△ABC＋△AQC)

＝4：(4＋12＋12)

＝4：28

＝1：7

以上より，正解は3。

自然科学　物 理

POINT

物理の分野では，ほとんどが高校物理の内容を中心とした問題で，下記のいずれの単元からも出題される可能性がある。しかし，出題パターンは限られており，優先的に取り組むべきなのは「力学」で，「電磁気」,「波動」がこれに続く。ほとんどが計算問題であるが，正誤問題や穴埋め問題が出る場合もある。

「力学」では，「等速直線運動」や「等加速度直線運動」が基本となり，「落体の運動」,「斜面をすべる物体の運動」などはこれらの知識を用いて解いていくことになる。また，覚えた公式をどの問題で，どういう形で利用するのか，自身で判断できるようにならなければいけない。例えば，「落体の運動」では自由落下，鉛直投げ下ろし，鉛直投げ上げ，水平投射，斜方投射といった様々な運動形態が出てくる。その他にも，「糸の張力」,「ばねの弾性力」,「浮力」といった力の種類や，「仕事とエネルギー」,「運動量」などを題材にした問題も多い。

「熱と気体」では，「熱量の保存」に関する計算問題や，「物質の三態と状態変化」に関する正誤問題または穴埋め問題が頻出である。覚えることが少ない単元なので，しっかりと練習しておけば得点源になりやすい。

「波動」では，まず波の基本公式を覚え，波長，振動数，速さ，周期といった物理量を用いて，式変形ができるようになっておくべきである。そして，最も重要なのが「ドップラー効果」を題材にした計算問題であり，基本公式は確実に覚えておかなければならない。そのうえで，音源と観測者が静止している場合，近づく場合，遠ざかる場合によって，基本公式の速度の符号が変わることに気を付けてほしい。実際の試験問題では，問題文からいずれの場合であるか読み取り，自身の判断で公式を立てられるようにならなければいけない。なお，この単元では波の性質（反射，屈折，回折，干渉など）やその具体例，温度と音速の関係など，基本的性質を問う正誤問題が出題されることが多いので注意しよう。

「電磁気」では，コンデンサーや電気抵抗のある電気回路を題材にした計算問題が非常に多い。公式としては，「オームの法則」，「合成抵抗」，「合成容量」，「抵抗率」に関するものは確実に使えるようになっておきたい。余力があれば，「キルヒホッフの法則」も覚えておこう。計算パターンは限られているが，コンデンサーや抵抗の数，および接続方法を変えた多様な問題が出題されるので注意が必要である。接続方法には「直列接続」と「並列接続」があり，実際の試験問題では，与えられた電気回路のどこが直列（または並列）接続なのか自身で判断できなければならない。

「原子」では，まずはα線，β線，γ線の基本的な性質や違いを理解しよう。そのうえで，「核分裂」や「核融合」の反応式が作れること，「放射性原子核の半減期」に関する計算問題ができるようになっておこう。この単元も，是非とも得点源にしたい。

学習方法としては，本書の例題に限らずできるだけ多くの問題を解くことである。公式を丸暗記するより，具体的な問題を解きながら考える力を養っていこう。難問が出題されることはほとんどないので，教科書の練習問題や章末問題レベルに集中して取り組むようにしたい。

狙われやすい！ 重要事項

☑力のつりあい
☑等加速度運動
☑音波の性質
☑電気回路

演 習 問 題

1 重さが20Nの小球に，2本の軽い糸1，糸2をつけ，天井に固定する。糸1，2が鉛直方向となす角が30度，60度であったときに，糸1が小球を引く力の大きさ（N）として正しいものはどれか。ただし，$\sqrt{3}=1.7$とする。

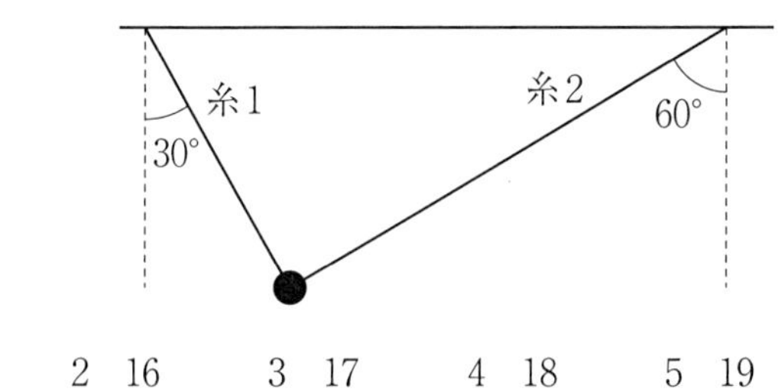

1　15　　2　16　　3　17　　4　18　　5　19

2 振動数が440Hzの音が，温度が20℃の部屋から，5℃の屋外へもれているとする。このときの音の振動数と波長の関係について正しいのはどれか。

1　振動数，波長ともに減少する。
2　振動数は変化しないが，波長は長くなる。
3　振動数は変化しないが，波長は短くなる。
4　振動数は減少するが，波長は変化しない。
5　振動数，波長ともに変化しない。

3 起電力が3Vで内部抵抗が0.4Ωの電池Eが2個と，0.3Ωの抵抗Rがある。これらを図のようにつないだら，Rを流れる電流はいくらになるか。

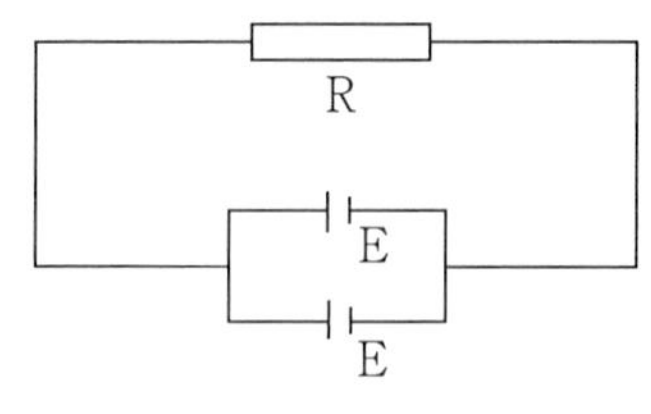

1　6A　　2　5A　　3　4A　　4　3A　　5　2A

4 右図のような単振り子に関する記述のうち，正しいのはどれか。

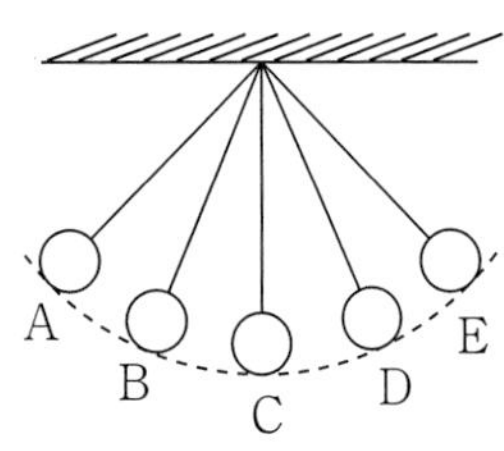

1　速度が最大になるのはB点とD点である。
2　おもりの加速度が最小であるのはA点とE点である。
3　D点での加速度の向きは，いつも等しい。
4　運動エネルギーが最小であるのはC点である。
5　位置エネルギーが最大なのはB点とD点である。

5 なめらかな水平面上に質量5.0kgの物体が静止している。その物体を一定の力Fで引いたところ，5.0秒後に4m/sになった。このとき，物体を引いている力Fはいくらか。

1　1.0N　　2　2.0N　　3　3.0N　　4　4.0N　　5　5.0N

6 長さ15cmのつる巻ばねに50gのおもりをつるすとその長さは17cmになった。これとは異なるおもりをつるすとその長さは21cmになった。このおもりの質量はいくらになるか。

1　120g　　2　150g　　3　180g　　4　210g　　5　240g

7 ある物体を毎秒58.8メートルの初速度で鉛直に投げ上げたとき，最高点に達するまでの時間と，投げ上げた地点から最高点までの高さの組み合わせとして，妥当なものはどれか。但し，重力加速度を9.8〔m/s^2〕とする。

	最高点に達するまでの時間〔s〕	投げ上げた地点から最高点までの高さ〔m〕
1	6	88.2
2	6	176.4
3	8	88.2
4	8	176.4
5	12	176.4

[8] 図のように，3Ωの抵抗を並列に4つつなぎ，さらに10Vの電源と，電流計を接続したとき，この回路全体の消費電力は何Wか。ただし，電源と電流計の抵抗を0とし，消費電力は小数第2位を四捨五入して求めるものとする。

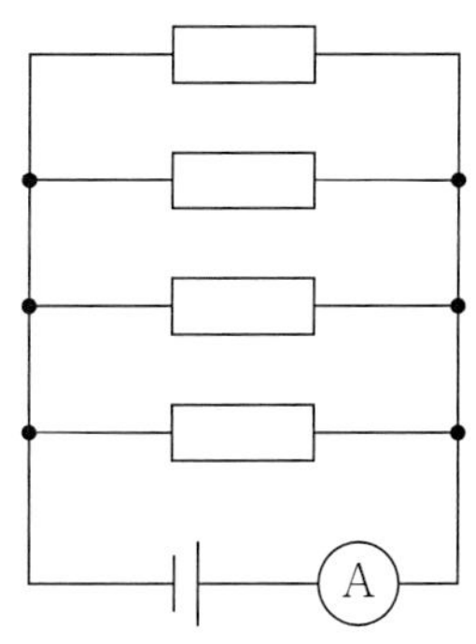

1　97.3W　　2　103.7W
3　133.3W　　4　151.9W
5　167.7W

[9] 波に関する次の記述のうち，妥当なものはどれか。

1　媒質の振動方向と波の進行方向が垂直であるような波を横波という。横波は疎密波とも呼ばれる。
2　2つの波の山と谷が重なったところでは波は打ち消し合い，山と山，谷と谷が重なる所では強めあう。これを波の共鳴という。
3　波が異なる媒質の境界を進むときに方向が変わる現象を回折という。
4　波の山から山，あるいは谷から谷までの長さを波長といい，媒質が振動して1秒間に往復する回数を振動数という。波の速さは，波長を振動数で割ると求まる。
5　媒質が1往復するのにかかる時間を波の周期という。波の周期は振動数の逆数に等しい。

解答・解説

1 3

解説 次の図のように，小球には20Nの力が作用し，その反作用力Fは，ひも1にかかる張力T_1とひも2にかかる張力T_2に分解される。これらを水平方向と鉛直方向に分解し，力のつり合いを考える。

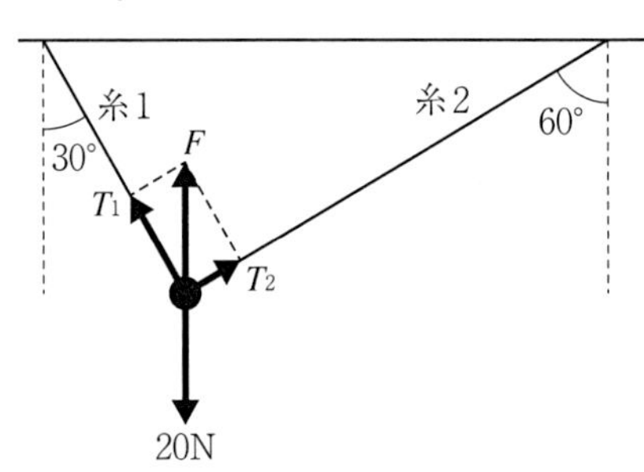

水平方向の力のつり合より，

$$T_1\sin 30° = T_2\sin 60°$$

$$\frac{1}{2}T_1 = \frac{\sqrt{3}}{2}T_2$$

$$T_1 = \sqrt{3}T_2 \cdots ①$$

鉛直方向の力のつり合いより，

$$T_1\cos 30° + T_2\cos 60° = 20\ 〔\mathrm{N}〕$$

$$\frac{\sqrt{3}}{2}T_1 + \frac{1}{2}T_2 = 20 \cdots ②$$

①②より，$\dfrac{\sqrt{3}}{2}T_1 + \dfrac{1}{2\sqrt{3}}T_1 = 20$

$$\frac{3+1}{2\sqrt{3}}T_1 = 20$$

$$T_1 = 20 \times \frac{2\sqrt{3}}{4} = 10\sqrt{3} = 17\ 〔\mathrm{N}〕$$

以上より，正解は3。

2 3

解説 音波の速さV〔m/s〕は，乾燥した空気中では振動数によらず，温度t〔℃〕に依存し，$V = 331.5 + 0.6t$の関係がある。よって，温度が下がると音速は減少する。

また，音波の振動数をf〔Hz〕，波長をλ〔m〕とすると，$V = f\lambda$の関係がある。ここで，振動数は媒質が変わっても変化しないので，音速が減少すると波長が短くなることがわかる。

以上より，正解は3。

[3] 1

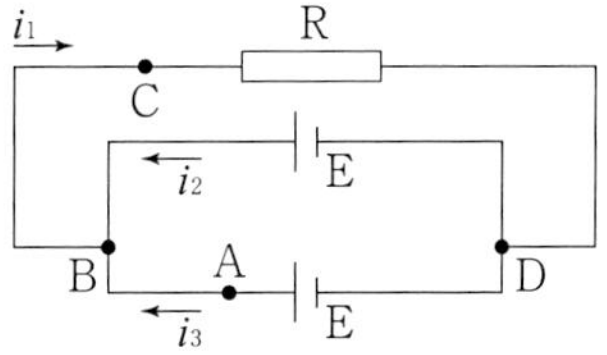

解説 各部を流れる電流の強さをi_1〔A〕，i_2〔A〕，i_3〔A〕とすると，

つながれている電池2個は同じものなので，

$$i_2 = i_3 = \frac{1}{2}i_1$$

また，閉回路A→B→C→D→Aにこの向きを正の向きとして，キルヒホッフの法則を用いると，

$$3 = 0.3i_1 + 0.4i_3 = 0.3i_1 + 0.4 \times \frac{i_1}{2} \text{より} \quad i_1 = 6 \text{〔A〕}$$

以上より，正解は1。

[4] 3

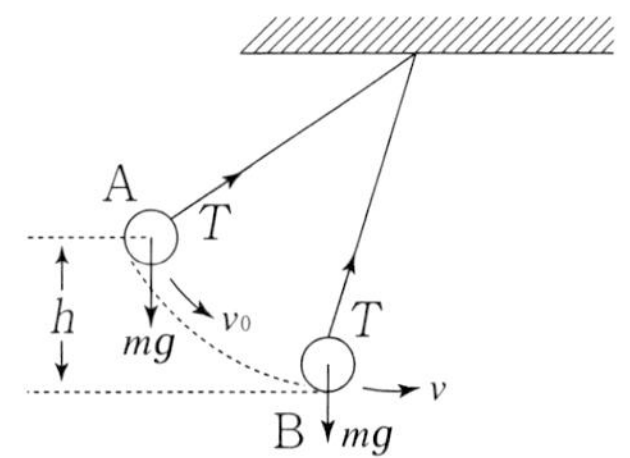

解説 図のように振り子が振れているとき，おもりにはたらく力は張力と重力だけである。また，どの位置であっても，おもりの運動方向はおもりが描く円弧の接線方向，つまり張力の垂直方向なので，張力はおもりに対して仕事をしない。よって，力学的エネルギー保存の法則が成り立ち，運動エネルギーと位置エネルギーの和は一定となる。

1. 誤り。運動エネルギーが最大となるのは，位置エネルギーが最小となるC点である。　2. 誤り。加速度が最小になるのはC点である。　3. 正しい。D点での加速度の向きは，図のように張力の垂直方向となる。　4. 誤り。運動エネルギーが最小になるのは，位置エネルギーが最大となるA，E点である。　5. 誤り。位置エネルギーが最大になるのは，高さが最大になるA，E点である。

5 4

解説 物体には一定の力が加わっているので，この物体は等加速度直線運動をしている。物体の初速度をv_0〔m/s〕，速度をv〔m/s〕，加速度をa〔m/s^2〕，時刻をt〔s〕とすると，

$$v = v_0 + at$$

$$a = \frac{v - v_0}{t} = \frac{4 - 0}{5.0} = 0.8 \text{〔m/s}^2\text{〕}$$

したがって，物体を引く力Fは，運動方程式より，

$$F = 5.0 \times 0.8 = 4.0 \text{〔N〕}$$

以上より，正解は4。

6 2

解説 フックの法則より，ばねの自然長からの伸びx〔m〕は，加えた力f〔N〕に比例する。ばね定数をk〔N/m〕とすると，$f = kx$と表せる。

50gのおもりをつるしたとき，ばねの自然長からの伸びは$17 - 15 = 2$〔cm〕

異なるおもりをつるしたとき，ばねの自然長からの伸びは$21 - 15 = 6$〔cm〕となったので，50gのおもりをつるしたときより3倍の大きさの力が加わったことになる。

ここで，（力）=（質量）×（重力加速度）であり，重力加速度は一定なので，異なるおもりの質量は$50 \times 3 = 150$〔g〕

以上より，正解は2。

7 2

解説 一般に，鉛直投げ上げによる運動において，速度をv〔m/s〕，初速度をv_0〔m/s〕，重力加速度をg〔m/s^2〕，時間をt〔s〕，投げ上げた地点からの高さをy〔m〕で表すものとすると，$v = v_0 - gt$…①，$y = v_0 t - \frac{1}{2}gt^2$…②の2つの公式が成り立つ。

ここで，$v_0 = 58.8$，$g = 9.8$であり，最高点では$v = 0$となるから，

①より，$0 = 58.8 - 9.8t$　　$\therefore$　$t = 6$〔s〕

また，

②より，$y = 58.8 \times 6 - \frac{1}{2} \times 9.8 \times 6^2 = 352.8 - 176.4 = 176.4$〔m〕

以上より，正解は2。

8 3

解説 まず，回路全体の合成抵抗を求める。並列回路の合成抵抗の逆数は，それぞれの抵抗の逆数の和に等しいから，

$$\frac{1}{\text{合成抵抗}}=\frac{1}{3}+\frac{1}{3}+\frac{1}{3}+\frac{1}{3}=\frac{4}{3} \qquad \therefore \quad \text{合成抵抗}=\frac{3}{4}=0.75〔\Omega〕$$

ここで，$(\text{電力})=(\text{電流})\times(\text{電圧})=\frac{(\text{電圧})^2}{\text{抵抗}}=\frac{10^2}{0.75}\fallingdotseq 133.3〔\text{W}〕$

以上より，正解は3。

9 5

解説 1. 誤り。媒質の振動方向と波の進行方向が垂直であるような波を横波といい，媒質の振動方向と波の進行方向が同じものを縦波という。縦波は疎密波とも呼ばれる。　2. 誤り。2つの波の山と谷が重なったところでは波は打ち消し合い，山と山，谷と谷が重なる所では強めあう。この現象は干渉と呼ばれる。　3. 誤り。波が異なる媒質の境界を進むときに方向が変わる現象を屈折という。　4. 誤り。波の速さは単位時間に進む波の距離で求まる。媒質が振動して1秒間に往復する回数が振動数であり，波長をかけると1秒間に波が進んだ距離が求まる。よって波の速さは振動数×波長で求まる。　5. 正しい。媒質が振動して1秒間に往復する回数が振動数なので，振動数の逆数は波が1往復するのにかかる時間を示す。つまり，周期に相当する。

自然科学　化学

POINT

化学の分野では，ほとんどが高校化学の内容から出題される。「理論化学」,「無機化学」,「有機化学」に大別されるが，主に「理論化学」からの出題が多い。また,「無機化学」や「有機化学」の内容は,「理論化学」の内容が分かれば理解・暗記がしやすいので，まずは「理論化学」に優先的に取り組むとよい。

「理論化学」では，計算問題とそれ以外の問題が同じぐらいの割合で出題される。計算問題としては，化学反応式をもとにした物質の質量，体積，物質量などの計算や，与えられた原子量から化合物の式量や分子量を求めることが必須である。そのうえで，気体の状態方程式（圧力，体積，絶対温度など），混合気体の分圧や全圧，溶解度を用いた物質の析出量，熱化学方程式を用いた反応熱．中和滴定に必要な酸や塩基の体積や濃度，酸や塩基のpH，電気分解で析出する物質の質量などが求められるようになっておきたい。その他には，化学理論（分圧の法則など），物質の分離法，化学結合，物質の状態変化，化学平衡，コロイド溶液，化学電池などについてしっかり整理しておこう。

「無機化学」では，計算問題はほとんど出題されず，大部分が物質の性質を問う正誤問題である。まずは，元素周期表の特徴をしっかりと理解し，性質の似た物質のグループがあることを把握すること。また，イオン化エネルギーや電気陰性度など，周期表と大きく関わる用語を覚えよう。無機物質は金属と非金属に大別される。金属では，1族の金属，2族の金属の他に，鉄，銅，銀，アルミニウム，チタンなどの代表的な金属の性質，化学反応，製法を覚えておくこと。非金属では，ハロゲン，希ガス，炭素やケイ素の性質，化学反応を覚えておくこと。そのうえで，代表的な気体（酸素，窒素，二酸化炭素，アンモニアなど），溶液（塩酸，硫酸，硝酸など）などについて，教科書レベルの知識を身に付けておきたい。

「有機化学」では，計算問題としては有機化合物の元素分析の結果から分子量が求められるようになろう。その他には，教科書レベルの代表的な有機化合物の性質や反応性を覚えること，高分子化合物については，樹脂，繊維，ゴムなどに利用される物質について整理しておこう。

本書に限らず，できるだけ多くの公務員試験の問題に触れ，解いた問題を中心に知識を増やしていこう。出題傾向がつかめたら，大学入試センター試験や大学入学共通テストから類題を探すのもよい。

狙われやすい！重要事項

- ☑基礎的な化学理論
- ☑物質の状態変化
- ☑酸と塩基
- ☑化学平衡
- ☑無機物質の性質

演 習 問 題

1 トルエンを，触媒を用いて酸化すると固体物質が得られる。この物質は次のどれに属するか。

1 アミノ酸　2 脂肪酸　3 芳香族カルボン酸
4 カルボン酸エステル　5 炭水化物

2 次の文は，鍾乳洞がどうしてできるかについて述べたものである。文章全体から判断すると，ア〜エの中で適切でないものがある。適切でないものすべてをあげているのはどれか。

石灰岩地帯にCO_2を含んだ$_{ア}$弱酸性の水が浸透すると，石灰岩中のCaが$_{イ}$$CaCO_3$として水に溶けてしまう。この溶液が空洞に出ると，$_{ウ}$圧力の減少，水分の蒸発などによって$_{エ}$$Ca(HCO_3)_2$の沈殿が生じて，これが鍾乳石となる。

1 エ
2 イ・エ
3 ウ・エ
4 ア・イ・ウ
5 イ・ウ・エ

3 鉄の性質に関する次の記述のうち，誤っているものはどれか。

1　酸性域の水中においては，水素イオン濃度が高いほど腐食しやすい。

2　濃硝酸に浸すと，不動態皮膜を形成する。

3　アルカリ性のコンクリート中では，腐食が抑制される傾向がある。

4　塩分の付着したものは，腐食しやすくなる。

5　水中で鉄と銅が接触しているとき，鉄の腐食は抑制される。

4 次の記述のうち，最も妥当なものはどれか。

1　銅は金属の中で最もよく電気や熱を導く。また，この金属の化合物は感光性があるので，写真のフィルムに用いられる。

2　アルミニウムは酸化物を融解塩電解をすることで得られる金属である。この元素の単体は軽くてやわらかい金属である。空気中では表面が酸化されて，ち密な被膜を生じている。

3　水銀の単体は常温で固体である。他の金属と合金をつくりやすく，これをアマルガムという。

4　鉄は酸化物をコークスから生じる一酸化炭素で還元して得られる。この金属にクロムやニッケルを混ぜてつくった合金はジュラルミンといわれ，錆びにくいという特徴をもつ。

5　カルシウムは常温で水と激しく反応し，水素を発生させる。炎色反応で呈する色は黄色である。炭酸塩と塩酸を反応させると二酸化炭素が発生する。

5 結晶に関する記述として，最も妥当なものはどれか。

1　共有結合は結合力が強いといわれるので，氷やドライアイスなどの分子結晶は，硬度がきわめて大きい。

2　塩化ナトリウムや水晶のようなイオン結晶は，溶融した場合，電気伝導性がある。

3　ナフタレンや水素が昇華しやすいのは，分子間力が弱く，分子の熱運動により容易に分子間の結合が切れるためである。

4　氷は水よりも密度が小さい。これは，水の結晶では，分子が比較的大きなすき間をつくって配列しているからである。

5　ダイヤモンドは互いに電子を出し合って，その自由電子によって結合しているので，融点，沸点は高い。

6 次の現象のうち，化学変化とよばれるものはどれか。

1　水が沸騰して水蒸気になる
2　砂糖が水に溶ける
3　紙が燃えて灰になる
4　鉄を高温に熱すると溶ける
5　酸素の気体に圧力を加えると体積が小さくなる

7 5.0×10^5〔Pa〕，27℃，10Lの気体を，温度を変えずに25Lになるまで膨脹させると，圧力は何Paになるか。

1　1.0×10^5〔Pa〕　2　1.5×10^5〔Pa〕　3　2.0×10^5〔Pa〕
4　5.0×10^5〔Pa〕　5　12.5×10^5〔Pa〕

8 ある物質25gを100gの水に溶かした。この水溶液の質量パーセント濃度はいくらになるか。

1　20%　2　25%　3　30%　4　50%　5　125%

9 化学変化に関する記述として，妥当なものはどれか。

1　気体が関係する化学反応において，同温かつ同圧の下で，反応する気体の体積間には簡単な整数比が成り立つ。
2　化学反応において，正触媒を加えると，活性化エネルギーが増大することを通じて反応速度が大きくなる。
3　可逆反応において，実際に反応が停止した状態を化学平衡といい，この状態に達した後に，濃度や圧力など条件を変えても，新たな化学変化は起こらず，不変の状態が続く。
4　中和反応とは，酸の水素イオンと塩基の水酸化物イオンが反応して，水が生成することによってそれぞれのイオンの性質が打ち消される反応であり，物質によって，吸熱反応と発熱反応のいずれかを示す。
5　ケン化と呼ばれる反応を利用して作られるのがセッケンであり，具体的には，油脂に酸を加えることによって製造される。

10　有機化合物に関する次の記述のうち，妥当なものはどれか。

1　炭素原子を含む化合物はすべて有機化合物に分類される。

2　有機化合物は導電性のないものが多く，可燃性のものが多い。

3　有機化合物を構成する元素の種類は少なく，化合物数も無機化合物に比べて少ない。

4　多くの有機化合物は，水に溶けやすく，エーテルなどの溶媒に溶けにくい。

5　有機化合物は共有結合でできているため，融点や沸点は高いものが多い。

解答・解説

1　3

解説　トルエン$C_6H_5CH_3$は二酸化マンガンを触媒として酸化すると，安息香酸C_6H_5COOHが生成する。

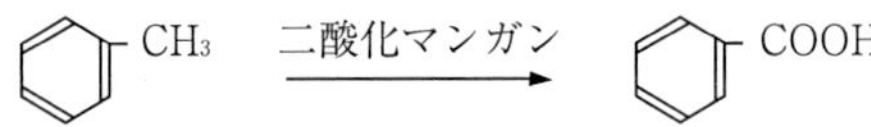

アミノ酸	酸性のカルボキシ基―COOHと塩基性のアミノ基―NH_2を含んでいる化合物。
脂肪酸	R―COOHという一般式で表される化合物。脂肪族カルボン酸ともいう。
芳香族カルボン酸	芳香族炭化水素（ベンゼン環を含む炭化水素）の水素原子1個またはそれ以上を，カルボキシ基―COOHで置換した化合物。
ヒドロキノン酸	芳香族炭化水素の水素原子2個が，アルコール基―OHで置換されたもの。
カルボン酸エステル	カルボン酸とアルコールが反応して生成する化合物。
炭水化物	炭素の水和物として示される化合物。

2 2

解説 ア．正しい。二酸化炭素が溶けた水のpHは約5.6であり，弱酸性である。　イ．誤り。石灰岩は炭酸カルシウム$CaCO_3$が堆積したものであり，これが水に溶けると，$CaCO_3 + H_2O + CO_2 \rightarrow Ca(HCO_3)_2$という化学反応が起こり，炭酸水素カルシウム$Ca(HCO_3)_2$が生じる。　ウ．正しい。水に溶け出した$Ca(HCO_3)_2$は，水分の蒸発や圧力の減少などで，$Ca(HCO_3)_2 \rightarrow CaCO_3 + H_2O + CO_2$という反応が起こり，再び$CaCO_3$が析出する。　エ．誤り。ウの反応式で析出した$CaCO_3$が沈殿することで，鍾乳洞ができる。
したがって，イの「$CaCO_3$」とエの「$Ca(HCO_3)_2$」を入れ替えると，正しい文章となる。
以上より，正解は2。

3 5

解説 水中で鉄と銅が接触している場合，銅よりもイオン化傾向が大きな鉄の腐食が促進される。

4 2

解説 1．誤り。銀に関する記述である。　2．正しい。　3．誤り。水銀の単体は常温で液体である。　4．誤り。ジュラルミンはアルミニウムと銅を主成分とする合金である。　5．誤り。カルシウムが炎色反応で呈する色は橙赤色である。

5 3

解説 1．誤り。分子結晶は，分子内の原子の結合は共有結合であるが，分子間力による結合力が弱いため，もろくてこわれやすい。　2．誤り。水晶はイオン結晶ではなく，共有結合性結晶である。　3．正しい。　4．誤り。水ではなく氷の分子が，大きなすき間をつくって配列している。　5．誤り。ダイヤモンドではなく鉄などの金属結晶の記述である。

6 3

解説 物質そのものが新しいもの（別の化学式で表すもの）に変化することを化学変化という。1，2，4，5は物質そのものは変化していない。

7 3

解説 膨張後の気体の圧力をP〔Pa〕とすると，ボイルの法則より，

$$(5.0\times10^5)\times10=P\times25$$

$$P=\frac{(5.0\times10^5)\times10}{25}=2.0\times10^5\text{〔Pa〕}$$

以上より，正解は3。

8 1

解説 溶質の質量が25g，溶媒の質量が100gより，溶液の質量は25＋100＝125〔g〕となる。よって，この水溶液の質量パーセント濃度は，

$$\frac{25}{125}\times100=20\text{〔\%〕}$$

以上より，正解は1。

9 1

解説 1．正しい。気体反応の法則についての記述である。　2．誤り。正触媒を加えた場合，活性化エネルギーが減少することを通じて反応速度が大きくなる。　3．誤り。化学平衡の状態では，反応は止まっているように見えるものの，実際に止まっているわけではなく，右向きの反応と左向きの反応の速度が等しくなっている。また，化学平衡に達した後も，濃度，圧力，温度の影響により反応が進み，新たな平衡状態に達する。　4．誤り。中和反応は発熱反応であり，そこで生じる熱を中和熱という。　5．誤り。セッケンは，油脂に塩基である水酸化ナトリウムを加えて加熱することによって作られる。

10 2

解説 1. 誤り。炭素を含む化合物を有機化合物に分類するが，COやCO_2，炭酸塩，シアン化物などは炭素原子を含むが無機化合物に分類される。 2. 正しい。有機化合物は無極性のものが多く，イオンに電離するものも少ないため，ほとんどの化合物が導電性を持たない。有機化合物は可燃性のものが多い。 3. 誤り。有機化合物を構成する元素は，炭素。水素，酸素，窒素などが主で，他に硫黄，リンなどを含むものもあるが，構成元素の種類は少ない。しかし，同じ分子式で示される化合物でも，構造式や立体構造の違いによる異性体が存在するため化合物数は非常に多い。 4. 誤り。多くの有機物は無極性の分子であり，水和されにくく水に溶けにくい。逆にエーテルのような無極性の有機溶媒には溶けやすい。 5. 誤り。有機化合物は原子同士が共有結合で結びついている。しかし，分子性の物質で分子間には弱い分子間力が働くため，結合力が弱く融点や沸点は低い。

自然科学　生物

POINT

生物の分野では，高校までの内容が出題される。出題形式としては，ほとんどの問題が基本的な知識を問う正誤問題や穴埋め問題で，計算問題はごく一部である。また，教科書と同じような図表が与えられる問題が多いので，図表から必要な情報を的確に読み取れるように，教科書などをしっかり読み込んでおこう。暗記事項が多いものの，中学生物の知識だけで解ける問題もあるため，効果的な学習ができれば十分得点源となる。以下に，それぞれの単元で最重要事項をまとめるので，優先的に取り組んでほしい。

「細胞」に関する内容として，まずは「細胞小器官」の構造やはたらきを覚え，「動物細胞と植物細胞の違い」を整理しよう。次に，「細胞分裂」について「体細胞分裂の一連の流れ」を覚え，その後「減数分裂」との違いを整理しよう。さらに，「動物細胞と植物細胞の分裂の仕組みの違い」についても理解しよう。図が与えられた問題の対策としては，「どの細胞のどの分裂のどの時期か」が判断できるようになっておきたい。なお，細胞周期や分裂細胞数の計算方法にも慣れておこう。

「遺伝子」に関する問題として，まずは「DNA と RNA」の構造やはたらきを覚え，これらの違いを整理しよう。次に，「遺伝現象」について，「メンデルの法則に従う遺伝現象」の一連の流れや3つの法則，生まれてくる子の遺伝子型や表現型の分離比の計算方法を完璧に押さえること。その上で，「メンデルの法則に従わない遺伝現象」について，具体例とともに覚えよう。特に，「ABO 式血液型」で生まれてくる子の血液型のパターンを問う問題は頻出である。余裕があれば，伴性遺伝の仕組みや組み換え価の計算などに挑戦しよう。

「代謝」に関する問題としては，まずは「酵素」について基本的な性質を覚え，「消化酵素のはたらきと分泌腺」の組合せを覚えよう。次に，「呼吸」については3つの過程を覚え，それぞれの反応に関与する物質や生成する ATP の数を覚えよう。また，「光合成」からは様々な論点や図表からの出題実績があるので，一連の流れを覚えるだけでなく，できるだけ多くの問題に触れること。

「体内環境と恒常性」に関する内容としては，「免疫反応」の体液性免疫と細胞性免疫の流れと違い，「血液凝固」の仕組み，「ホルモン」のはたらきと分泌腺，「交感神経と副交感神経」のはたらきの違い，「腎臓と肝臓」のはたらき，「ヒトの脳」の部位とはたらきの違いなどがよく出題される。ほとんどがヒトに関わる内容なので取り組みやすいが，「ホルモン」については植物ホルモンから出題される場合も多い。

「生態系」に関する問題としては，「食物連鎖」や「物質循環」がよく出題されるので，全体の流れをしっかりと把握し，図の読み取りや穴埋め形式の問題への対応をしよう。

本書に限らず，できるだけ多くの公務員試験の問題に触れ，解いた問題を中心に知識を増やしていこう。出題傾向がつかめたら，大学入試センター試験や大学入学共通テストから類題を探すのもよい。

狙われやすい！重要事項

☑細胞
☑代謝
☑体内環境と恒常性
☑生態系

演習問題

1　遺伝の種類と具体的な例として，正しい組み合わせはどれか。

1　複対立遺伝子——ヒトのABO式血液型
2　致死遺伝子———スイートピーの紫と白の花色
3　伴性遺伝————マルバアサガオやオシロイバナの花色
4　不完全優性———ヒトの赤緑色覚異常
5　補足遺伝子———キイロハツカネズミの毛色

2　ある植物細胞を，体細胞分裂に適した環境で培養したところ，600個であった細胞が，30時間後には2400個に増加していた。この細胞の細胞周期として正しい時間はどれか。ただし整数で表すものとする。

1　5時間　　2　10時間　　3　15時間　　4　20時間　　5　25時間

3　植物の開花について，正しく記述されているのはどれか。

1　トマト，エンドウ，トウモロコシなどは，明期が長くなり，暗期が10時間以下にならないと花芽が形成されず，開花できない。
2　冬になってから温室で発芽させた秋まきコムギは，暖かい環境下の栽培により成長が促進され，初夏には出穂し，開花してしまう。
3　わが国の植物園などで温室栽培されている熱帯植物の多くは，明期が長くなる春から初夏にかけて，開花する。
4　暗期が一定時間以上になると開花する植物アサガオは，暗期の途中で，数分間程度だけなら光を当てても，花芽の形成に影響せず，開花する。
5　秋咲き植物であるキクは，葉の上半部をすべて除去しても，下半部を短日処理をすれば，茎の上部成長点に花芽が形成され，開花する。

4　人間の輸血について，正しく記述されているのはどれか。

1　A型の人からB型の人への輸血は可能である。
2　A型の人からO型の人への輸血は可能である。
3　A型の人からAB型の人への輸血は可能である。
4　B型の人からO型の人への輸血は可能である。
5　AB型の人からB型の人への輸血は可能である。

5 大脳のはたらきを述べた記述として，最も妥当なものはどれか。

1 からだの平衡を正しく保つ中枢がある。
2 感覚・感情・記憶・推理・判断の中枢がある。
3 内臓のはたらきを調節する中枢がある。
4 呼吸・心臓のはく動・かむ・飲みこむなどの中枢がある。
5 眼球運動，こう彩の中枢がある。

6 ヒトの色覚異常は劣性の遺伝病で，伴性遺伝をする。次のうちヒトの色覚異常の遺伝について，正しく記述されているのはどれか。

1 父，母とも色覚異常でなくても，色覚異常の息子が産まれることがある。
2 父，母とも色覚異常であっても，その娘が色覚異常であるとはかぎらない。
3 母が色覚異常だったら，その子供はすべて色覚異常である。
4 健康な父と，色覚異常の母では，その息子は健康で，娘は潜在色覚異常になる。
5 色覚異常の父と，健康な母では，その息子は色覚異常で，娘は潜在色覚異常になる。

7 植物体の生理に関する記述として，妥当なものはどれか。

1 緑色植物の炭酸同化作用には，光のエネルギーのほかに，体内の糖分を分解することによって得られるエネルギーも利用される。
2 ふつうの緑色植物では，大気中の遊離窒素を体内に吸収して，これを炭水化物と結合させてアミノ酸を生成する。そして最終的には，いろいろなタンパク質を合成する。
3 水分の蒸散は，主として葉の裏面にある気孔を通じて行われる。また，蒸散は，昼間より夜間のほうが盛んで，早朝に葉に水滴が残っていることがある。
4 気孔の開閉は，気孔の内側と外側の細胞の熱膨張率の違いによるものである。気孔が開くのは，外側の細胞がより膨張したときである。
5 ある種の植物は，微生物と共生することにより，栄養分に乏しい土地でも生育することができる。

8 **種子の発芽に必要な条件の組み合わせとして，妥当なものはどれか。**

1　水　　温度　　空気
2　水　　温度　　土
3　土　　温度　　肥料
4　光　　土　　温度
5　水　　光　　温度

9 **遺伝子に関する記述として，誤っているものはどれか。**

1　遺伝子はたんぱく質を生産するもとになる。
2　種を構成するのに必要な最小の遺伝子群のことをゲノムと呼ぶ。
3　遺伝子治療は遺伝性疾患やがんなどの患者に遺伝子を導入して行う治療のことである。
4　ヒトの遺伝子の本体はRNAである。
5　遺伝子は4種の遺伝暗号（塩基）が連なってできている。

10 **生態系に関する記述として，妥当なものはどれか。**

1　自浄できる分量を大幅に超えた汚水が海などに流入すると，ほとんどのプランクトンが瞬時に死滅する。その結果，多くの魚類が，捕食する対象を失うため，死滅に至る。
2　アンモニアは，窒素の循環において重要な役割を果たす。アンモニアは，植物の根によって吸収され，アミノ酸やタンパク質などに変えられる。
3　生態系ピラミッドは，生産者，第一次消費者，第二次消費者などによって構成される。いわゆる高次の消費者は，低次の者に比べると，個体数，エネルギー量において，大規模になる。
4　無機物から有機物を生み出す働きを持つのが生産者である。プランクトンや細菌はこれに含まれず，緑色植物が主な例として挙げられる。
5　湖沼における生態系に大きな脅威を与えているのは硫黄酸化物や窒素酸化物である。被害の最大の原因は，雨が少ない地域の湖沼において，自然界に古くから存在する化合物の濃度が上昇したことにある。

解答・解説

1 1

解説 1. 正しい。複対立遺伝子は3つ以上の対立遺伝子による遺伝現象で，ヒトのABO式血液型などに見られる。 2. 誤り。致死遺伝子はキイロハツカネズミの毛色の決定などに関わっている。 3. 誤り。伴性遺伝は性染色体上に存在する遺伝子による遺伝現象で，ヒトの赤緑色覚異常などで見られる。 4. 誤り。不完全優性はマルバアサガオやオシロイバナの花色などで見られる。 5. 誤り。補足遺伝子はスイートピーの花の色の決定などに関わっている。

2 3

解説 体細胞分裂では，1回の分裂で1個の細胞が2個になる。30時間で細胞数が4倍に増えていることから，全ての細胞が分裂したと仮定すれば，2回分裂が起きたことがわかる。全ての細胞が2回分裂するには細胞周期の2倍の時間がかかるので，細胞周期は$\frac{30}{2}=15$〔時間〕となる。

以上より，正解は3。

3 5

解説 1. 誤り。トマト，エンドウ，トウモロコシなどは，明暗の長さに関係なく花芽が形成される中性植物である。 2. 誤り。秋まきコムギは，一定期間低温条件におかれてから開花結実する。このように，低温条件で花芽の形成を促すことを春化処理という。 3. 誤り。多くの熱帯植物は短日植物であり，開花時期は秋～冬である。 4. 誤り。暗期がある一定の長さ以上になると花芽を形成する短日植物に対して，暗期の途中に光を当てると花芽が形成されなくなる。これを光中断という。 5. 正しい。日長刺激を受容するのは葉であり，葉でつくられたフロリゲンという花芽形成促進物質が芽に移動することで，花芽が形成される。一部の葉が日長を受容すれば，その刺激は植物全体に伝わっていく。

4 3

解説 実際の輸血の場合は，同じ血液型同士で行うが，理論上は次のようになる。

各型の血液にはそれぞれ赤血球の中に凝集原（A，B）と，血しょうの中に凝集素（α，β）をもっている。そして輸血の際に，Aとα，Bとβが出会うと，抗原抗体反応が起こり，輸血は不可能となる。各型の凝集原，凝集素を表すと，

A型……A，β	B型……B，α
AB型……AとB，凝集素はナシ	O型……凝集原はナシ，αとβ

となる。つまり，輸血をして供血者と受血者のAとα，Bとβが共存しなければ輸血可能となる。

5 2

解説 1. 誤り。これは小脳のはたらきに関する記述である。　2. 正しい。3. 誤り。これは間脳に関する記述である。　4. 誤り。これは延髄に関する記述である。　5. これは中脳に関する記述である。

6 1

解説 ヒトの色覚異常に関する遺伝子は，X染色体上に存在する。健康な男性の性染色体をXY，健康な女性の性染色体をXXとし，色覚異常をもたらすX染色体をX′と表すと，色覚異常の男性はX′Y，色覚異常の女性はX′X′である。また症状は出ていないものの，X′染色体を1つもつ女性X′Xを潜在色覚異常とする。以上を組み合わせて産まれる可能性のある子どもは次の表のようになる。

	両親		子供	
	父	母	息子	娘
ア	X Y	X X	X Y	X X
イ	X Y	X′ X	X Y, X′ Y	X X, X′ X
ウ	X Y	X′ X′	X′ Y	X′ X
エ	X′ Y	X X	X Y	X′ X
オ	X′ Y	X′ X	X Y, X′ Y	X′ X′, X′ X
カ	X′ Y	X′ X′	X′ Y	X′ X′

1. 正しい。イより，健康な父XYと潜在色覚異常の母X′ Xの間には，色覚異常の息子X′ Yが産まれる可能性がある。 2. 誤り。カより，色覚異常の父X′ Yと母X′ X′ の間には，色覚異常の娘X′ X′ が産まれる可能性がある。3. 誤り。ウより，色覚異常の母X′ X′ と健康な父XYの間には，潜在色覚異常の娘X′ Xが産まれる可能性がある。 4. 誤り。ウより，健康な父XYと色覚異常の母X′ X′ との間には，色覚異常の息子X′ Yが産まれる。 5. 誤り。エより，色覚異常の父X′ Yと，健康な母XXの間には，健康な息子XYが産まれる。

7 5

解説 1. 誤り。緑色植物の炭酸同化作用とは光合成のことであり，吸収した光エネルギーを用いて合成した化学エネルギー（ATP）が利用される。2. 誤り。一般的な植物は，空気中の窒素を直接利用することはできず，根を通して地中に含まれている硝酸イオンやアンモニウムイオンの形で吸収している。 3. 誤り。気孔は日中に開き，夜間閉じているため，水の蒸散は日中に多く，夜間は少ない。 4. 誤り。気孔の開閉は，孔辺細胞の膨圧の変化によるもので，孔辺細胞が吸水による膨圧でふくれると，気孔は開く。 5. 正しい。これはマメ科植物と根粒菌の相利共生の例である。

8 1

解説 一般に，種子の発芽に必要な条件は温度，水，空気であり，光，土，養分（肥料）は当てはまらない。

9 4

解説 1. 正しい。DNAの塩基配列がRNAに写し取られ，これをもとにアミノ酸配列がつくられ，たんぱく質が合成される。遺伝子とは，DNAの塩基配列のうちたんぱく質合成に関与する部分である。　2. 正しい。ゲノムとはすべての遺伝情報のことである。ヒトの場合，ゲノムは約20500個の遺伝子からなる。　3. 正しい。遺伝子治療とは，患者に遺伝子を導入することで遺伝子を組み換え，病気を治療する方法である。　4. 誤り。ヒトの遺伝子の本体はDNAである。　5. 正しい。DNAを構成する塩基配列には4種類の塩基があり，その組み合わせが遺伝暗号となり，合成するアミノ酸配列を指定する。

10 2

解説 1. 誤り。汚水の流入は，特定のプランクトンの異常な発生や増加をもたらす。その結果，酸素が不足することにより，魚類などの大量死に至る。　2. 正しい。植物の根から吸収されたアンモニアは，その植物の中で，アミノ酸，タンパク質などの有機窒素化合物の合成に利用される。　3. 誤り。低次の消費者は，高次の者に比べると，個体数，エネルギー量，生体量のいずれも大きくなる。　4. 誤り。植物プランクトンや光合成細菌は，生産者に含まれる。　5. 誤り。酸性雨と富栄養化の説明が混同されている。酸性雨が湖沼にもたらす影響は，硫黄酸化物や窒素酸化物が溶け込んだ雨により湖沼が酸性化し，魚などが減少することである。一方，富栄養化が湖沼にもたらす影響は，生活排水が大量に流入することで，湖沼に元から存在する栄養塩類の濃度が増加し，プランクトンなどが異常発生することである。

自然科学　地 学

POINT

地学の分野では，高校までの内容が出題される。出題形式としては，ほとんどの問題が基本的な知識を問う正誤問題や穴埋め問題で，計算問題はごく一部である。中学の学習内容が最も役に立つ分野といえるので，高校地学の勉強が困難な場合は，中学地学から取り組むのもよい。以下に，それぞれの単元の最重要事項をまとめるので，優先的に取り組んでほしい。

「地球の外観と活動」に関する内容として，まずは地殻や境界面の種類や特徴をしっかり覚えること。そのうえで，プレートやマントルなど，「地震」や「火山活動」につながる仕組みについて理解しよう。その他にも，ジオイドや重力の定義の理解，扁平率の計算などが出題されやすい。「地震」では，P波とS波の違いや震度とマグニチュードの違いについて理解するとともに，地震波の速度・震源からの距離・地震発生時刻の計算ができるようにしたい。「火山活動」を理解するためには，まずは「火成岩の分類」を完璧に覚える必要がある。鉱物組成の違いがマグマの粘度の差となって現れ，火山の形や活動様式の違いにつながっていく。

「地球の歴史」に関する問題としては，地質年代を代表する生物の名称，大量絶滅などの出来事について，時系列で整理しておこう。また，示相化石や示準化石についても狙われやすい。

「大気と海洋」については，「大気」に関する内容に優先的に取り組もう。日本の季節，前線の種類と特徴，台風の定義などは頻出である。また，フェーン現象を題材とした乾燥断熱減率・湿潤断熱減率を使った温度計算や，相対湿度の計算をできるようにしよう。その他にも，風の種類や大気圏の層構造について問われることがある。「海洋」については，エルニーニョ現象が起こる仕組みが頻出である。

「宇宙」に関する問題としては，まずは地球から見て恒星・惑星・月・星座などがどのように見えるかを完璧に覚えよう。また，南中高度の計算もできるようにしておくこと。次に，「太陽や太陽系の惑星」について，それぞれの特徴を押さえよう。特に，地球型惑星と木星型惑星の違い，金星の見え方などが頻出である。会合周期の計算もできるようにしておきたい。さらに，「太陽系外の宇宙の構造」として，HR図を使った恒星の性質の理解，恒星までの距離と明るさの関係などを知っておこう。

本書に限らず，できるだけ多くの公務員試験の問題に触れ，解いた問題を中心に知識を増やしていこう。出題傾向がつかめたら，大学入試センター試験や大学入学共通テストから類題を探すのもよい。

狙われやすい！重要事項

- ☑太陽系
- ☑地球の運動
- ☑大気と海洋
- ☑地球の内部構造
- ☑地震

演習問題

1　岩石に関する記述として，誤っているものはどれか。

1　大地を形成する岩石は，火成岩，堆積岩，変成岩に大別される。このうち，火成岩はその生成過程により，火山岩，深成岩に分類される。

2　火成岩のうち，マグマが地殻の深部でゆっくり冷えて固まってできた岩石を深成岩とよび，カコウ岩やセンリョク岩などがある。

3　火山岩と深成岩の組織を比べると，火山岩が等粒状であるのに対し，深成岩は斑状になっている。

4　岩石を，化学組成により分類した場合，それぞれのSiO_2を含む割合によって，その多い順に酸性岩，中性岩，塩基性岩などに分類することができる。

5　酸性岩は白っぽく見えるが，塩基性岩は黒っぽい。

[2] 太陽系における地球型惑星（地球，水星，金星，火星）と木星型惑星（木星，土星，天王星，海王星）を比べたとき，正しいのはどれか。

1　各々の半径および質量は，木星型惑星より地球型惑星のほうが小さいが，平均密度は地球型惑星のほうが大きい。

2　各々の質量は，地球型惑星が太陽に近いものほど，木星型惑星が太陽から遠いものほど小さくなる。

3　各々の自転周期は，木星型惑星より地球型惑星のほうが短い。

4　各々の軌道平均速度は，地球型惑星が太陽に近いものほど，木星型惑星が太陽から遠いものほど小さくなる。

5　各々の扁平率（(赤道半径－極半径）÷赤道半径）は，木星型惑星より地球型惑星のほうが大きい。

[3] 地震に関する以下の記述で，正しいものの組み合わせを選べ。

A　震度は各地での地震の揺れの大きさを表すが，震度は0から7までの10段階に分かれている。

B　地殻とマントルでは地震波の進む速度はマントルの方が速い。

C　地震波にはP波，S波，表面波があるがP波が最も速く，S波が最も遅い。

D　地震のエネルギーを表すマグニチュードは1大きくなると約32倍のエネルギーとなり，2大きくなると約64倍のエネルギーとなる。

1　A・B　　2　A・C　　3　A・D　　4　B・C　　5　B・D

[4] 寒冷前線が気温に与える影響について，最も妥当な記述はどれか。

1　寒冷前線が近づくと気温は下がり，通過後，また元の気温にもどる。

2　寒冷前線は，温暖前線のような変化はなく，気温の変化はほとんどない。

3　寒冷前線が近づくと気温は下がり，通過後もその気温は変わらない。

4　寒冷前線が近づくと気温は上がり，通過後気温は下がる。

5　寒冷前線が通過すると，気温が激しく変化し，上昇するとも下降するとも一概には言えない。

5 太陽に関する記述として，最も適当な記述はどれか。

1　太陽をおおう大気の最外層を彩層とよび，弱い光を発して，黒点の多い時期にほぼ円形になり，少ない時期には楕円形になっている。

2　太陽面上の暗い斑点状の点を黒点とよび，温度は，その周辺に比べると低く，平均して約11年を周期として増減している。

3　太陽のまわりでは，絶えず赤い炎が高く吹き上げられたり下降したりしている。この部分をプロミネンス（紅炎）とよび，組成成分は水素，ヘリウム，カルシウムなどの軽い元素のみである。

4　太陽の大気の最下層部分をコロナとよび，太陽表面から非常に速く飛び出す赤く輝くガスの集合である。

5　太陽をおおっている大気を含めた全体を光球とよび，中心部が暗く，周辺部は明るい。

6 大気圏に関する記述として，最も妥当なものはどれか。

1　大気圏は地表から1000km以上の高空まで広がっており，下から順に，対流圏，電離圏，中間層，成層圏に分けられる。

2　対流圏では，雲，雨，台風，前線活動，雷などの天気現象が見られる。しかしながら，これは対流圏特有の現象ではない。

3　約10kmから約50kmの成層圏には，太陽からの紫外線を吸収するオゾン（O_3）を多く含むオゾン層がある。

4　中間圏の気温は，上層になるに従って上がり高度90kmでは摂氏約80度になる。

5　熱圏には，電子密度が極小となるいくつかの電離層が存在する。

7 日本上空の気団と気候に関する記述として，最も妥当なものはどれか。

1　小笠原気団は，夏に到来する気団であり，気団の発達によって，高温で乾燥した季節風が日本列島に吹く。

2　揚子江気団は，移動性低気圧，温帯低気圧を発達させ，日本に高温多湿な気候をもたらす気団である。

3　オホーツク海気団は，主に春・秋に日本に到来する低温で乾燥した気団であり，停滞前線となって，日本上空に停滞することがある。

4　シベリア気団は，主に冬に日本へ到来する低温で乾燥した気団であり，「西高東低」の気圧配置をとることが多い。

5　赤道気団は，主に夏になると日本に到来し，高温で乾燥した気候をもたらす気団である。

8 **火山活動に関する記述として，最も妥当なものはどれか。**

1　火山は，全て地下の粘性の小さいマグマが地表に噴出したものである。
2　火山噴火によって，火山地域には必ず陥没地形（カルデラ）が生ずる。
3　火山の噴火は，大陸地域には起こらない。
4　盾状火山をつくるマグマは，玄武岩質である。
5　火砕流は，流紋岩質マグマより玄武岩質マグマの活動に多い。

9 **月はいつも同じ面を地球に向けている。このことを説明する事象として，正しいものはどれか。**

1　月の公転周期が地球の自転周期に一致する
2　月は自転も公転もしていない
3　月の自転周期と月の公転周期が一致する
4　月の自転周期が地球の自転周期に一致する
5　月の公転周期が地球の公転周期に一致する

解答・解説

1 3

解説 3.は「火山岩」と「深成岩」の説明が逆である。火山岩は斑状組織，深成岩は等粒状組織をもっている。

2 1

解説 1. 正しい。木星型惑星は主に気体でできているが，地球型惑星の表面は固体である。この違いが，大きさや密度の違いに関わっている。 2. 誤り。惑星を太陽から近い順に並べると，水星，金星，地球，火星，木星，土星，天王星，海王星となるが，最も大きいのは木星であり，土星，天王星，海王星，地球，金星，火星，水星と続く。よって，地球型惑星については，太陽からの距離と大きさの間には規則性はない。 3. 誤り。自転周期は，木星型惑星のほうが短い。 4. 誤り。いずれの型の惑星でも，軌道平均速度は太陽からの距離が遠いほど小さい。 5. 誤り。扁平率は，地球型惑星より木星型惑星のほうが大きい。

3 1

解説 A. 正しい。震度5と6には強と弱があり計10段階である。 B. 正しい。マントルは圧力などの要因により地殻に比べて岩石どうしが密着しており，弾性定数が大きく，硬いので，地震波が伝わりやすく速度が速くなる。 C. 誤り。P波が最も速く，次いでS波，表面波は最も遅い。 D. 誤り。マグニチュードが1大きくなると約32倍になることは正しいが，2大きくなると$32 \times 32 \fallingdotseq 1000$倍になる。

4 4

解説 ある地点を温帯低気圧が通過する際には，先に温暖前線が近づき，これが通過することで気温は上がる。このとき，その地点には後からくる寒冷前線が近づいており，寒冷前線が通過するとその地点の気温は下がる。
以上より，正解は4。

5 2

解説 1. 誤り。彩層の外側にはコロナという真珠色の層がある。 2. 正しい。太陽の表面温度は約6000Kであるが，黒点では1500～2000Kほど低温である。 3. 誤り。プロミネンスとは，太陽表面から飛び出す赤いガスであり，カルシウムは含んでいない。 4. 誤り。コロナより彩層の方が下層である。 5. 誤り。太陽は中心部が最も明るく，周辺部ほど暗い。また，光球とは光を出している厚さ約500kmの層のことである。

6 3

解説 1. 誤り。大気圏は下から，対流圏，成層圏，中間圏，熱圏の順である。 2. 誤り。天気の変化は，対流圏で起きる現象である。 3. 正しい。オゾン層が太陽からの紫外線を吸収することにより，成層圏は高度が高くなるほど気温が上昇する。 4. 誤り。中間圏の気温は，高度が高くなるほど下降する。 5. 誤り。熱圏にある電離層は，電子密度が高い層である。

7 4

解説 1. 誤り。小笠原気団は，海洋性の高温湿潤な気団であり，この気団により日本の天気は，高温で湿度が高い日が続くことが多くなる。 2. 誤り。揚子江気団は，直接日本に到来するのではなく，気団の一部が偏西風に乗せられて日本列島を西から東へと代わる代わる横断し，天気を周期的に変化させる。 3. 誤り。オホーツク海気団は海洋性なので多湿な気団である。また，オホーツク海気団と小笠原気団の勢力がつり合った状態になることで，停滞前線が作られ日本列島に梅雨をもたらす。 4. 正しい。シベリア気団の影響により，日本では冷たい北西風が吹き，これにより日本海側では雪が多くなる。 5. 誤り。赤道気団は海洋性なので多湿である。また，主に台風の時期に日本に到来する。

8 4

解説 1. 誤り。粘性の大きなマグマが地表に噴出してできた火山もある。 2. 誤り。カルデラが生ずるのは，粘性の大きなマグマが噴出する火山地域である。 3. 誤り。火山の噴火は，大陸でも海底でも起こっている。 4. 正しい。玄武岩質マグマは粘性が小さく，盾状火山をつくる。 5. 誤り。火砕流は，粘性が非常に大きな流紋岩質マグマの活動により多く発生する。

9 3

解説 月は地球の周りを1回公転するごとに，1回自転しており，月の公転周期と月の自転周期が一致している。その自転周期は27.3日で，地球より長い。

第4部

文章理解

- 現代文
- 英　文

文章理解　現代文

POINT

長文・短文にかかわらず大意や要旨を問う問題は，公務員試験においても毎年出題される。短い時間のなかで正解を得るためには，次のような点に注意するのがコツである。

① 全文を，引用などに惑わされず，まず構成を考えながら通読してみること。
② 何が文章の中心テーマになっているかを確実に把握すること。
③ 引続き選択肢も通読してしまうこと。
④ 選択肢には，正解と似通った紛らわしいものが混ざっているので，注意すること。
⑤ 一般に本文中にも，選択肢と対応した紛らわしい要素が混ざっているので，これを消去すること。

こうすると，5肢選択といっても，実際には二者択一程度になるので，後は慌てさえしなければ，それほど難しいものではない。

演習問題

1 次の文章の内容と一致するものとして，適当なものはどれか。

西欧のブルジョワ家族はその子供を外社会から隔離することによって，近代的自我を培養したのである。ところが日本の近代社会では，家族のなかにおいてではなく，家族に反逆することによって近代的自我が成長したのだ。それは日本の家族が密室ではなかったからである，というほかはない。日本の家屋が外界の風や気温の侵入を防ぐのに適していないように，世間の世論や権力の支配は自由に〈家〉のなかにはいってくる。家族は他の家族と避けがたい連帯の組織の中に織り込まれている。家族間にはプライバシーを相互に保障しあう黙契が十分に制度化されなかった。

1　近代的な自我の成長の有無が，西欧人と日本人を隔てる特質であった。
2　日本の家屋には，外の気候による害悪を防ぐのに適した工夫が施されていた。

3　西欧における近代的自我の成長は，その家族がブルジョワに属するか否かにより，異なっていた。

4　親が子の自主性を尊重する姿勢こそが，望ましい自我の成長に不可欠の要素であった。

5　日本における近代的自我は，西欧とは異なり，家族に反逆することによって成長した。

2　次の文章の要旨として，最も適当なものはどれか。

人間は，常に行為しなければ，生きてゆくことができませんが，このさい重要なのは，人間がみずからの自由によってその行為を選択しなければならないということです。人間は行為を選択する自由をもっています。われわれは，ひまさえあれば寝て暮らすこともできます。また，寸暇を惜しんで，勉強したり，仕事に打ち込んだりすることもできます。われわれは，日常行っている一つ一つの行為を，すべてみずからの自由によって決断し，選択しているのです。

この点に，おそらく，他の動物と人間とのあいだの本質的な相異があるといえましょう。人間以外の動物は，ただ本能によって行動しているだけで，自由によってその行動を選択しているわけではありません。どうして人間だけがこのように行為をみずから選択する自由をもっているのかということは，おそらく，もはや人間の解きえない問題であるといわなければならないでしょう。しかし，とにかく，人間が自由をもっており，それによって行為を選択しているということは，否定することのできない事実だといわなければなりません。

1　人間にとって大切なことは，無為に日々を過ごすことなく，勉強や仕事などの有益な活動に時間を費やすことである。

2　自由や選択といった人間の本質を探究する上で重要なことは，人間と動物はともに本能の主体であるという共通点を見出すことである。

3　人間の本質の探究において，解きえないという問題を設定してはならない。

4　自由そのものの価値を再検討するために，選択の基準についての探求を怠ってはならない。

5　人間は，他の動物と異なり，自ら行動を選択する自由を持ち，その決断によって行為し，生きている。

3 次の文章の内容と一致するものとして，適当なものはどれか。

今の日本に生きる私たちは楽しむことに事欠かないように見える。楽しむことはおおっぴらに奨励され，楽しむための技術はさまざまに工夫され，それは人生の唯一の目的であるかのようにも装われている。それが単に楽しみを売る商業主義の結果だけでないことは，反体制的な若者たちもまた，物質に頼らぬ質素な生活の楽しさを求めてさまよっているのを見ても分かるだろう。

だがその同じ私たちが，一篇の詩を本当に楽しんでいるかどうかは疑わしい。詩に限らず，文学，芸術に関する限り，私たちは楽しさよりも先ず，何かしら〈ためになること〉を追うようだ。楽しむための文学を，たとえば中間小説，大衆小説などと呼んで区別するところにも，自らの手で楽しむことを卑小化する傾向が見られはしまいか。感覚の楽しみが精神の豊かさにつながっていないから，楽しさの究極の評価とし得ないのだ。

1 日本において，感覚の楽しみと精神の豊かさの間には，断絶が存在する。
2 日本において，楽しむことに重きを置いた文学は，最も崇高な地位が与えられている。
3 楽しむことができる人生をもたらしたものは，急速な経済成長である。
4 物質に頼らぬ質素な生活の楽しさを求める生き方は，古い時代に固有のものである。
5 中間小説や大衆小説は，日本古来の文学と本質的な差異のないものである。

4 次の文章の内容と一致するものとして，最も適当なものはどれか。

ヘシオドスは，歴史に名前が残っている最古の個人の一人である。ホメロスはもう少し古いが，なかば伝説上の人物で，その具体的な姿はさだかでない。また，5000年前の王の名前が残っていても，それを個人の名前と同列に考えるわけにはいかない。詩人や哲学者の名前が出てくるのはやはりギリシアが最も早く，中国で孔子，墨子などが出てくるのはさらに2, 300年後のことである。こうした個人の活躍は，ギリシアのポリスのような都市国家が成立し，市場経済と交易のネットワークが広がり，そこで市民が個人として活躍するようになったことと関係がありそうである。

『仕事と日々』の中で，ヘシオドスはこういっている。人間は安楽と平安を求める。太古の時代にはそれがあったのに，今はなくなっており，人間は労苦と悲しみから逃れることができない。それはなぜか。神々がケチで，人間から生活の手段を隠し，簡単には手に入らないようにしたからである。

1　ヘシオドスによれば，人間が労苦と悲しみから逃れることができないのは，各自がぜいたくを求めるようになったからである。
2　人間が安楽と平安を求めるのは，人間が堕落したことの表れである。
3　市場経済と交易のネットワークの発展は，社会の中に個人を埋没させてしまった。
4　中国の思想家と西洋の哲学者を比較すると，明らかに後者の方が優れていた。
5　ホメロスが半ば伝説上の人物である一方，ヘシオドスは，歴史上に名前が残っている最古の個人の一人である。

5　次の文章の内容と一致しているものとして，最も適当なものはどれか。

かつて私たちの祖先は，自然の美しさに目を奪われ，自然を模倣しながら装飾することの愉しさを知り，絵画や彫刻によって創造の喜びを知ったのである。現在の抽象絵画や現代造形の原点も，とどのつまりは自然の美に在るという創造の基本理念を，忘却してしまったのではないだろうか。

もうひとつ，自然と人間の関係が薄れた理由は，私たちが自然と接する機会が少なくなり，自然のすばらしさや美しさを実感することさえ忘れてしまったということが挙げられる。IT（情報技術）が産業界の中枢となった現代社会では，コンピュータや映像メディアが氾濫し，人々は自然との直接体験よりも，プリント・メディアや映像メディアを通した二次元的な情報選択との接点が圧倒的に多くなり，また，こうした情報収集で満足してしまうのである。さらにテレビゲーム，コンピュータ・グラフィックス，インターネットの映像情報が，現実との境界を曖昧にしてしまった映像のバーチャル化が，人々に自然を受け入れる余裕さえ，見失わせてしまったのである。

1　現代における映像情報や，そのあり様の変化などは，人々が自然を受け入れる余裕を失わせてしまった。
2　二次元的な情報収集が一般化すると，人々は直接体験を渇望するようになる。
3　自然を模倣することは，新たな創造には繋がらず，単なるコピー文化を生み出すのみである。
4　情報産業が発達した今日でも，日本における産業の中心は，モノづくりをはじめとした製造業である。
5　誰でもいる場所に関わらず，容易に情報にアクセスできるユビキタス社会の進展は，デジタル・デバイドと呼ばれる情報格差を縮小させつつある。

6 次の文章の内容と一致しているものとして，最も適当なものはどれか。

恵まれすぎた環境にいるとそれに慣れてしまい，住んでいる人がその「豊穣」なるものに感覚的に気がつかない，という現象を生む。

水循環に恵まれ，世界でも稀な「水飢饉」の心配が殆どない国という「しあわせ」は，おしよせてくる世界規模の「水飢饉」に対して，危機感のないぶん「脆弱」である。

何ひとつ不足や不満のない生活をしている人が，ひとたび飢餓に追いやられたときの衝撃が大きいように，当面の「水問題」を考えると，いま日本はそういう「間抜けな裕福」から「深刻な危機」に否応なしにじわじわ追い詰められている状態にあるといっていいかもしれない。

国の政策により川がさまざまな理由でダムや堤防の建設や流路のショートカット，河口付近の干拓などの人工化を強いられている。そうした問題が数々露呈してきて，都市や地方など住む地域を問わず，この国に住む人々がようやく問題の深刻さに気づき始めた。

1 豊かに作物が実るような環境に身を置いている人々は，豊穣という感覚に敏感になる。

2 ダム，堤防，干拓など川や河口に手を加えず放置する政策が，水に関する問題を複雑化する要因となっている。

3 日本では，あらゆる地域に住む人々が，水に関する問題の深刻さに気づかざるを得ない状況が進行している。

4 諸問題に対する危機感は，危機にさらされ続けることによって減退せざるを得ない。

5 日本人は，様々な知恵や力を結集することによって，危機的な状況から，裕福感を感じることができる環境に変化させてきた。

7 次の文章の内容と一致するものとして，最も適当なものはどれか。

少子高齢化が問題なのは，人間社会だけではないらしい。森林も少子高齢化が進むという。

戦後に植林され成長した多くの木々が山に残り，高齢化した。伐採が滞って，その跡に新たな木が植えられないから若木は少ない。放置された豊かな森林資源の有効活用が日本の大きな課題だ。

こんな話を耳にしたのは，学童保育施設に関する勉強会だった。多くの施設が小学校の敷地などにプレハブで建てられてきた。勉強会は，施設の木造化を進めようと話し合う。岡山県学童保育連絡協議会の糸山智栄会長らが8月末から月2回，オンラインで開催し，全国の学童保育や建築，木材関係者らが参加する。

一般的に公共施設がプレハブで新設されることはないだろう。だが，学童保育施設はおおむね仮設的な位置づけのままだった。「『仮設』なのに20，30年も使っている」との皮肉も聞かれる。

岡山県内では，新築や建て替えの数が多い岡山市が2年前にプレハブから切り替えるなど，木造施設が広がり始めた。「夏は涼しく，冬は暖かい」「子どもが落ち着く」などと好評だ。

子育てや少子化対策が重視され，学童保育は自治体の中核的施策になってきた。山で出番を待つ木々の活用と保育の質の向上。縦割り行政を超えて両者をマッチさせたい。二つの少子高齢化問題に同時に応えることでもある。

1 戦後に植林され成長した木々の多くは，急テンポで伐採されてしまい，森林資源の枯渇をもたらした。

2 8月末から，月2回のペースで，学童保育の関係者が一堂に会して，学童保育施設に関する勉強会が開かれている。

3 予算不足の中，多くの公共施設がプレハブで新設されることが増えた。

4 学童保育の重要性は，幼稚園と保育園の機能を一体化する幼保一元化の流れの中で議論されている。

5 学童保育施設は，仮設的な位置づけが続いたことから，プレハブで建てられたものが多かった。

8 次の文章の内容と一致するものとして，最も適当なものはどれか。

サンマはかつて「下賤（げせん）な魚」として相手にされなかった。広く親しまれるようになったのは江戸中期あたりからのようだ。戦後は集魚灯を使う漁法が中心となり水揚げがぐんと増えた。気軽に味わえる「秋の味覚」。それがサンマだった。

ところが近年は不漁が深刻化。昨年の漁獲量はピークの1割に満たない。本来の漁場である日本近海は地球温暖化もあって海面水温が高く，遠く離れた公海に漁場ができている。だが燃料代と時間をかけ漁に出ても水揚げは少ない。昨秋は船の転覆事故も起きた。「遠くに出るのがおっかなくなった」と漁場の近いイワシ漁に替えた船長もいた。

温暖化で今世紀中，1次産業に深刻な影響が出るとの国の報告書がある。漁場が遠くなったサンマは小ぶりになる。サケ・マス類も日本周辺の生息域が縮小。2040年代は1等米も減り経済的損失が大きくなる。

舌に残ったワタの苦味のように何とも苦い予測だ。皿の上で骨だけになった姿に，サンマを味わえるこの秋の幸せを思う。

1　サンマは古来より，日本を代表する高貴な魚として珍重されてきた。

2　イワシ漁と比較すると，サンマの漁場は大幅に港に近い場所にある。

3　サンマの本来の漁場は日本近海であったが，その海域における海水温の急激な低下によって，漁に適さない状況が続いている。

4　温暖化の影響により，一部の魚の日本周辺の生息域の縮小，米の質の低下などが予想されている。

5　海洋資源の枯渇のリスクから，国際機関は日本に対してサンマ漁を控えるように勧告している。

9 次の文の内容と一致するものとして，最も適当なものはどれか。

ソクラテスは，アテナイの広場に出かけていき，そこで出会った市民をはしから挑発的な問答に引き込んだ。ソクラテスは，自分自身を，市民一人一人について回る虻に喩えている。まさしく不法侵入者である。ただし，ソクラテスの問答は，非常に変わったものだった。彼は，自分の見解，真理についての自分自身の見解を説いたりはしなかった。ソクラテスが行ったこと，それは，まず相手の命題を全面的に肯定した上で，その相手とのやりとりを通じて相手に考えさせ，結果として，相手をして，もともと彼が提示した命題を否定する反対命題を引き出させることだった。こうした問答を通じて，ソクラテスの対話の相手は，自分が最初に真理であると見なしていた命題が真理ではなかったことを納得する。

しかし，ソクラテスは，なぜ，いきなり真理を説かずに，こんな方法を用いたのか。ソクラテス自身も，何が真理かを知らなかったからである。彼が，他の人より優っていたのは，ただ，自分も真理を知らないということを知っていたということに尽きる。この方法は，対話相手の思考を簡単には終わらせない。ソクラテスがもし真理を知っているのならば，相手は，その真理に到達した時点で，思考を終結させることができるが，ソクラテス自身も真理を知らないとなると，ソクラテスの域に達しても，探究は終わらない。ソクラテスは，相手の思考の触媒であることに徹している。だから彼は，自分の問答法を産婆術に喩えた。結局，対話相手は自分で自分の誤りの自覚に達しているのだから，放置しておけば彼が自然と同じ結論に達したかといえば，そんなことは絶対にないはずだ。ソクラテスという不法侵入者＝産婆が不可欠だったのである。

1　ソクラテスが，自分の見解，真理についての自分自身の見解を説かないので，常に論争は平行線に終わっていた。

2　不法侵入者ソクラテスの挑発的問答によって，相手は真理に到達することができた。

3　ソクラテスは触媒の役割に徹することによって，相手の思考を継続させた。

4　ソクラテスは，自分が真理を知らないことを，相手に悟らせなかった。

5　ソクラテスは，何が真理かを知らなかったが，相手を挑発的問答に引き込むことで，真理に到達した。

10 次の文章の内容と一致するものとして，最も適当なものはどれか。

皮肉な話だが，「知識」が「専門化」すればするほど，同時に人間は急速に「平均化」しつつあるといえる。人間が細分化され，人間性が失われて行くのと，並行して，他方ではそれを回復すると称して，空疎な政治スローガンがわれわれを偽りの常識に誘惑する。

だが，文明の常識というものは，ほんらい人間にとって，ひとつの暗黙の了解のようなものではなかっただろうか。自然の感じかた，起居動作の作法，基本的なモラルの感情など，いずれも言葉に出して教えられぬものが文明の根底にある。それはあらゆる専門知識のまえにあり，それどころか，人間が常識的に行うすべての行為の以前にある。人間をほんとうに根底から支配するものは，けっきょくは知識に過ぎないものの足し算ではなかったはずである。

1 知識の専門化と，人間の平均化は，同時並行で進むものではない。
2 人間性の回復を掲げる政治スローガンは，いずれも傾聴に値するものであり，新しい常識の構築のために不可欠である。
3 哲学や宗教への探究を怠ってきた近現代の人類にとって，人間の平均化は不可避なものである。
4 言葉に出して教えられないものが文明の根底にあり，文明の常識は，暗黙の了解のようなものである。
5 様々な議論はあるが，人間を根底から支配するものは，結局，知識の総和である。

11 次の文章について，空所（　A　）に共通して入る語句はどれか。

他人という日本語は不思議な言葉である。それは文字通りには，他の人ということであるが，しかし実際に自分以外の他の人を意味するためには他者という新しい言葉がつくられていて，それとは違う特殊な意味合いが他人という言葉には含まれている。他人という言葉を辞引きで引いてみると，第一に「（　A　）のない人」とあり，第二に「無関係な人」と出ている。すなわち他人の本質は第一に（　A　）がないということであり，まさしくその意味で親子は他人ではない。しかし夫婦や兄弟のように親子関係を媒介としての連なりは，「夫婦も元は他人」とか「兄弟は他人の始まり」といわれるように，他人としての性格を潜在的にそなえていることになる。

いいかえれば夫婦は今は関係があるが，元は無関係であったから，元は他人なのであり，兄弟もその中に無関係となるかもしれないので，他人の始まりなのである。これに反して親子が他人となれないのは，両者の絆が分かちがたいからだろう。

1　地縁　　2　良縁　　3　血縁　　4　因縁　　5　因果

解答・解説

1　5

解説　作田啓一『恥の文化再考』より。　1．誤り。第1文において西欧人の近代的自我の培養について述べられ，第2文において日本人の近代的自我の成長について述べられていることから，「有無」を前提にした選択肢の記述は誤りである。　2．誤り。「日本の家屋が外界の風や気温の侵入を防ぐのに適していない」と述べられている。　3．誤り。西欧のブルジョワ家族については述べられているものの，西欧におけるブルジョワに属さない家族については触れられていない。　4．誤り。「親が子の自主性を尊重する姿勢」については触れられていない。　5．正しい。第2文の内容と一致している。

2　5

解説　岩崎武雄『哲学のすすめ』より。　1．仕事や勉強については，選択の一例として示されているものの，選択肢のような価値判断はしていない。2．本文では，むしろ，人間と他の動物の違いが強調されている。　3．人間がなぜ選択する自由を持つのかという問題は，解きえない問題であるとされている。　4．選択肢の内容は，本文で触れられていない。　5．正しい。書き出しの部分，強調されている部分，結論部分において，人間の自由な行動の選択について述べられている。

3　1

解説　谷川俊太郎『楽しむということ』より。　1．正しい。最後の文の内容と一致している。　2．誤り。筆者は，楽しむための文学を区別することについて，「楽しむことを卑小化する傾向」と結びつけて論じており，「崇高な地位が与えられている」とはいえない。　3. 誤り。急速な経済成長については，本文において触れられていない。　4. 誤り。物質に頼らぬ質素な生活の楽しさを求めることについて，筆者は，古い時代に固有なものとは評価しておらず，反体制的な若者たちを例に挙げ，今日でもみられるとしている。5. 誤り。本文において，「日本古来の文学」については触れられていない。

4 5

解説 竹内靖雄『経済思想の巨人たち』より。　1. 誤り。ヘシオドスによれば，人間が労苦と悲しみから逃れることができないのは，神々が生活の手段を隠したからである。　2. 誤り。人間が安楽と平安を求めることについて，否定的にとらえたり，「堕落」としたりしている記述はない。　3. 誤り。本文では，むしろ，市場経済と交易のネットワークの広がりと，個人としての活躍との関連性が論じられている。　4. 誤り。哲学者や思想家について論じた内容は含まれていない。　5. 正しい。本文の冒頭の内容と一致する。

5 1

解説 三井秀樹『形の美とは何か』より。　1. 正しい。文章の最後の一文の内容と一致している。　2. 人々は映像メディアを通じた二次元的な情報収集で満足してしまうと述べられている。　3. 自然の模倣については肯定的に述べられており，装飾や創造の原点とされている。　4. 産業界の中枢は，IT（情報技術）が中心であると述べられている。　5. ユビキタス社会やデジタル・デバイドについては本文で触れられていない。

6 3

解説 椎名誠『水惑星の旅』より。　1. 作物については書かれておらず，また，恵まれた環境に慣れると，豊穣なるものに気づかないと述べられている。　2. 最終段落で，人工化が強いられていることと，それに伴う問題点について述べられており，手を加えずに放置されているわけではない。　3. 正しい。課題文の最後の方と内容が一致している。　4. 第2段落では，危機感がないとその対策が脆弱にならざるを得ない旨が述べられている。　5. 間抜けな裕福から深刻な危機に追い詰められていると述べられている。

7 5

解説 山陽新聞『滴一滴』2020年10月19日より。　1. 誤り。第2段落のはじめに，戦後に植林され成長した多くの木々が山に残ったこと，放置された豊かな森林資源の活用が課題となっていることが述べられている。　2. 誤り。第3段落によれば，勉強会はオンラインで開かれている。　3. 誤り。第3段落において，「一般的に公共施設がプレハブで新設されることはないだろう」との記述があるので，選択肢の内容は誤りである。　4. 誤り。幼保一元化については触れられていない。　5. 正しい。第4段落にプレハブで建てられた理由として，仮設的な位置づけが続いたことが挙げられている。

8 4

解説 秋田魁新報『北斗星』2020年10月19日より。　1. 誤り。第1段落において，サンマがかつて「下賤な魚」として相手にされなかった旨が述べられているので，選択肢の「高貴な魚として珍重」との記述は誤りである。　2. 誤り。第2段落の最後の部分から，イワシ漁の漁場の方がサンマ漁の漁場よりも近いことが読み取れる。　3. 誤り。第2段落において，日本近海の海水温の高さもあり，遠く離れた公海に漁場ができている旨が述べられている。　4. 正しい。第3段落に書かれている内容と一致する。　5. 誤り。海洋資源の枯渇のリスクや，国際機関の動きについては，本文中において触れられていない。

9 3

解説 大澤真幸『思想の不法侵入者』より。　1・5. 本文に合う記述はない。よって誤り。　2. 本文に記述がないが，第1段落最終文に反するので誤り。　4.「悟らせなかった」かは本文からは読み取れない。よって，正解は3。

10 4

解説 山崎正和『混沌からの表現』より。　1. 誤り。本文では，知識が専門化するほど，人間が平均化しつつあると述べられている。　2. 誤り。筆者は，人間性を回復すると称する政治スローガンについて，空疎なもの，偽りの常識に誘惑するものなどと評価している。　3. 誤り。哲学や宗教への探求については本文中において触れられていない。　4. 正しい。第2段落の内容と一致している。　5. 誤り。最後の文の内容と一致しない。

11 3

解説 土屋健郎『「甘え」の構造』より。他人についての定義について述べられているが，その後に，「親子」「兄弟」を例に挙げながら考察されているため，「血縁」が最も適切である。その土地における古くからの縁である「地縁」，好ましい縁を表す「良縁」，事物の原因と結果などを意味する「因縁」や「因果」は，いずれにしても不適切である。以上より，正解は3である。

文章理解　英文

POINT

英文解釈は，公務員試験における英語の中心となるものである。書かれてある英文の内容を正しく理解するためには，主語，述語，目的語，補語という英文の要素をしっかりおさえるとよい。

「主語＋述語動詞」に注目しよう。どれほど修飾語句で飾られた文でも，またどれほど難語，難句でかためられた文でも，裸にすれば，主語と述語動詞の2つが残る。だから英文を読む時には，まずその主語をつきとめ，次にその主語に対する述語動詞をさがし出すことである。そして自分の持つ関連知識と常識力を総動員して全体を理解するよう努めることである。つねに「主語＋述語動詞」を考えながら読もう。

演習問題

1 次の英文の内容と一致するものはどれか。

I have a friend who jogs deep into the night before he goes to bed. I would not recommend this to anyone but he swears by it as the surest way to keep his weight down.

Be that as it may, he is a typical night owl, and he goes out for his jog at around 1 or 2 a.m. His route takes him through a residential neighborhood in Tokyo. Which is dark and silent at such an hour. When I told him it must be rather boring to be on dark and deserted streets, he came back with an unexpected reply. He said there are all sorts of smells, suddenly wafting out of the darkness, that never fail to fascinate him.

Just a while ago, he explained, it was the sweet fragrance of booming kinmokusei (fragrant olive) flowers. And to his surprise and delight, he would encounter the smell at various points along his route.

1　寝る直前や起きた直後にジョギングをすることは，最も効果的なダイエットである。
2　夜間のジョギングは，昼間の感覚とは違う形で芳香を感じることができる。
3　夜間にジョギングしてみると，東京の住宅街は午前1時から2時頃になっても眠らない街となっていることが感じられる。
4　風景が良く見えないコースを走ることは，面白みに欠けるものである。
5　キンモクセイの植生は，限定されているためその匂いに出合えることは稀である。

2 次の英文の内容と一致するものはどれか。

Our education system is predicated on the idea of academic ability. And there's a reason. Around the world, there were no public systems of education, really, before the 19th century. They all came into being to meet the needs of industrialism. So the hierarchy is rooted on two ideas.

Number one, that the most useful subjects for work are at the top. So you were probably steered benignly away from things at school when you were a kid, things you liked, on the grounds that you would never get a job doing that. Is that right? Don't do music, you're not going to be a musician; don't do art, you won't be an artist. Benign advice -- now, profoundly mistaken. The whole world is engulfed in a revolution.

And the second is academic ability, which has really come to dominate our view of intelligence, because the universities designed the system in their image. If you think of it, the whole system of public education around the world is a protracted process of university entrance. And the consequence is that many highly-talented, brilliant, creative people think they're not, because the thing they were good at at school wasn't valued, or was actually stigmatized. And I think we can't afford to go on that way.

1　学校教育において重要なことは，幼少期から個人の才能を伸ばすような教育プログラムを組むことである。
2　世界中に広がる現在の学校教育制度は，大学に入るためだけではなく，個人の才能を開花させるために制度化された。
3　現代の教育制度において，科目の優劣は2つの学術的な要請から判断されている。

4　制度全体が作り上げられた19世紀以前にも，世界中の様々な場所で公教育が行われていた。

5　現代の教育制度は，学者を育てるために作られているようなものである。

3 次の英文の内容と一致するものはどれか。

The Sino-Japanese word *buke*[*1] or *bushi*[*2] came into common use in Japan. The words mean "fighting knights[*3]," who were a privileged class. Originally they must have been a rough breed whose work was fighting. They were selected in a natural way. Only the strongest survived over periods of constant war. To borrow Emerson's phrase, they were "a rude race, all masculine, with brutish strength." They had many advantages, great honor and heavy responsibility. Soon they felt the need of a common standard of behavior, especially since they were always fighting and belonged to different clans. They were in need of some measure by which to be judged such as fair play in fight, a primitive sense of childhood morality. Is this not the root of all military and civic virtue? The British boy had two ideals: 1) never bully a smaller boy and 2) never run away from a bigger one. This is the basis on which very strong morals can be built. This is the basis on which the greatness of England was built. The same was true of Bushido.

[*1] 武家　　[*2] 武士　　[*3] 戦う騎士

1　イギリスが育んだ強い道徳心をつくる原則は，武士道とは異なるものであった。

2　特権階級に選抜された者達は，名誉や責任感が欠如していた。

3　イギリスの少年に求められる規範のうちの一つは，どんなことがあっても争いをしてはならないということである。

4　「戦う騎士」とは，特権階級に属する者を指し，元々は戦いを仕事とする粗野な生まれの者たちを指す言葉である。

5　「武家」や「武士」という言葉は，日本から中国へと伝わり，広く使われるようになった。

4 次の英文の空所ア～ウに入る語句の組み合わせとして適切なものはどれか。

Bushido made the sword its symbol of power and bravery in battle. Very early the samurai boy （　ア　） to use it. For him it was a thrilling moment when, at the age of 5, he put on samurai dress and was given a real sword in place of the toy he had been playing with. From that time, whenever he went outside of his father's gates, he would wear it or a wooden one covered with gold as a symbol of his status. （　イ　） a few years he always wore the real sword but not a sharp one. Soon after that he was given the real, sharp swords. He would happily go out to try their blade edges on wood and stone. When he （　ウ　） a man at the age of 15, his actions were free from control and he carried swords sharp enough for any work. Just having the swords gave him the feeling and appearance of self-respect and responsibility.

	ア	イ	ウ
1	had	After	change
2	had	By	change
3	had	By	became
4	learned	After	became
5	learned	By	became

5 次の英文の内容と一致するものはどれか。

Japanese restaurant owners are frustrated by foreign tourists who make reservations and then don't show up.

The operator of a leading online dining website has come up with what it hopes is a solution.

Gurunavi will require overseas visitors to use their credit cards to make advance deposits when they book a table.

It will introduce the system in cooperation with two tour companies in China and Taiwan.

Gurunavi says the deposits are not refundable even if customers cancel their reservations in advance.

A restaurateur in Tokyo's Ginza district that's listed on the website says foreign tourists who make reservations online are sometimes no-shows.

"Cancellation without notice will cause food waste. We also have to save the seats for the reservations, when we could serve other customers."

Many tourists are expected during the Chinese Lunar New Year holidays starting later this month.

1 飲食店大手ウェブサイトの運営者は，テーブルを予約する際，クレジットカードによる前金の支払を必要とするシステムを考案した。
2 新しいシステムによれば，予約がキャンセルされた場合であっても，キャンセル料は発生せず，前金の支払があった場合には全額が払い戻される。
3 予約をしておきながら姿を見せない外国人旅行客の多くは，中国や台湾からの旅行客である。
4 外国人を受け入れる店の多くは，実際に来店してから料理を作り始めるシステムに変更した。
5 決済にあたってクレジットカードを用いる際に懸念されたのは，他人のクレジットカードを用いるなどの不正利用の増加であった。

6 次の英文の内容と一致するものはどれか。

On a given day, studies show that you may be lied to anywhere from 10 to 200 times. Now granted, many of those are white lies. But in another study, it showed that strangers lied three times within the first 10 minutes of meeting each other.

Now when we first hear this data, we recoil. We can't believe how prevalent lying is. We're essentially against lying. But if you look more closely, the plot actually thickens. We lie more to strangers than we lie to coworkers. Extroverts lie more than introverts. Men lie eight times more about themselves than they do other people. Women lie more to protect other people. If you're an average married couple, you're going to lie to your spouse in one out of every 10 interactions. Now, you may think that's bad. If you're unmarried, that number drops to three.

Lying's complex. It's woven into the fabric of our daily and our business lives. We're deeply ambivalent about the truth. We parse it out on an as-needed basis, sometimes for very good reasons, other times just because we don't understand the gaps in our lives.

1 研究によると，人々は，毎日10回から100回ほど周りの人に嘘をついている。

2 研究によると，性格が内向型の人は外向型の人よりもより嘘をつくことが判明した。

3 男女で比較した場合，男性は女性に比べ，他の人を守るためにより嘘をつく。

4 一般的に人は，見知らぬ人よりも職場の同僚など身近な人物によく嘘をつく。

5 初めて会う人同士は最初の10分で3回嘘をつくという研究結果もある。

7 次の英文の内容に合致しないものはどれか。

"This felt like an area where there might actually be a chance to make a difference. We're not an advocacy group, so we're not proscribing specific solutions. Our job as journalists is to hold the system accountable for doing its job," he said.

Since its launch in November 2014, The Marshall Project has published over 400 stories in partnership with around 60 news organizations.

It has brought readers inside New York's Rikers Island prison, confronted President Barack Obama about his record on pardons and commutations and shed light on how "implicit bias" affects the amount of time public defenders spend with their black clients.

1 記事中のジャーナリストの仕事は，その（刑事司法）制度について報道責任を果たすということである。

2 2014年の立ち上げ以来，マーシャル・プロジェクトは，約60のニュース配信団体と提携し，400以上の記事を発表してきた。

3 記事中のジャーナリストは，権利擁護団体での立場を利用し，特定の法律を排斥する運動をしている。

4 ニューヨーク市にあるライカーズ刑務所では，多数の受刑者が大統領の恩赦を受けた。

5 「潜在的な偏見」は，公選弁護士が黒人の被告に費やす時間に影響を与えるという事実がある。

8 次の英文の内容と一致するものはどれか。

The Gushiken family was poor. His mother was a fish peddler, and Gushiken himself during his senior high school days boarded in a bathhouse in Naha City and polished floors. Since he became champion, he has built a house for his parents and has been taking care of his younger brother, but he himself continues to live a very simple life. It is said that he is telling himself, "I can enjoy myself and be extravagant after I retire. But while I am a boxer, I must devote myself completely to boxing."

The charm of this 24-year-old young man lies in his natural, child-like simplicity. Even today, when he is called "The Star of Okinawa," he says, "Just before a fight, I feel scared. I'm scared, really scared!" His ability to bare his real face without embarrassment to dare to take chances may be Gushiken's strength.

1 具志堅氏がボクシングで成功したのは，指導者の教えを忠実に実行したからである。
2 具志堅氏は，チャンピオンになった後，自らのためにマイホームを新築した。
3 具志堅氏は，試合の直前に感じている恐怖感について吐露することもある。
4 具志堅氏は，高校時代にふろ屋で床みがきをしたが，それは，体を鍛えるために自ら申し出たからであった。
5 具志堅一家は裕福であったが，両親は，世の中の厳しさを教えるためにあえて最小限のお金しか渡さなかった。

9 **次の英文の内容について説明した記述のうち，妥当なものはどれか。**

Unlike Japan, Singapore is not known for having excellent service. Recently, however, I had the privilege of enjoying some of the best service I had ever had.

I was having brunch at a local dim sum place with my friends. It wasn't a swanky restaurant. Neither was it our top choice. We had gone there because the restaurant we had wanted to go to was fully booked.

We entered the restaurant through its adjoining bakery and waited for someone to attend to us. Everyone seemed busy. Finally we caught the attention of a waitress passing by, "Table for four," I said, preempting her question.

"Follow me." She led us briskly to a table. As we sat down, she said, "You actually came in by the back entrance. Use the front entrance next time.," She gestured towards the other end of the restaurant.

She did not bother with pleasantries, but it didn't feel rude.

With characteristic Singaporean efficiency, she had shown us our seats and given us solid advice.

1　シンガポールのサービスの良質さは，日本と同様，世界に知られていることである。

2　筆者らが接したウェイトレスの態度は，一般的な常識と比較すると，とても失礼なものであった。

3　筆者らがブランチを食べた店に入る際，正面入口ではなく，パン屋と隣接した裏口を使った。

4　文化圏が異なると，ジェスチャーの意味は異なるため，注意が必要である。

5　筆者らは，もともと行きたかったレストランに入ることができた。

解答・解説

1 2

解説 朝日新聞社『天声人語』1997.10.25より。(全訳) 深夜，それも眠る直前にジョギングをする友人がいる。効果のほどはわからないからお勧めもしないが，本人はこれが最も確かなダイエット法だと信じている。

それはともかく，夜型の彼が走る時刻は，午前1時とか2時。コースにしている東京の住宅街は暗く，静まっている。周りもよく見えないし，面白みに欠けるだろうと思ったら，意外なことを教えてくれた。走っていると，さまざまなにおいの空間が暗闇から突然現れる，というのだ。

少し前は，キンモクセイの芳香がそうだった。それも数地点で現れる。ここにも咲いているのか，と気づかされる。

1. 寝る直前のジョギングについては，第1段落2文目に，効果のほどはわからないとの記述がある。また，起きた直後のジョギングについては触れられていない。 2. 第2段落最終文に，暗闇の中から突然漂ってくる匂いに心を奪われる，と述べられていることから，選択肢の内容が正しいことが読み取れる。 3. 第2段落3文目の「dark and silent at such an hour」から，「眠らない街」が誤りであるとわかる。 4. 第2段落4文目と5文目に，著者が「面白くないだろう」と言うと，友人から思いがけない返答があったと述べられている。よって，友人にとっては何か面白いことがあるとわかる。 5. キンモクセイの植生が限定されているという記述は本文中にない。また，第3段落最終文の「encounter the smell at various points」から，さまざまな場所でその香りに出合えたことがわかる。

2 5

解説 TED Talks：Sir Ken Robinson「学校教育は創造性を殺してしまっている」より。(全訳) 今の教育制度は学者を育てるために作られています。そこには理由があるのです。制度全体が作り上げられた19世紀以前に，世界中どこにも公教育などはなく，教育制度は産業主義社会のニーズから生まれました。科目の優劣は2つのことから決められました。

1つは働くために有用な科目が最優先ということです。私たちが小学生の頃習ったことや好きなこと，砂場遊びとか仕事に使えないことはおそらく敬遠されたでしょう。砂遊びでは会社で雇ってもらえませんから。音楽もいけません。音楽家になるわけじゃないのだから。アートなんてしてはいけない，アーティストになんてならないのだから。心優しいアドバイスです。でもまったくもって間違っています。世界は今，変革の時にあります。

2つ目は学力です。学校の成績だけがいまや知性だと思われています。大学側のイメージだけで教育制度を作ったからです。世界中に広がる今の学校教育が，大学に入るために敷かれた長い道のりなのです。その結果，無数の天才的で創造性溢れる人たちが「自分は才能がない」と感じています。学校は彼らの才能を評価しないどころか，ダメだと烙印を押してしまうからです。しかし，そんなことをしている余裕はないのです。

1. 誤り。本文中には記述されていない。また，筆者は現在の教育制度は，学生の才能を的確に評価できていないという欠点を指摘している。 2. 誤り。第3段落1文目と2文目より，現代の教育制度は大学に入学するために作られたことがわかる。 3. 誤り。第2段落1文目と第3段落1文目に，科目の優劣は，産業主義社会のニーズと学術的な要請の2つから判断されると示されている。 4. 誤り。第1段落3文目に，19世紀以前には世界中どこにも公教育などはなかったと述べられている。 5. 正しい。第1段落の冒頭で述べられている内容と一致する。

3 4

解説 新渡戸稲造『武士道』より。（全訳）中国語に由来する言葉の「武家」，「武士」は日本で広く使われるようになった。どちらも，「戦う騎士」を意味し，特権階級に属する者を指したが，元々は戦いを仕事とする粗野な生まれの者たちであった。この特権階級は自然な形で選抜されていった。一番強いものだけが戦乱の世を生き延びたのだ。思想家エマソンの言葉を借りれば，「荒っぽい人種で，みな力強く，獣のような強さ」を持つ者たちである。名誉もあれば責任も重く，さまざまな点で優位な立場にあった。まもなく彼らは共通の行動規範が必要だと感じるようになった。それというのもいつも戦っていた上，氏族もそれぞれ違ったからである。戦いにおけるフェアプレー精神，幼少期の素朴な道徳観のような何らかの基準を定める必要があった。これは武士も一般の民衆も含めたすべての人々の美徳の根ざすものではないだろうか？ イギリスの少年には2つの規範があった。(1) 自分より小さい子を絶対にいじめない。

(2) 自分より大きい子から絶対に逃げ出さない。これは強い道徳心をつくる原則だ。偉大なイギリスが生んだ原則である。武士道にも同じことが言える。

1. 最後の2文から，イギリスの生んだ原則が，武士道にも当てはまるということが読み取れる。 2. 7文目に「great honor and heavy responsibility」を持っていたと述べられているので，誤り。 3. 誤り。イギリスの少年の2つの規範は，「自分より小さい子を絶対にいじめない」，「自分より大きい子から絶対に逃げ出さない」の2つである。 4. 正しい。「"fighting knights," who were a privileged class. Originally they must have been a rough breed whose work was fighting.」より，選択肢の内容が読み取れる。 5. 冒頭の文に，「日本から中国」ではなく，「中国から日本」へと伝わり，広まったと述べられている。

4 4

解説 新渡戸稲造『武士道』より。（全訳）武士道においては刀こそは武勇の象徴とされた。侍の子はごく幼い頃から刀の扱いを習った。彼が五歳になり，侍の装束をまとい，それまでもて遊んでいたおもちゃの短刀の代わりに本物の刀を与えられた時はわくわくする瞬間だった。

この資格取得の儀式を終えた後は，もはやこの身分の証しを帯びずに門を出ることはならなかった，ふだんは金箔貼りの木刀で代用したにせよ。さらに何年もたたないうちに刃先は鋭くないものの本物の刀を常に差すようになり，その後すぐに本物の鋭い鋼の刀を与えられた。新たに手にした武器に喜びいっぱいに外へ飛び出し，木や石に向かって試し斬りをしてみる。そして十五歳で元服し，一人前の行動を認められてからは，どんな働きにでも応じられるよう十分に鋭い武器を身につけていることを誇りとするのだ。

アはlearned。本文中では「学んだことを使う」という意味に使われている。イはAfter。「After a few years」で「数年後には」という意味になる。ウはbecame。「When he became ～」で「彼が～になった時に」と訳される。

5 1

解説 『NHKニュースで英会話』2017年4月号より。（全訳）日本のレストラン経営者らは，予約をしておきながら姿を見せない外国人旅行者にいらだっています。

飲食店情報の大手ウェブサイトの運営者が，解決策になるのではと期待する案を考え出しました。

「ぐるなび」は海外からの訪問客に，テーブルを予約する際にクレジットカードを使用し，前金で支払うことを求めるようになります。

「ぐるなび」は中国と台湾の旅行会社2社と協力して，この方式を導入します。

「ぐるなび」によると，前払い金は客が前もって予約をキャンセルした場合にも払い戻しはされません。

このサイトに掲載されている東京・銀座の料理店主は，オンラインで予約する海外からの旅行客の中には，ときどき店に現れない人たちがいると言います。

「連絡のないキャンセルは，食品を捨てることにつながります。さらに，予約分の席を取っておかないといけません。そうでなければ，ほかのお客さんを入れられるのですが」

今月始まる中国の旧正月の休暇中には，多くの旅行者が見込まれています。

1. 正しい。第2段落と第3段落に示されている文の内容と一致する。 2. 誤り。キャンセル料については述べられていないが，前払い金は返金されない。 3. 誤り。特定の旅行客についての記述はない。 4. 誤り。「来店してから料理を作り始めるシステム」については触れられていない。 5. 誤り。クレジットカードの不正利用については述べられていない。

6 5

解説 TED Talks：Pamela Meyer「嘘の見抜き方」より。（全訳）研究によると，私たちは毎日10回から200回ほど周りの人から嘘をつかれています。確かにこうした嘘の多くは罪のないものです。別の研究によると，初めて会う人同士は最初の10分で3回嘘をつくという結果もでています。

さて，この情報を知ると最初はたじろぎます。これほどにも嘘が溢れているとは信じられないからです。私たちは本質的に嘘を嫌います。しかし，もっと詳しく見てみると，事態はいっそう込み入っています。私たちは職場の同僚より見知らぬ人により嘘をつきます。外向型の人は内向型の人よりもより嘘をつきます。男性は他人のことより，自分のことについて8倍嘘をつきます。女性は他の人を守るためにより嘘をつきます。もしあなたが平均的な夫婦なら，10回の会話で1回は嘘をついています。これはひどいと思われるでしょうが，独身なら3回に1回に減ります。

嘘は複雑な行為です。嘘は私たちの日々の生活やビジネスに織り込まれています。私たちは真実に対して非常に両義的です。私たちは必要にせまられて，もっともな理由があって，時には単に現実を受け入れられず嘘をつきます。

1. 誤り。第1段落の冒頭で，「人々は，周囲の人から毎日10回から200回ほど嘘をつかれている」と述べられている。　2. 誤り。第2段落6文目の「Extroverts lie more than introverts.」の部分に，「外向型の人は内向型の人よりもより嘘をつく」という内容が記述されている。　3. 誤り。第2段落8文目に，「女性は他の人を守るためにより嘘をつく」という内容が述べられている。　4. 誤り。第2段落5文目から，私たちは身近な人より知らない人に対して，より嘘をつくことがわかる。　5. 正しい。第1段落3文目の「it showed that strangers lied three times within the first 10 minutes of meeting each other.」の部分から選択肢の内容が読み取れる。

7 3

解説 『THE BIG ISSUE VOL.293 2016 Aug.16』より。(全訳) あるジャーナリストは語る。「私は，この分野なら何らかの変化を起こすことができるのではないかと思いました。私たちは権利擁護団体ではないので，特定の法律を排斥したりはしません。ジャーナリストとしての私たちの仕事は，その (刑事司法) 制度について報道責任を果たすということです」

2014年11月の立ち上げ以来，マーシャル・プロジェクトは約60のニュース配信団体と提携し，400以上の記事を発表してきた。その中には，バラク・オバマ大統領の恩赦や減刑に反して，ニューヨーク市にあるライカーズ刑務所の内情や，「潜在的な偏見」は公選弁護士が黒人の被告に費やす時間にいかに影響を与えるかを明らかにした記事もある。

1. 第1段落3文目「Our job as journalists is to hold the system accountable for doing its job," he said.」この部分から，選択肢に述べられた内容が正しいということを読み取ることができる。　2. 第2段落に選択肢の内容が述べられている。　3. 誤り。第1段落2文目「We're not an advocacy group, so we're not proscribing specific solutions.」この部分から，彼らは擁護団体ではないことと，特定の法律を排斥しないことがわかる。　4. 第3段落より，受刑者が減刑されたことがわかる。 5. 最後の文章から，選択肢で述べた内容を読み取ることができる。

8 3

解説 『天声人語 '80春の号』1980. 1. 29より。（全訳）具志堅一家は貧しかった。母は魚の行商をし，具志堅氏は高校時代，那覇のふろ屋に下宿して床みがきをした。チャンピオンになってからは，両親のために家を新築し，弟の面倒を見ているが，自分自身はつましい生活をしている。「遊んだり，ぜいたくしたりするのは引退してからでもできる。現役の時はひたすら精進しろ」と自分にいいきかせているという。

この24歳の青年の魅力は，自然児の素朴さにある。「沖縄の星」といわれるいまでも「試合の直前はオレ，怖いよ。本当に怖いね」といったりする。平気で素顔をさらす，というところが具志堅氏の強さなのかもしれない。

1. 誤り。「指導者の教え」について触れた記述はない。 2. 誤り。具志堅氏がチャンピオンになってから家を新築したのは，両親のためであった。 3. 正しい。第2段落2文目に示された発言の内容と一致する。 4. 誤り。ふろ屋の床みがきの目的が体を鍛えるためであったとする記述はない。 5. 誤り。冒頭の部分に，具志堅一家の貧しさについて述べられている。

9 3

解説 『Good service By Tan Ying Zhen』（http://st.japantimes.co.jp/essay/?p=ey20140620）より。（全訳）日本とは違い，シンガポールは優れたサービスがある国としては知られていない。それでも最近，今まで受けた中で最高のサービスのいくつかを受けられる機会に恵まれた。

ある日，私は友人と地元の点心のお店でブランチをとろうとしていた。しゃれたレストランではなかった。私たちにとって一番の選択というわけでもなかった。そこへ行ったのは，行きたかったレストランが予約でいっぱいだったからだった。

私たちはそのレストランに，隣接したパン屋から入り，応対してくれる人を待っていた。みんな忙しそうに見えた。私たちはやっと通りかかったウェイトレスの目に留まった。私は「4人がけの席をお願いします」と，彼女の質問を先取りして言った。

「ついてきてください」と彼女は足早に私たちをテーブルに連れて行った。席に着くと，彼女は「実はお客様がお入りになったのは裏口です。次からは正面入口をお使いください」と言った。レストランの反対側の端をジェスチャーで指した。

社交辞令はなかったが，それでも失礼な感じがしなかった。

シンガポール人特有の効率の良さで，彼女は私たちを席まで案内し，的確なアドバイスをくれた。

1. 誤り。冒頭の文において，シンガポールに良質のサービスがあるとは知られていない旨が述べられている。　2. 誤り。第5段落において，失礼な感じを受けていないとの記述がある。　3. 正しい。第3段落1文目と第4段落4文目から，選択肢の内容と一致していることがわかる。　4. 誤り。文化圏とジェスチャーの関係について述べた箇所はない。　5. 誤り。第2段落4文目によれば，行きたかったレストランは，予約でいっぱいであった。

第5部

数的処理

- 判断推理
- 数的推理
- 資料解釈

数的処理　判断推理

POINT

数的処理では，小学校の算数，中学高校の数学で習得した知識・能力をもとに，問題を解いていく力が試される。また，公務員採用試験の中では最も出題数が多く，合格を勝ち取るためには避けては通れない。

判断推理では，様々なパターンの問題が出題され，大学入試など他の試験ではほとんど見かけない問題も出てくる。すべての問題を解けるようにするのは困難なので，本書を参考に，できるだけ多くの問題を解き，本番までに得意な分野を増やしていこう。

算数や数学の学習経験が生かせる分野としては，まずは「論理と集合」が挙げられ，命題の記号化，対偶のとり方，ド・モルガンの法則，三段論法，ベン図，キャロル表を使った情報の整理法などを確実に押さえよう。また，「図形」に関する問題も多く，平面図形では正三角形，二等辺三角形，直角三角形，平行四辺形，ひし形，台形，円，扇形などの性質や面積の公式，これらを回転させたときにできる立体図形などを確実に覚えよう。立体図形では，円錐，角錐，円柱，角柱，球，正多面体などの性質や体積・表面積の公式を必ず覚えよう。

一方，あまり見慣れない問題があれば，本書の問題を参考にして必要な知識や考え方を身に付けてほしい。例えば,「リーグ戦やトーナメント戦」といった馴染みのある題材が扱われる問題でも，試合数を計算する公式を知っておかなければ解けない場合がある。また，「カレンダー」を題材にした問題では，各月の日数やうるう年になる年などを知っておく必要がある。「順序」に関する問題では，表・樹形図・線分図・ブロック図などを使って効率よく情報を整理していく必要がある。その他にも,「暗号」,「うその発言」,「油分け算」などでは，実際に問題を解いてみなければわからない独自のルールが存在する。「図形」を題材にしたものの中には，計算を必要とせず予備知識がなくとも正解が出せる場合があるので，落ち着いて問題文を読むようにしよう。

問題の解き方のコツとしては，設問の条件を図表にして可視化していき，行き詰まったら推論や場合分けなどをしてみることである。問題によっては図表が完成しなくとも正解が出せる場合や，いくつかの場合が考えられてもすべてで成り立つ事柄が存在するので，選択肢も定期的に見ておくとよいだろう。公務員採用試験では，限られた時間内で多くの問題を解くことになるが，ほとんどの問題では解法パターンが決まっているので，設問を読んだだけで何をすればよいか見通しが立てられるぐらいまで習熟してほしい。

演習問題

1 中学生100人にアンケートを行った結果を集計し表に示した。サッカー，バスケットボールの両方ともしたことがある人が57人いるとき，サッカー，バスケットボールの両方ともしたことがない人は何人いるか。

調査項目	集計結果
サッカーをしたことがありますか？	ある　70人 ない　30人
バスケットボールをしたことがありますか？	ある　85人 ない　15人

1　1人　　2　2人　　3　3人　　4　4人　　5　5人

2 長距離走で，Aは折り返し点の手前で折り返してきた先頭の5人とすれ違った。さらに，折り返し点の手前で4人を抜き，折り返してきた1人とすれ違った。折り返した後，2人に抜かれてゴールインした。このときAの順位として，最も妥当なものはどれか。ただし，同順位はなく，全員完走したものとする。

1　7位　　2　8位　　3　9位　　4　10位　　5　11位

3 **A～Eの5人が，自分たちの体重について次のように発言したが，1人が嘘をついている。この時，嘘をついていないことが確実な人として最も妥当なものはどれか。**

A 「Dは私より体重が軽い」
B 「私はCより体重が重い」
C 「Eは私より体重が軽い」
D 「私はBより体重が軽い」
E 「私はAより体重が重い」

1 A　2 B　3 C　4 D　5 E

4 **A～Fの6人がゲーム大会をして，優勝者が決定された。このゲーム大会の前に6人は，それぞれ次のように予想を述べていた。予想が当たったのは2人のみで，あとの4人ははずれであった。予想が当たった2人の組み合わせとして最も妥当なものはどれか。**

A 「優勝者は，私かCのいずれかだろう」
B 「優勝者は，Aだろう」
C 「Eの予想は当たるだろう」
D 「優勝者は，Fだろう」
E 「優勝者は，私かFのいずれかだろう」
F 「Aの予想ははずれるだろう」

1 A，B　2 A，C　3 B，D　4 C，D　5 D，E

5 **ある会合に参加した人30人について調査したところ，傘を持っている人，かばんを持っている人，筆記用具を持っている人の数はすべて1人以上29人以下であり，次の事実がわかった。**

ⅰ）傘を持っていない人で，かばんを持っていない人はいない。
ⅱ）筆記用具を持っていない人で，かばんを持っている人はいない。
このとき，確実に言えるのは次のどれか。

1 かばんを持っていない人で，筆記用具を持っている人はいない。
2 傘を持っている人で，かばんを持っている人はいない。
3 筆記用具を持っている人で，傘を持っている人はいない。
4 傘を持っていない人で，筆記用具を持っていない人はいない。
5 かばんを持っている人で，傘を持っている人はいない。

6 A～Gの7人が横に1列に並び，同じ方向を向いている。次のア～エの条件の時，確実にいえることはどれか。

ア　Aの右から2人目はBである。

イ　Bの右から2人目はCである。

ウ　Dの右から3人目はEである。

エ　Fの右から4人目はGである。

1　FはAの隣である。

2　DはCの隣である。

3　EはGの隣である。

4　BはEの隣である。

5　GはBの隣である。

7 「天ぷらは日本食である」の命題が正しいとすれば，次の中で必ず正しいと言えるのはどれか。

ア　天ぷらでなければ日本食ではない。

イ　日本食であれば天ぷらである。

ウ　日本食は天ぷらである。

エ　日本食でなければ，天ぷらではない。

オ　天ぷらは，和食の1つである。

1　アだけ　　2　ウだけ　　3　エだけ　　4　アとイ　　5　ウとオ

8 次のA～Eのうち，図Ⅰの型5枚をすき間なく並べることによって作ることのできる形のみを全て挙げているのはどれか。

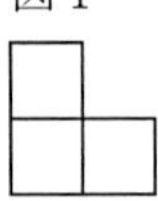

A
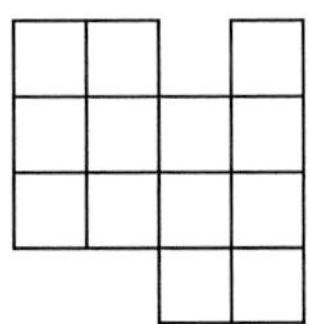

B
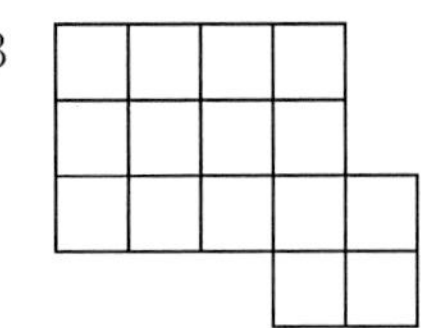

C
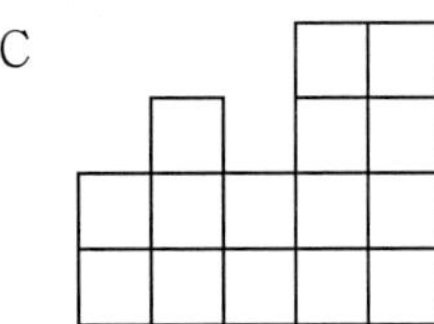

D
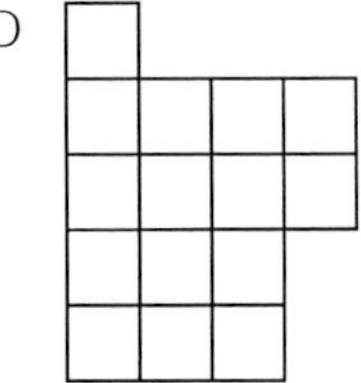

E
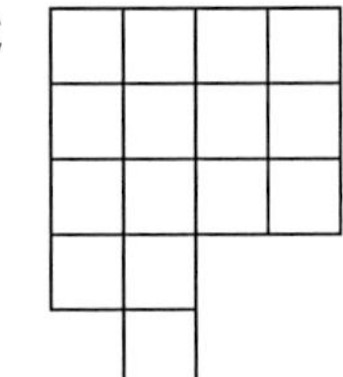

1　A，B，C
2　A，D
3　B，C，D
4　B，D
5　B，E

9 次の円錐の立体の切断面の形として，正しくないものはどれか。

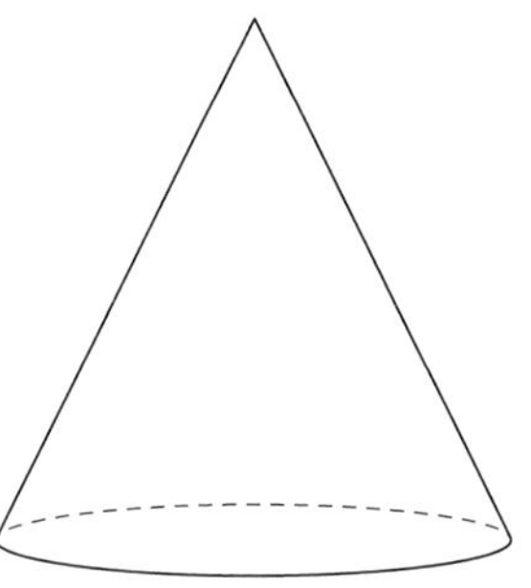

1

2 

3 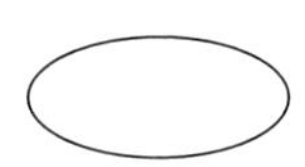

4 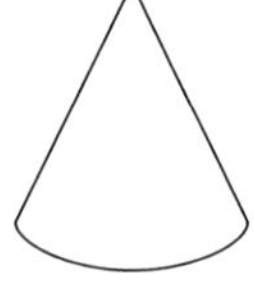

5 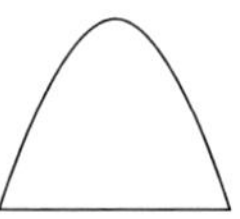

10 図の立体は，小さい立方体を縦，横に4個ずつ置き，それをさらに4段，すき間なく積み重ねたものである。ABCを通る平面で切ったとき，切れ目が入らない立方体の数として，妥当なものはどれか。

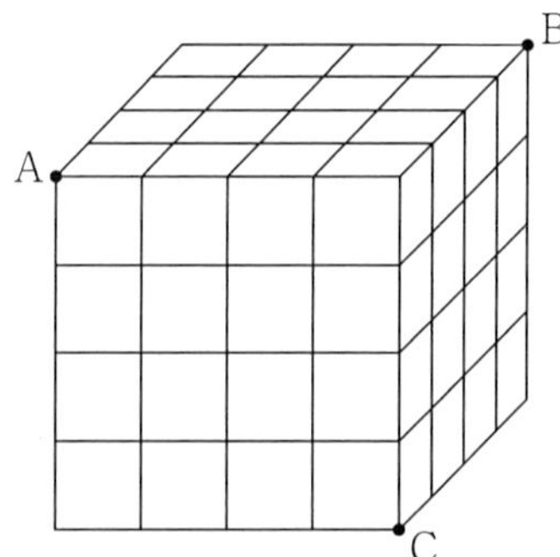

1　36個

2　38個

3　48個

4　52個

5　58個

11 「勉強しない人は公務員試験に合格できない」ことがわかっているとき，正しくいえるのはどれか。

1　勉強する人は公務員試験に合格できる。
2　公務員試験に合格できる人は勉強する。
3　勉強しなくても公務員になれるかもしれない。
4　公務員は勉強している。
5　公務員試験に合格できない人は勉強をしていない。

12 ある中学校の学生50人のなかで，テニスの経験がある者が23人，テニスとバレーボールの両方経験のある者が8人，どちらも経験のない者が15人であるとき，バレーボールのみ経験のある者は何人いるか。

1　10人　　2　11人　　3　12人　　4　13人　　5　14人

13 事務職と行政職の2つの公務員試験を受験した100人の学生のなかで，事務職に合格した者が45人，行政職に合格した者が50人，両方に合格した者が10人いたとき，学生たちの公務員試験合格率は何％か。ただし，合格者とは1つまたは2つの試験に合格した者のことである。

1　60%　　2　65%　　3　70%　　4　80%　　5　85%

14 A～Gの7人の試験の成績は，Aの得点はBより高かった。BはCより得点が低く，Dの得点より高かった。DはEより得点が低く，Fの得点より高かった。Gの得点は最も低かった。以上のことから確実にいえるのは次のうちのどれか。

1　Aは最も得点が高かった。
2　FはGの次に得点が低かった。
3　EはBよりも得点が高かった。
4　CはEよりも得点が低かった。
5　FはBよりも得点が高かった。

15 Bの弟であるAは，Dの妹Cより年上で，Fの姉であるEはCより年下である。このことから確実にいえるのはどれか。

1　AはDより年上である。
2　AはEより年下である。

3　AはFより年上である。
4　EはAより年上である。
5　DはBより年下である。

16 以下はA～Fの6人の兄弟姉妹がお互いの関係を述べたものである。
A　「私の上には姉が3人と兄が1人いる」
B　「私の下には弟が2人と妹が1人いる」
C　「私の下には妹が3人と弟が2人いる」
D　「私の上には1人いるだけである」
E　「私の上には3人いる」
F　「私たち兄弟姉妹では，一番下は女である」
以上のことから判断して確実にいえるのは次のどれか。
1　年齢が上の順に並べるとC－D－F－B－E－Aとなる。
2　この6人兄弟姉妹は男女とも3人ずつである。
3　Bはこの兄弟姉妹の上から3番目で長男である。
4　Eには姉，妹，弟はいるが，兄はいない。
5　Dは次女で弟が1人と妹が3人いる。

17 男子3人，女子2人のA～Eの5人が10kmのマラソンに参加した。5人は1分間隔で順次到着し，到着の様子は次のア～ウの通りであった。
ア　AはBより遅く到着したが，そのタイムは5人の平均より速かった。
イ　Cは男子でDより早く到着した。
ウ　2位と3位は女子であった。
以上から確実にいえることはどれか。ただし，同順位はなく全員完走したものとする。
1　Aは女子である。
2　Bは女子である。
3　Cは3位である。
4　Dは4位である。
5　Eは男子である。

18 12時から始まるミーティングに，BはCより12分遅く着き，Eより5分早く着いた。AはBより7分遅く着き，Dより1分早く着いた。Eが着いたとき，ミーティング開始まで4分の時間があった。Aはミーティングの始まる何分前に着いたか。

1　1分　　2　2分　　3　3分　　4　4分　　5　5分

19 A～Eの5人がそれぞれ異なる種類のコインを持って集まり，皆で交換した。もらえるのは1人1個で，自分がもらった相手には渡さないものとする。次の状況がわかっているとき，正しくいえるのはどれか。

①　DはAにコインを渡した。
②　BがコインをわたしたのはDでない。
③　CはEにコインを渡した。

1　AはBに渡した。
2　AはCに渡した。
3　BはEに渡した。
4　EはBに渡した。
5　EはCに渡した。

20 A～Dの4人が八百屋に行き，帰り際にそれぞれの購入品の一部を交換した。4人が購入したのは，リンゴ，ナシ，バナナ，ミカンのいずれか1種類ずつである。A～Dが次のように述べたとき，正しいのはどれか。

A　私が購入したのはBの受け取ったリンゴではない。
B　私が購入したものをCは受け取っていない。
C　私が受け取ったのはバナナではない。
D　私が受け取ったのはCの購入したミカンではない。

1　リンゴを購入したのはDではない。
2　ナシを購入したのはBである。
3　ナシを受け取ったのはCではない。
4　バナナを受け取ったのはDである。
5　ミカンを受け取ったのはAではない。

21 表裏とも赤，表が赤で裏が白，表裏とも白のカードが合わせて100枚ある。これらを表裏かまわず重ね合わせ，上から1枚ずつ100枚見ると，赤が35枚あった。そのまま上下を逆にして同様に見ると，赤が49枚あった。表が赤で裏が白のカードの枚数は，表裏とも赤のカードの枚数の2倍であったとすると，表裏とも白のカードは何枚か。

1 34枚　2 35枚　3 36枚　4 37枚　5 38枚

22 ある暗号で，「桜」は「10010－0－1010－10100－10001－0」，「富士」は「101－10100－1001－1000」，「梅」は「10100－1100－100」である。このとき，「1000－1101－10100」の表す動物として，正しいものはどれか。

1 牛　2 虎　3 馬　4 猿　5 犬

23 図のような白黒の紙と，黒の紙を合計50枚重ねた。このとき，白黒の紙の縦横はそろえなかったので，ある隅には黒が40枚，別の隅には35枚となった。白黒の紙は全部で何枚か。

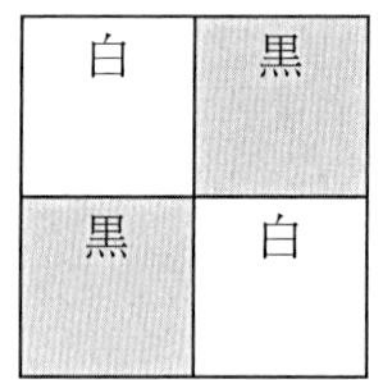

1 22枚　2 23枚　3 24枚　4 25枚　5 26枚

24 「マコト」が「5－4・1－9・1－7」，「アイ」が「5－10・4－10」，「ユウキ」が「3－3・3－10・4－9」を表すとすると，「ソラトクモ」に対応する記号の組み合わせとして妥当なものはどれか。

1 1－6・5－5・1－7・3－7・1－2
2 1－7・5－1・1－7・3－8・1－3
3 1－8・5－2・1－7・3－9・1－4
4 2－9・6－3・1－7・4－10・2－5
5 3－10・7－4・1－7・5－1・3－6

25 図のように1～6の数字を書いた，同じ大きさのカードが10枚ある。このカードの向きを揃えずに10枚重ね，上のAのところの数（1，2，3，4，5，6のいずれかになる）を合計したところ15になった。このとき，下のBのところの数の合計は，次のうちどれか。

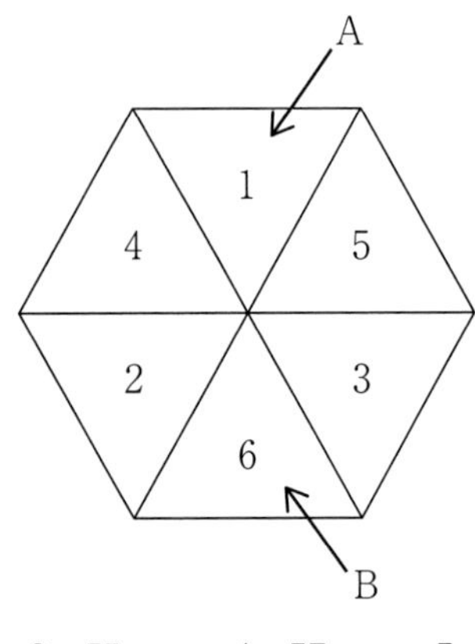

1　51　　2　53　　3　55　　4　57　　5　59

26 ブドウ狩りに行ったA～Eの5人が狩ったブドウの数について，次のア～エのことがわかった。

ア　Bの数は，Cの数とEの数との和からAの数を引いた数より2房少なかった。

イ　Dの数は，Aの数より2房多く，Cの数より7房少なかった。

ウ　Eの数は，Aの数より多く，Dの数より少なかった。

エ　狩ったブドウの数が同じ者はいなかった。

以上から判断して，狩ったブドウの数が2番目に多い者の数と4番目に多い者の数との差として，正しいものはどれか。

1　4　　2　5　　3　6　　4　7　　5　8

27 次の図は暗号で数を表している。

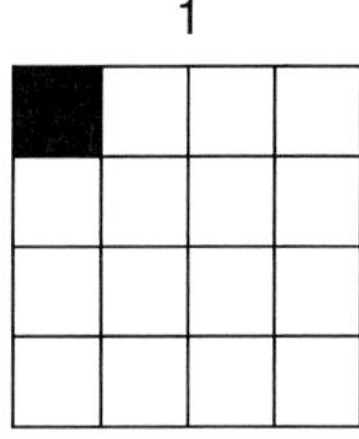

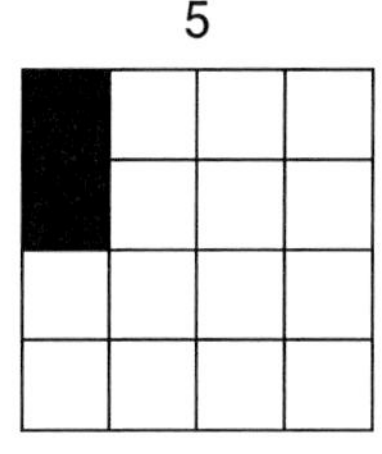

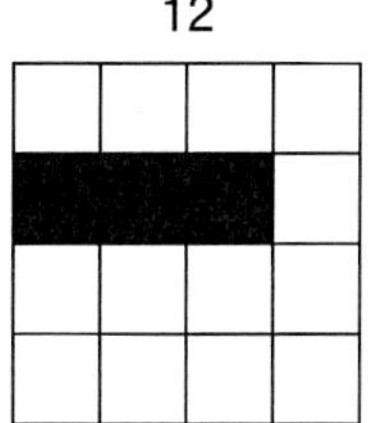

18

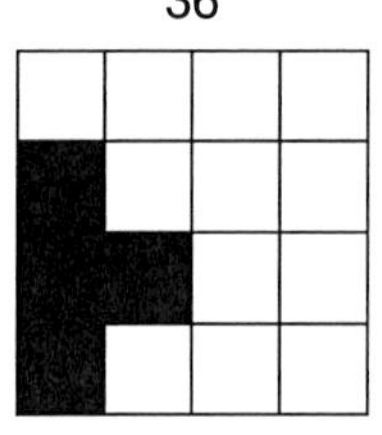

このとき，以下の図の暗号が表す数として，最も妥当なものはどれか。

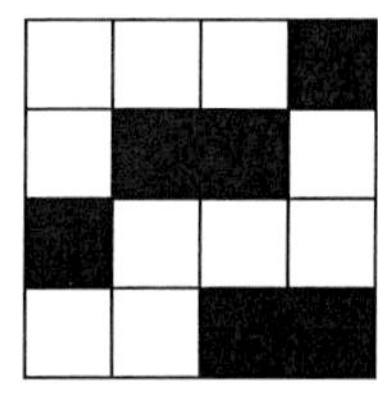

1　43　　2　45　　3　47　　4　49　　5　51

28 大きい円と小さい円が接している。まず，図1のように，小さい円を，大きい円の外側を滑らないように，同じ位置に来るまで回転させた。次に，図2のように，小さい円を移動させて，大きい円の内側を滑らないように回転させた。大きい円と小さい円の半径の比が4：1であるとき，これらの操作による小さい円の回転数の合計として，最も妥当なものはどれか。

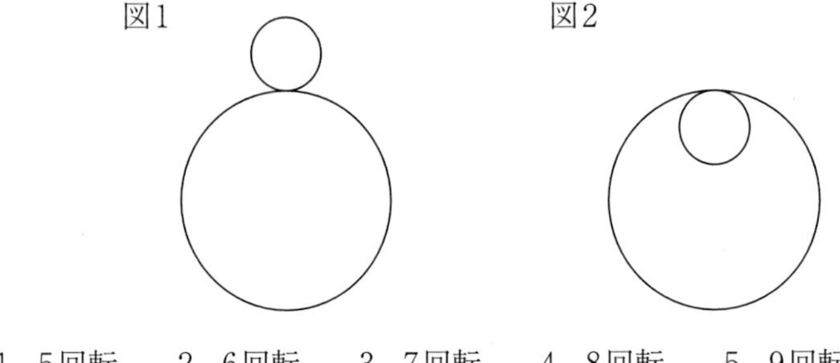

1　5回転　　2　6回転　　3　7回転　　4　8回転　　5　9回転

29 図は，各辺が1cmの正三角形を組み合せて作った正六角形である。図中にある一辺が1cmの正六角形の個数として，妥当なものはどれか。

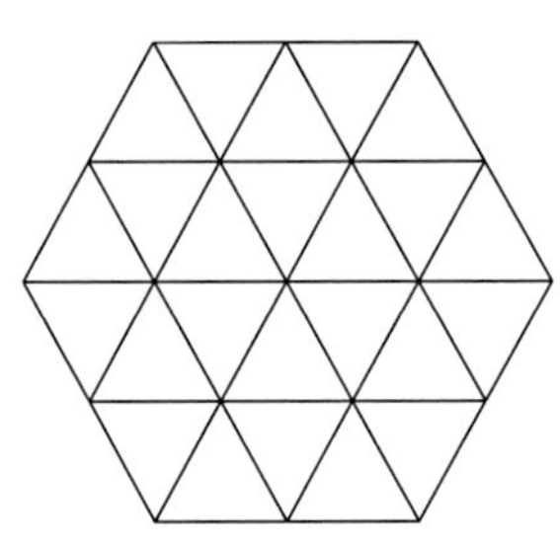

1　6個　　2　7個　　3　8個　　4　9個　　5　10個

30 図1のように一辺の長さがともに等しい正方形の左側に接した正三角形を滑らないように右側に回転させたとき，点Pが次の図2のような軌跡を描いた。このときの図形と点Pの関係として，最も妥当なものはどれか。ただし，選択肢中と図1，2中の点Xは同一のものとする。

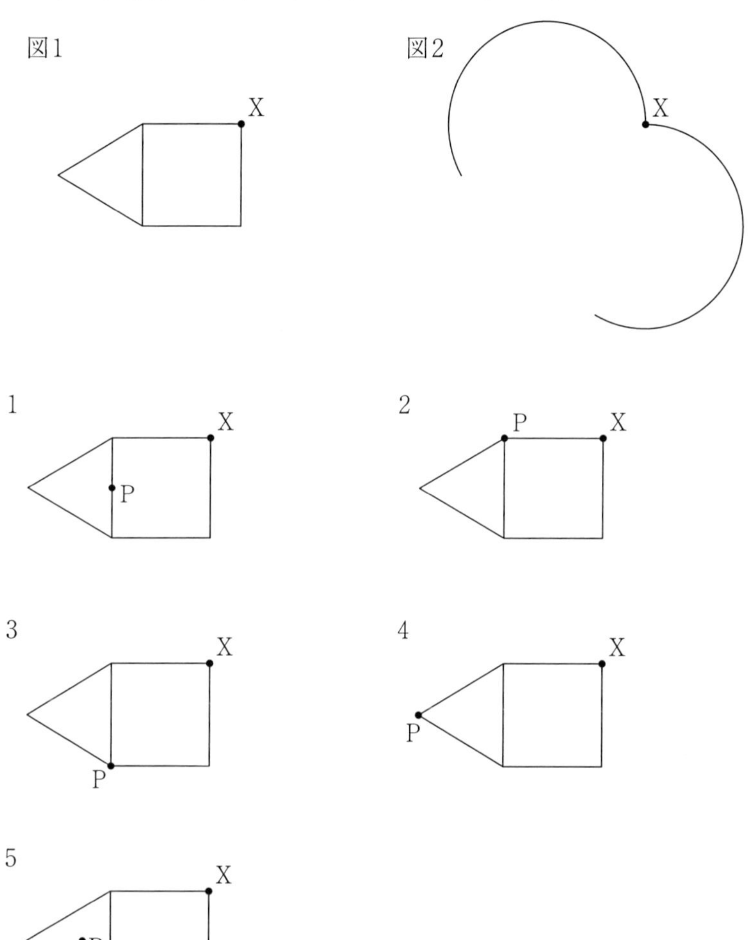

31 正方形の紙を折り，面積が半分になるような三角形を作った後，さらに折り重ねて面積が半分になる三角形を作る作業を2回繰り返した。それに切り込みを入れ，広げたところ，図のような図形ができた。切り込みを入れた図として，最も妥当なものはどれか。

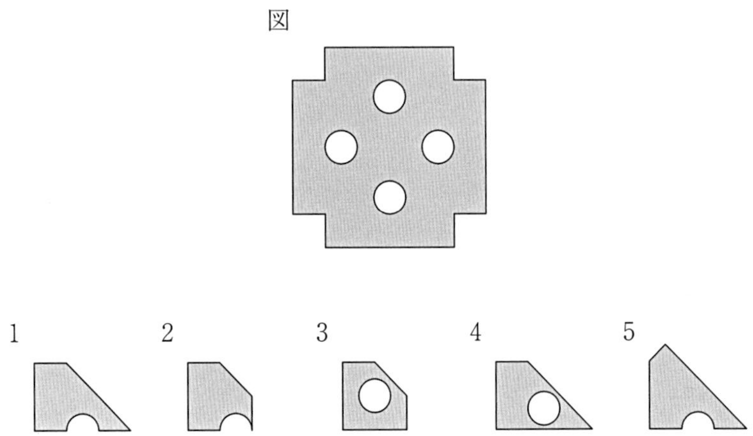

32 図のような立方体ABCD－EFGHがあり，それぞれの辺の長さは10cmである。また，頂点Eを出発して，右方の水平方向に5cm進んだ後，上方の垂直方向に1cmずつ動く動点がある。辺をまたがる際にも同じ動きをするとき，この点がはじめに到達する頂点として，最も妥当なものはどれか。

1 A
2 B
3 C
4 D
5 F

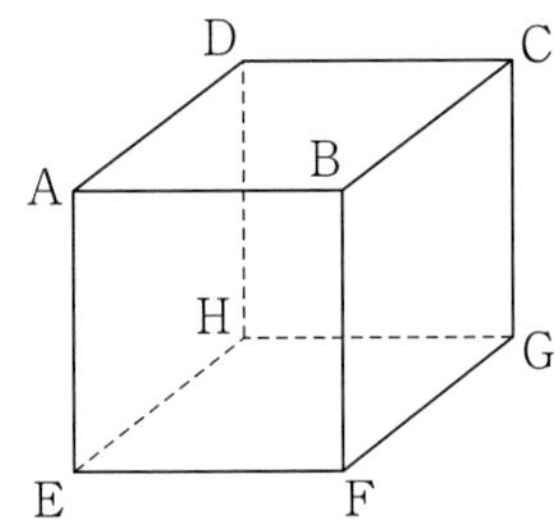

33 いくつかの立方体をすき間のないように積み重ねて立体をつくった。この立体を正面から見ると図1，真上から見ると図2の通りであった。これらから，立方体の数が最も多い場合の個数と，最も少ない場合の個数の差として，最も妥当なものはどれか。

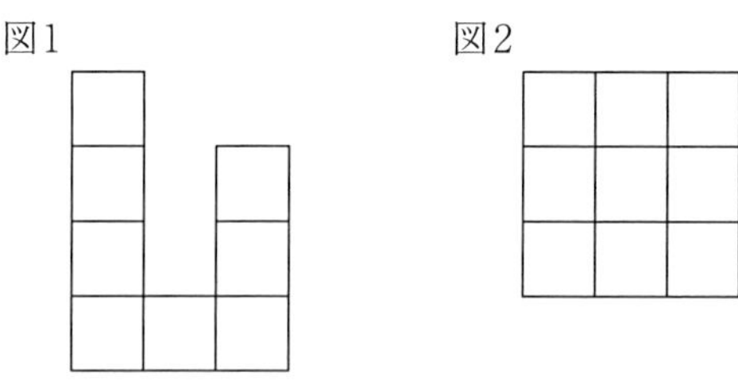

1　8個　　2　9個　　3　10個　　4　11個　　5　12個

34 図は，正十二面体の展開図であるが，これを組み立てたときの頂点の数として，最も妥当なものはどれか。

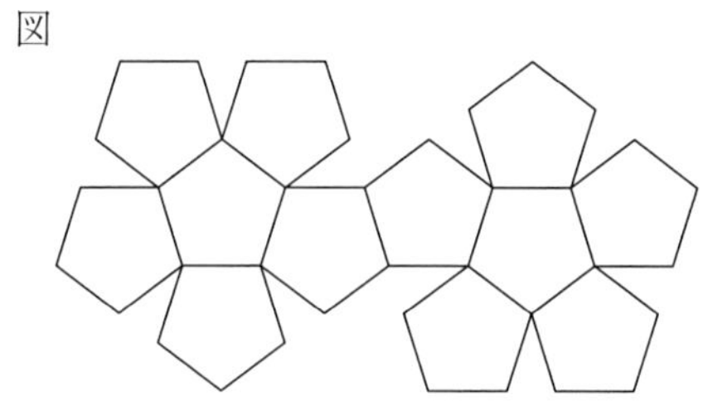

1　16個　　2　17個　　3　18個　　4　19個　　5　20個

35 それぞれの面に1～6を記したあるサイコロは，通常のものと異なり，向かい合う面の合計が3，7，11のいずれかであるという。この条件に合致する展開図として，最も妥当なものはどれか。

1

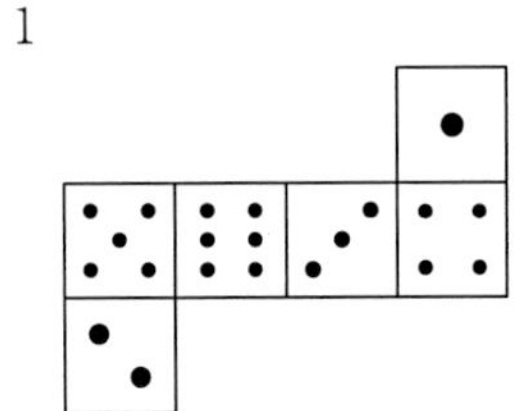

2

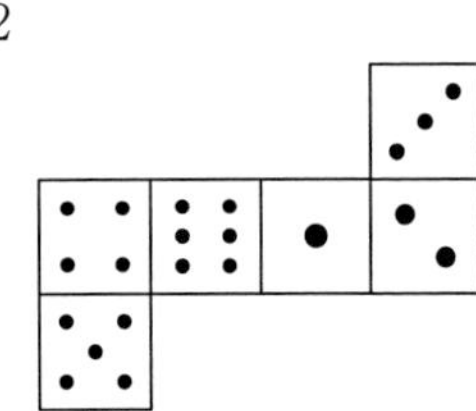

3

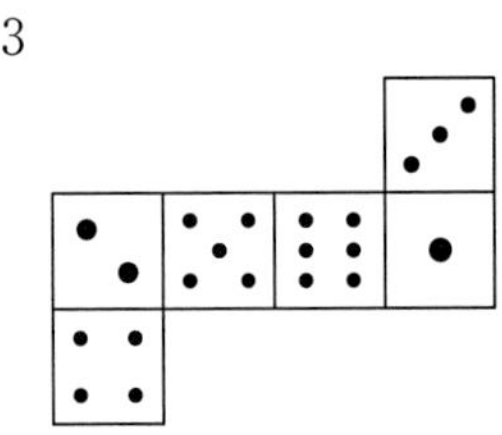

4

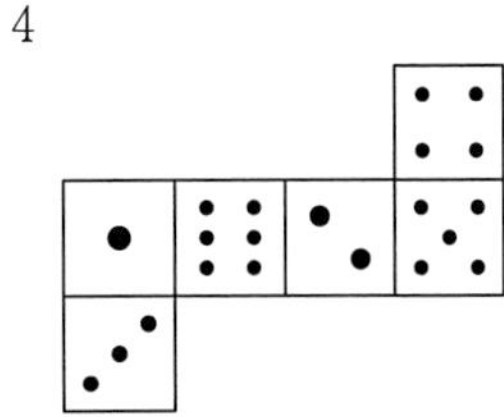

5

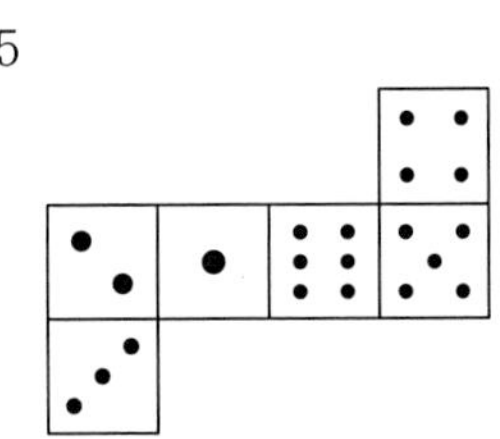

解答・解説

1 2

解説 設問の条件を，次のベン図にまとめる。

①は「サッカーをしたことがあるが，バスケットボールをしたことがない人数」であり，

70 − 57 = 13〔人〕

②は「サッカーをしたことはないが，バスケットボールをしたことがある人数」であり，

85 − 57 = 28〔人〕

③は「サッカーをしたことがなく，バスケットボールをしたことがない人数」であり，

100 − 13 − 57 − 28 = 2〔人〕

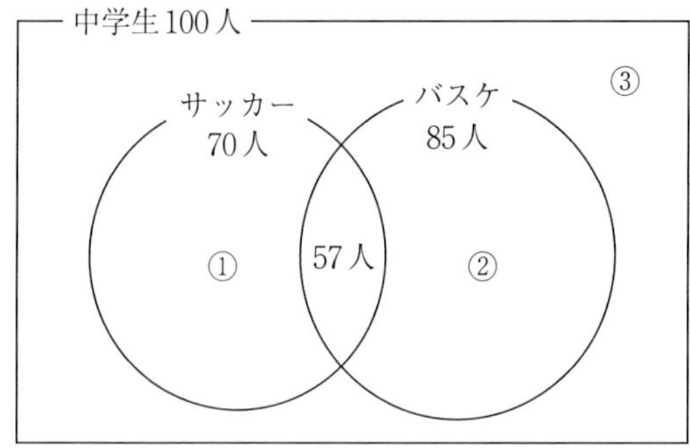

以上より，正解は2。

2 3

解説 Aは折り返し点までに合計6人とすれ違ったので，7位で折り返したことになる。その後，折り返してからゴールするまでに2人に抜かれたことから，最終的には9位でゴールインしたことになる。

なお，「折り返し点の手前で4人を抜いた」という情報は，結果的に解答を導くうえで必要のない情報である。

以上より，正解は3。

3 4

解説 まず，全員の発言を正しいと仮定して条件を整理する。（体重が重い）＞（体重が軽い）と順序関係を整理すると，5人の発言が正しいとき

Aの発言より，A＞D
Bの発言より，B＞C
Cの発言より，C＞E
Dの発言より，B＞D
Eの発言より，E＞A
これらをまとめると，B＞C＞E＞A＞D
となり，矛盾はない。

次に，嘘をついている場合，不等号の向きが逆になることに注目する。すると，条件より「1人だけ嘘をついている」ので，上記の1つの不等号の向きを変えても，他の不等号の向きや順序に影響がないことになる。反対に，不等号の向きを変えることで，他の不等号の向きや順序に影響が出てしまう発言が「嘘をついていない」ことになる。

例えば，Aの発言が嘘の場合，正しくは「D＞A」となり，全体としてはB＞C＞E＞D＞Aのままで矛盾はない。よって，Aは嘘をついている可能性がある。

同様に考えると，隣り合った2人の順序関係について発言しているB，C，Eについては，嘘をついている可能性がある。

一方，Dの発言が嘘の場合，正しくは「D＞B」となり，
B＞C＞E＞A＞D
D＞B
となるので，「A＞D」と発言したAも嘘をついたことになる。

したがって，嘘をついていないことが確実なのはDである。
以上より，正解は4。

4 1

解説 A～Fの発言をもとに，次の表を作成する。ただし，優勝すると予想した場合を○，それ以外を×とする。

まず，A，B，D，Eの発言をもとに，それぞれの行に○か×を入れる。次に，Cの発言より，Cの行とEの行は等しくなる。一方，Fの発言より，Fの

行はAと真逆になる。

ここで，Aが優勝した場合，予想が当たったのはAの列に○をつけたAとBの2人であり，その他の4人は予想がはずれたことになる。同様に考えると，表は次のようになる。

よって，予想が当たるのが2人となるのは，Aが優勝した場合のみであり，このとき予想が当たったのはAとBである。

以上より，正解は1。

		優勝者					
		A	B	C	D	E	F
発言者	A	○	×	○	×	×	×
	B	○	×	×	×	×	×
	C	×	×	×	×	○	○
	D	×	×	×	×	×	○
	E	×	×	×	×	○	○
	F	×	○	×	○	○	○
当たった		2	1	1	1	3	4
はずれた		4	5	5	5	3	2

5 4

解説 「傘」，「かばん」，「筆記用具」という3つの集合を考える場合，次のベン図のように全体を8つの領域に分けることができる。

①は「傘だけを持っている」，②は「かばんだけを持っている」，③は「筆記用具だけを持っている」，④は「傘とかばんだけを持っている」，⑤は「傘と筆記用具だけを持っている」，⑥は「かばんと筆記用具だけを持っている」，⑦は「3つとも持っている」，⑧は「3つとも持っていない」人が存在する領域である。

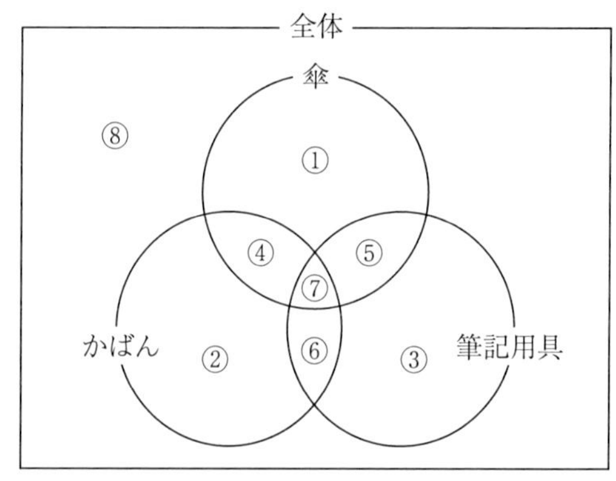

i) より，「傘を持っていない人は，全員かばんを持っている」ので，③と⑧の人はいない。

ii) より，「筆記用具を持っていない人は，全員かばんを持っていない」ので，②と④の人はいない。

よって，②③④⑧の人はおらず，①⑤⑥⑦の人はいる可能性がある。

1. 誤り。⑤の「傘と筆記用具だけ持っている人」がいる可能性がある。
2. 誤り。⑦の「3つとも持っている人」がいる可能性がある。 3. 誤り。⑤と⑦の人がいる可能性がある。 4. 正しい。②と⑧の人がいないので確実にいうことができる。 5. 誤り。⑦の人がいる可能性がある。

6 1

解説 向きに関しては，全員が同じ方向を向いているので，全員が前方を向いていると仮定して条件をまとめると，次のようになる。

アの条件	イの条件	ウの条件	エの条件
A○B	B○C	D○○E	F○○○G

アとイの条件はBが共通しているのでまとめると，

A○B○C

また，この問題は条件に右○人目とあるので入れ替わりは生じず，問題では7人が一列に並ぶので，

○○A○B○C　○A○B○C○　A○B○C○○

の3パターンが考えられる。

これらにウの条件を入れると，真ん中のパターンは当てはまらないので，

D○AEB○C　A○BDC○E

残ったエの条件を入れると次の通りとなる。

DFAEBGC　AFBDCGE

よって，いずれの場合でもFがAの隣であるということは確実にいえる。
以上より，正解は1。

7 3

解説 ある命題が正しいとき，その対偶も正しい。「AならばBである」の対偶をとると「BでなければAではない」となる。

よって，「天ぷらは日本食である」の対偶をとると「日本食でなければ，天ぷらではない」となる。
以上より，正解は3。

8 5

解説 図Ⅰの型を5枚すき間なく並べるので，最終的にできる図は3×5＝15〔マス〕となるはずである。この時点で，13マスからなるAは不適となる。

次に，図Ⅰの型を2つ組み合わせた2×3の図形を用いて，B～Eの図ができるかそれぞれ検討する。すると，BとEの図形しかできないことがわかる。

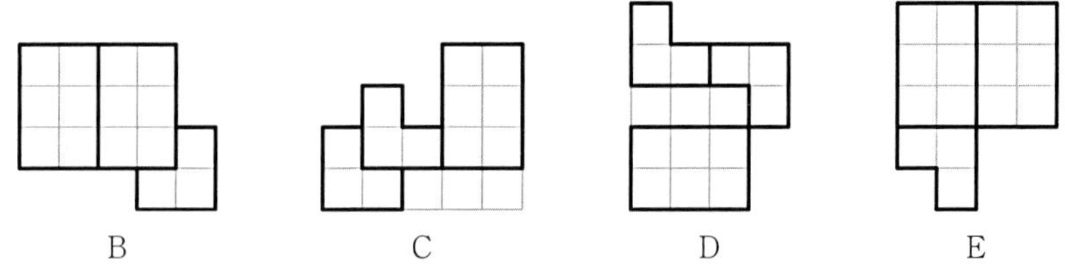

以上より，正解は5。

9 4

解説 切断面として考えられるのは，次のものである。

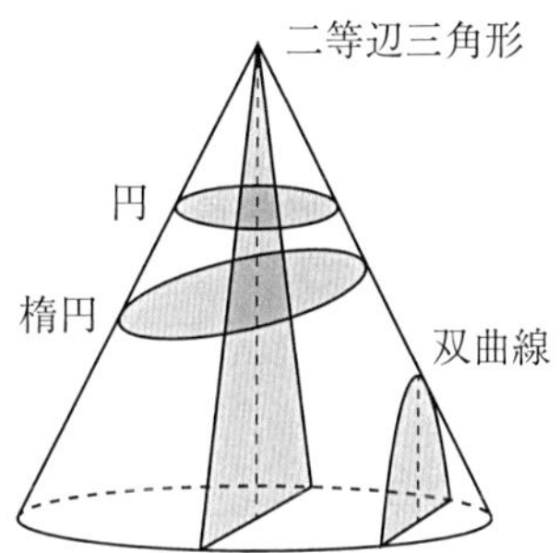

以上より，正解は4。

10 3

解説 与えられた図を，ABCを通るように切ると，右の図のようになる。

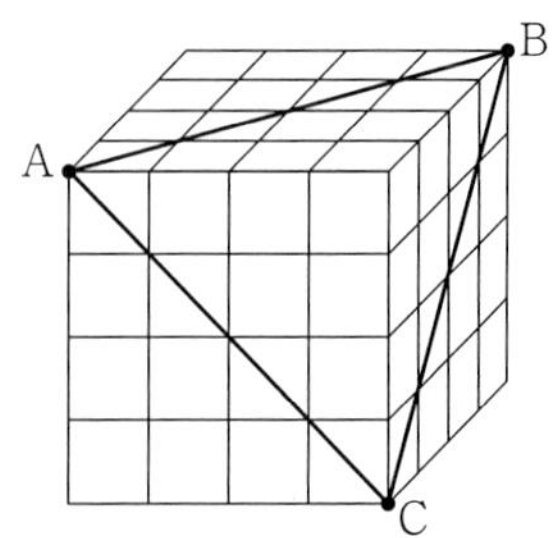

切断面は小さい立方体を構成する正方形の対角線を1辺とする正三角形の組み合わせとなり，右の図のようになる。

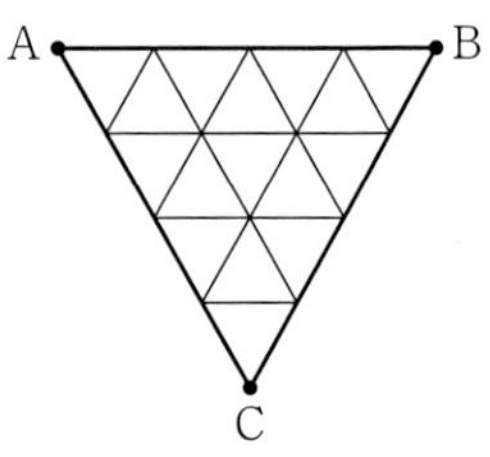

この図より，小さい立方体のうち，切れ目が入る立方体の数は，正三角形の数に等しいから，16個である。

また，小さい立方体の総数は，4 × 4 × 4 = 64〔個〕。

よって，切れ目が入らない立方体の数は，64 − 16 = 48〔個〕。

以上より，正解は3。

11 2

解説 「勉強しない人は公務員試験に合格できない」の対偶は「公務員試験に合格できるならば勉強する人である」となる。

以上より，正解は2。

12 3

解説 設問の条件をもとにベン図を作成すると，次のようになる。

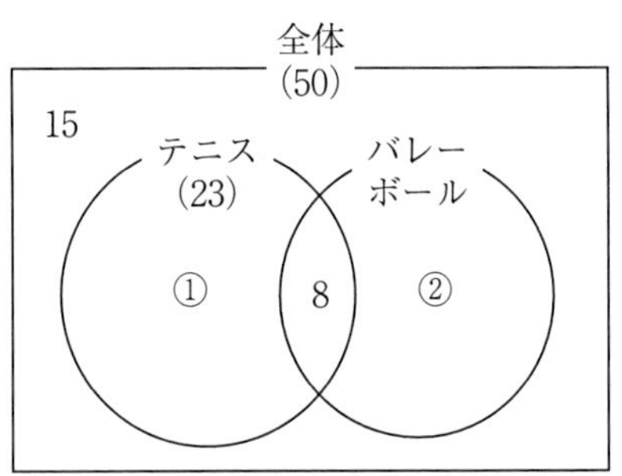

①は「テニスのみ経験のある者」が存在する領域であり，① + 8 = 23が成り立つので，

　① = 23 − 8 = 15〔人〕

②は「バレーボールのみ経験のある者が存在する領域である。

ここで，① + ② + 8 = 50 − 15が成り立つので，

　② = 50 − 15 − (① + 8)

　　= 35 − (15 + 8)

　　= 12〔人〕

以上より，正解は3。

13 5

解説 設問の条件をもとにベン図を作成すると，次のようになる。

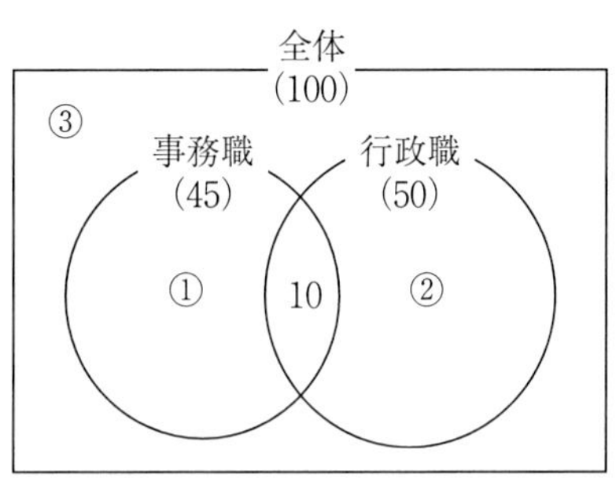

①は「事務職のみ合格した者」，②は「行政職のみ合格した者」，③は「どちらも合格しなかった者」が存在する領域である。

ここで，(合格者の人数)＝①＋②＋10＝45＋50－10が成り立つので，

(合格者の人数)＝85〔人〕

さらに，

$$(\text{合格率})=\frac{\text{合格者の人数}}{\text{全体の人数}}\times 100$$ より，

$$(\text{合格率})=\frac{85}{100}\times 100=85\text{〔\%〕}$$

以上より，正解は5。

14 2

解説 設問の条件をもとに，左から点数の高い順に並べる。

①「Aの得点はBより高かった。」より，

A　B

②「BはCより得点が低く，Dの得点より高かった。」より，

C　B　D

③「DはEより得点が低く，Fの得点より高かった。」より，

E　　　D　F

④「Gの得点は最も低かった。」より，

　　　　　　G

①，②，③，④より

				D	F	G

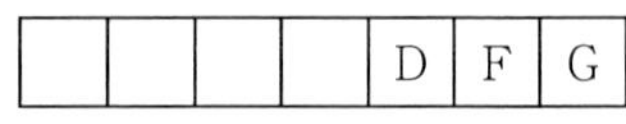

A・B・C・E

ただし，A＞B，C＞B

よって，確実に順序がわかるのはD，F，Gだけである。

以上より，正解は2。

15 3

解説 設問の条件をもとに，左から年齢の高い順に並べる。

①「Bの弟であるA」より，

B　A

②「AはDの妹Cより年上」より，

　　A　C

③「Dの妹C」より，

D　　　C

④「Fの姉であるE」より，

　　　　　E　F

⑤「EはCより年下」より，

　　　　C　E

①，②，③，④，⑤をまとめると，

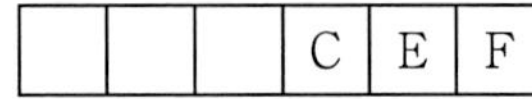

			C	E	F

B・D・A

ただし，B＞A

よって，AとD，BとDの順序は決まらない。

以上より，正解は3。

16 4

解説 設問の条件をもとに，左から年齢が高い順に並べる。ただし，上の行は人物，下の行は性別を表す。

①A 「私の上には姉が3人と兄が1人いる」より，

				A	
女3，男1					

②B 「私の下には弟が2人と妹が1人いる」より，

		B			
			男2，女1		

③C「私の下には妹が3人と弟が2人いる」より，

C					
	女3，男2				

④D 「私の上には1人いるだけである」より，

	D				

⑤E 「私の上には3人いる」より，

			E		

⑥F「私たちの兄弟姉妹では一番下は女である」より，

					女

①～⑥より，人物については左から順にC，D，B，E，A，Fとなる。
また，⑥よりFは女，②よりEとAは男，③よりDとBは女，①よりCは女となる。
ここまでをまとめると，次のようになる。

C	D	B	E	A	F
長女	次女	三女	長男	次男	四女

以上より，正解は4。

17 1

解説 条件ア～ウをもとに，左から速く到着した者を並べる。ただし，上の行を人物，下の行を性別で表す。
①ア「AはBより遅く到着したが，そのタイムは5人の平均より速かった。」より，

B	A			

②イ「Cは男子でDより早く到着した」より，

C	D
男	

③ウ「2位と3位は女子であった。」より，

男	女	女	男	男

①〜③より，次のようになる。

B	A	E	C	D
男	女	女	男	男

以上より，正解は1。

18 2

解説 問題文の条件をまとめると次のようになる。

①BはCより12分遅く着き，Eより5分早く着いた。

②AはBより7分遅く着き，Dより1分早く着いた。

③Eが着いたとき，ミーティング開始まで4分の時間があった。

これら3つの条件を数直線で表すと，次のようになる（ミ…ミーティング）。ただし，左から早く着いた者を並べる。

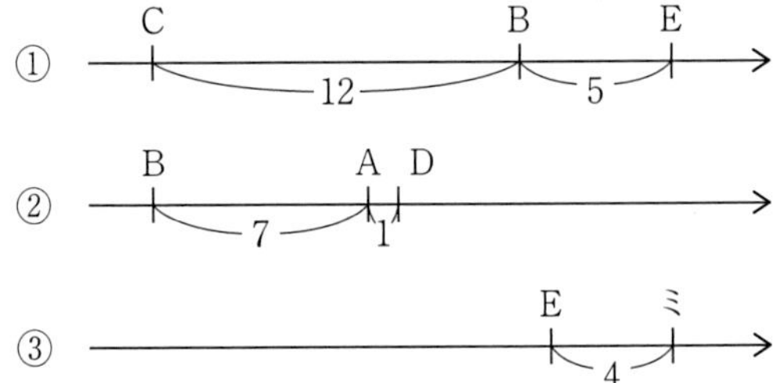

3つの数直線をまとめると，次のようになる。

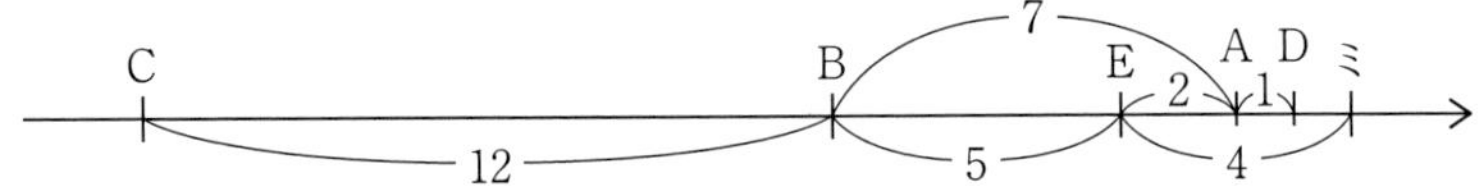

よって，Aはミーティングの2分前に着いたことがわかる。

以上より，正解は2。

19 1

解説 条件①～③をもとに，次の表を作成する。ただし，渡した（またはもらった）場合は○，渡していない（またはもらっていない）場合は×とする。
①より，「DがAに渡した」ことが確定し，自分がもらった相手には渡さないので「AがDに渡していない」ことが確定する。
②より，「BがDに渡していない」ことが確定する。
③より，「CがEに渡した」こと，および「EがCに渡していない」ことが確定する。
ここまでをまとめると，次のようになる。

		もらう人				
		A	B	C	D	E
渡す人	A	＼			×	×
	B	×	＼		×	×
	C	×	×	＼	×	○
	D	○	×	×	＼	×
	E	×		×		＼

すると，Bが渡す相手はCしかおらず，Aが渡す相手はBしかおらず，Eが渡す相手はDしかいない。よって，表は次のようになる。

		もらう人				
		A	B	C	D	E
渡す人	A	＼	○	×	×	×
	B	×	＼	○	×	×
	C	×	×	＼	×	○
	D	○	×	×	＼	×
	E	×	×	×	○	＼

以上より，正解は1。

20 4

解説 A～Dの発言をもとに，次の表を作成する。ただし，購入した，または受け取った場合は○，そうではない場合は×とする。
Aより，「Aはリンゴを購入していない，AはBに渡していない，Bはリンゴを受け取った」ことが確定する。
Bより，「BはCに渡していない」ことが確定する。
Cより，「Cはバナナを受け取っていない」ことが確定する。
Dより，「Dはミカンを受け取っていない，Cはミカンを購入した，CはDに渡していない」ことが確定する。
ここまでで，表は次のようになる。

	購入した				受け取った			
	A	B	C	D	A	B	C	D
リンゴ	×		×		×	○	×	×
ナシ			×			×		
バナナ			×			×	×	
ミカン	×	×	○	×		×		×
渡した						B×	C×	D×

ここで，Cがミカンを渡した相手はAしか残っていない。すると，バナナを受け取ったのはDしかおらず，Cはナシを受け取ったことになる。

また，Bが受け取ったリンゴを購入したのはDしかおらず，BはCに送っていないのでDが受け取ったバナナを購入していることになり，Aは残ったナシを購入したことになる。よって，表は次のようになる。

	購入した				受け取った			
	A	B	C	D	A	B	C	D
リンゴ	×	×	×	○	×	○	×	×
ナシ	○	×	×	×	×	×	○	×
バナナ	×	○	×	×	×	×	×	○
ミカン	×	×	○	×	○	×	×	×
渡した						B×	C×	D×

以上より，正解は4。

21 4

解説 表裏とも赤のカードをx枚とすると，表赤・裏白のカードは$2x$枚と表せる。
ここで，表を1枚，裏を1枚と考えると，赤のカードは全部で$x \times 2 + 2x = 4x$〔枚〕ある。
すると，実際の赤のカードの枚数は$35 + 49 = 84$〔枚〕なので，

$$4x = 84$$
$$x = 21$$

よって，表裏とも赤のカードは21枚になる。
表赤・裏白のカードは$2 \times 21 = 42$〔枚〕なので，
表裏とも白のカードは$100 - 21 - 42 = 37$〔枚〕となる。
以上より，正解は4。

22 5

解説 文字数を見ると，「桜」は，平仮名では「さくら」の3文字であり，ローマ字では「SAKURA」の6文字である。「富士」は，平仮名では「ふじ」の2文字であり，ローマ字では「FUJI」の4文字である。「梅」は，平仮名では「うめ」の2文字であり，ローマ字では「UME」の3文字である。
暗号の数字のかたまりと対比させると，「桜」が6個，「富士」が4個，「梅」が3個だから，数字のかたまり1個はローマ字におけるアルファベット1文字に対応していると考えられる。
このとき，数字のかたまりの順番とアルファベットの順番が同じであるとして対応させてみると，「SAKURA」が「10010-0-1010-10100-10001-0」，「FUJI」が「101-10100-1001-1000」，「UME」が「10100-1100-100」となり，複数回出てくる「A」が「0」，「U」が「10100」に矛盾が生じない。
よって，数字のかたまりの順番とアルファベットの順番は同じであると考えられる。
次に，数字のかたまりの意味を考えると，0と1しか使用されていないことから2進数であると推測され，「A」が「0」，「E」が「100」，「F」が「101」であることから，アルファベット順に2進数を0から小さい順に対応させていると考えられる。

すると，対応表は以下の通りとなる。

A	B	C	D	E	F	G	H	I
0	1	10	11	100	101	110	111	1000

J	K	L	M	N	O	P	Q	R
1001	1010	1011	1100	1101	1110	1111	10000	10001

S	T	U	V	W	X	Y	Z
10010	10011	10100	10101	10110	10111	11000	11001

よって，「1000-1101-10100」は「INU」すなわち「犬」であり，正解は5。

23 4

解説 白黒の紙では，白は対角線どうし，黒も対角線どうしに配置されている。よって，ある隅で黒が40枚ならばその対角線の隅でも黒は40枚である。

白	黒
黒	白

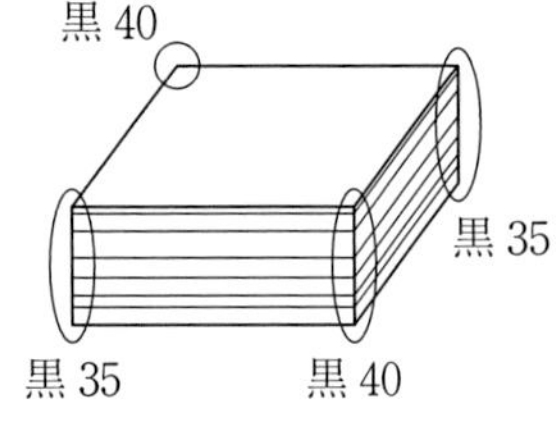

今，白の枚数を数えると，黒が40枚の隅では50 − 40 = 10〔枚〕，
黒が35枚の隅では50 − 35 = 15〔枚〕ある。
よって，白黒の紙の合計は，10 + 15 = 25〔枚〕である。
以上より，正解は4。

24 3

解説 「ひらがな」または「かたかな」に関する「暗号」については，「対応する文字の数」と「数字の組み合わせなどで表される記号の数」をみる。それらが一致する場合には，「ひらがな」または「かたかな」1文字と，「記号」1組が対応する。その場合，「50音表」や「イロハ順」との対応を調べることになる。この問題では，それぞれの「文字」と，「2組の数字」が対応するので，50音表における「ア～オ段」と「ア～ワ行」を調べる。
まず，段が共通する「ア」は「5-10」，「マ」は「5-4」に対応し，「コ」は

「1-9」,「ト」は「1-7」に対応するなど，それぞれ前半の数字が共通するので，前半の数字が段を表すことがわかる。また，前半の数字に着目すると，アとマが5，イとキが4，ユとウが3，コとトが1であるから，ア段は5，イ段は4，ウ段は3，エ段は2，オ段は1であると考えられる。
次に，行が共通する「ア」は「5-10」,「イ」は「4-10」に対応し，「コ」は「1-9」,「キ」は「4-9」に対応するなど，それぞれ後半の数字が共通するので，後半の数字が行を表すことがわかる。また，後半の数字に着目すると，アとイとウが10，コとキが9，トが7，マが4，ユが3であるから，ア行から順に，10，9，8，7…となる。
これらから，以下の表を導くことができる。

	ア行	カ行	サ行	タ行	ナ行	ハ行	マ行	ヤ行	ラ行	ワ行
ア段	5-10 ア	5-9 カ	5-8 サ	5-7 タ	5-6 ナ	5-5 ハ	5-4 マ	5-3 ヤ	5-2 ラ	5-1 ワ
イ段	4-10 イ	4-9 キ	4-8 シ	4-7 チ	4-6 ニ	4-5 ヒ	4-4 ミ	(4-3)	4-2 リ	(4-1)
ウ段	3-10 ウ	3-9 ク	3-8 ス	3-7 ツ	3-6 ヌ	3-5 フ	3-4 ム	3-3 ユ	3-2 ル	(3-1)
エ段	2-10 エ	2-9 ケ	2-8 セ	2-7 テ	2-6 ネ	2-5 ヘ	2-4 メ	(2-3)	2-2 レ	(2-1)
オ段	1-10 オ	1-9 コ	1-8 ソ	1-7 ト	1-6 ノ	1-5 ホ	1-4 モ	1-3 ヨ	1-2 ロ	1-1 ヲ

なお，「ン」については不明であるが，この場合は，例や記号化する対象には含まれないので，問題を解くにあたり，支障はない。
この表と対応させると，「ソラトクモ」は，「1-8・5-2・1-7・3-9・1-4」となる。
以上より，正解は3。

25 3

解説 このカードはどの向きにおいても，1枚のAとBの和は7となる。
AとBの合計数は，これを10枚重ねたものなので，$7 \times 10 = 70$
ここで，Aの合計が15より，
Bの合計は$70 - 15 = 55$。
以上より，正解は3。

26 4

解説 Aが狩ったブドウの数をx房とする。
条件イより，Dが狩ったブドウの数は$x+2$〔房〕，Cが狩ったブドウの数は$x+9$と表せる。
条件ウより，$x+2>$(Eが狩ったブドウの数)$>x$であり，条件エより狩ったブドウの数は5人とも異なるので，Eが狩ったブドウの数は$x+1$〔房〕となる。
条件アより，Bが狩ったブドウの数は，$(x+9)+(x+1)-(x+2)=x+8$〔房〕となる。
　ここまでをまとめると，狩ったブドウの数が多い順にC，B，D，E，Aとなる。よって，狩ったブドウの数が2番目に多いBと4番目に多いEの差は，
　$(x+8)-(x+1)=7$〔房〕
以上より，正解は4。

27 4

解説 図の1行目が1，2行目が4，3行目が8，4行目が16を表しており，黒いマスの分だけ数を足していけばよい。

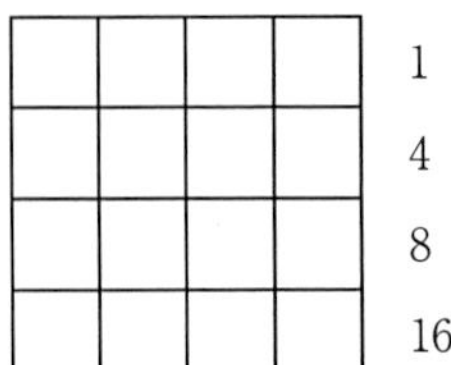

すると，

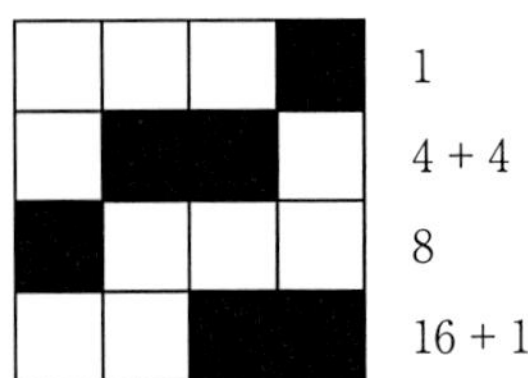

よって，$1+(4+4)+8+(16+16)=49$。
以上より，正解は4。

28 4

解説 大きい円の半径をm，小さい円の半径をnとすると，大きい円の外側を小さい円が1周するときの回転数は，$\frac{m}{n}+1$〔回転〕と表せ，$m=4$，$n=1$とすると，$\frac{4}{1}+1=5$〔回転〕。また，大きい円の内側を小さい円が1周するときの回転数は，$\frac{m}{n}-1$〔回転〕より，$\frac{4}{1}-1=3$〔回転〕。よって，回転数の合計は，$5+3=8$〔回転〕。
以上より，正解は4。

29 2

解説 まず，次のように番号を付し順に数える。

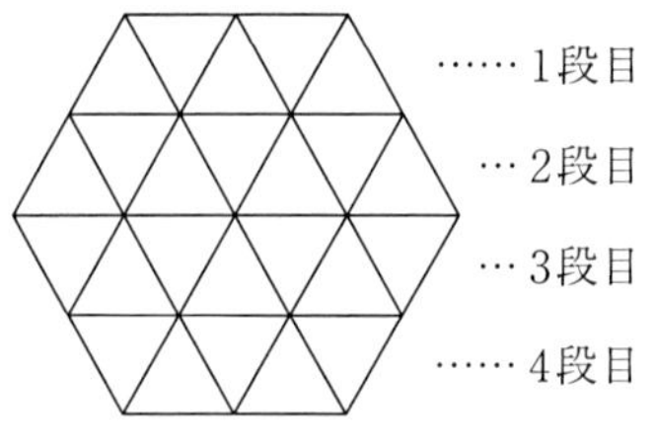

一辺が1cmの六角形の数は，1～2段目に2個，2～3段目に3個，3～4段目に2個ある。よって，$2+3+2=7$〔個〕。
以上より，正解は2。

30 4

解説 点Pの描く軌跡が点Xと一致することから，次図のようになる。
なお，点PはP′，P″と移動する。
以上より，正解は4。

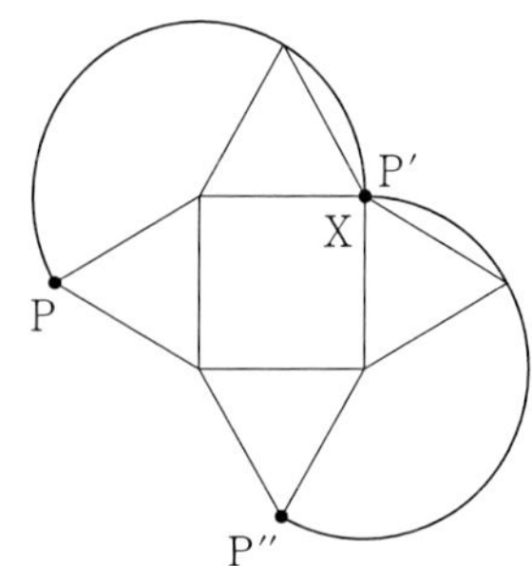

31 1

解説 折りたたんだ紙に切り込みを入れて広げると，切り取られた部分が折り目に対して線対称になることを利用する。次のように順番に考えるとよい。
①切り込みを入れて広げた図について，線対称となるような折り目を見つけ，1回だけ折りたたんだ図を作る。
②①と同様に考えて2回目の折り目を探し，もう1回折りたたんだ図をつくる
③①と同様に考えて3回目の折り目を探し，もう1回折りたたんだ図をつくる

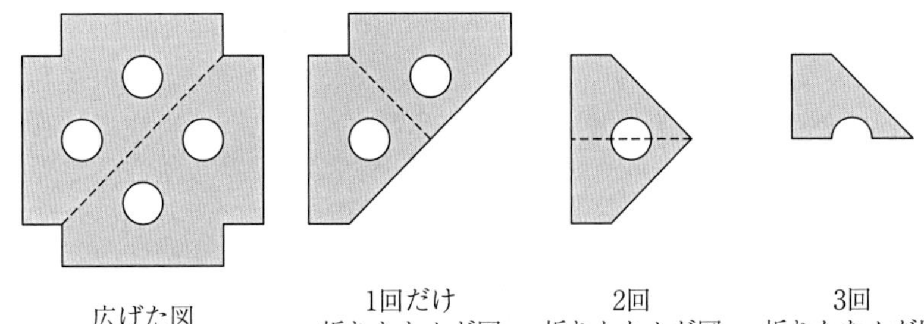

広げた図　1回だけ折りたたんだ図　2回折りたたんだ図　3回折りたたんだ図

以上より，正解は1。

32 2

解説 題意より，移動する割合は，図1のように，右の水平方向に5cm，上の水平方向に1cmずつであるから，この動きの中ではじめに達する頂点は，図2より，Bとなる。

図1

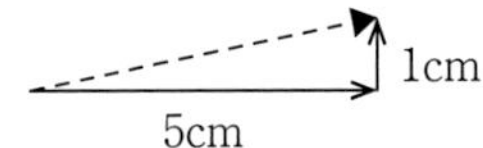

図2

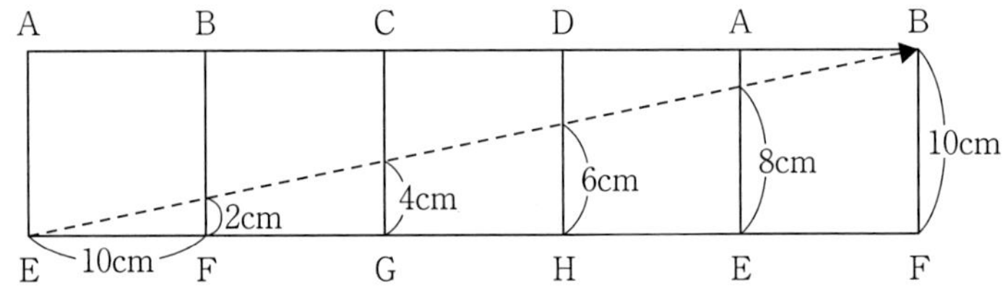

以上より，正解は2。

33 3

解説 真上から見た場合，設問の図2のように見えたことから，縦3マス，横3マスには少なくとも1個の立方体が積まれていることになる。よって，これらの合計9マスに積まれた立方体の数を考える。それぞれのマスを①～⑨とする。

①	②	③
④	⑤	⑥
⑦	⑧	⑨

(1) 立方体の数が最小の場合

正面から見た場合に設問の図1のように見えたことから，左から4，1，3段積まれているように見えたことになる。最小の数を考える場合，見えるところはその数とし，見えないところはできるだけ小さい数とする。よって，正面から見て手前の⑦，⑧，⑨にそれぞれ4，1，3段積めば，①～⑥は正面から見えないので最小の数である1段とすることができる。よって，このときの立方体の数は14個となる。

1	1	1
1	1	1
4	1	3

4　1　3

(2) 立方体の数が最大の場合

最大の数を考える場合，見えるところはその数とし，見えないところはできるだけ大きい数とする。よって，①⑦は4段，②⑤は1段，③⑥は3段まで積むことになる。よって，このときの立方体の数は24個となる。

4	1	3
4	1	3
4	1	3

4　1　3

したがって，最も多い場合の個数と最も少ない場合の個数の差は，24 − 14 = 10〔個〕。

以上より，正解は3。

34 5

解説 正十二面体を組み立てると，次の見取図のようになる。

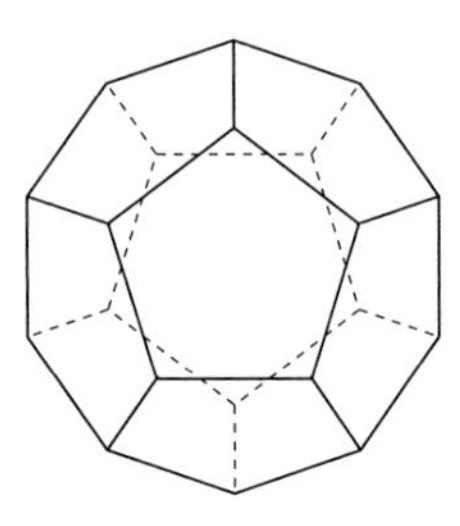

正十二面体は，正五角形の集合体であるから，重複する分を含めた展開図上の頂点の数は12×5＝60〔個〕。また，見取図より，正十二面体上の各頂点には，それぞれ3つの面が接しているので，展開図上の3つの頂点が重なる。よって，求める頂点の数は，60÷3＝20〔個〕。

以上より，正解は5。

35 4

解説 それぞれの面に1～6の数が記されたサイコロにおいて，向かい合う数の合計が3となるのは（1，2）の組だけであり，11になるのは（5，6）の組だけなので，7になるのは（3，4）の組である。

また，展開図において，組み立てたときに向かい合う面は，①と④，②と⑥，③と⑤である。

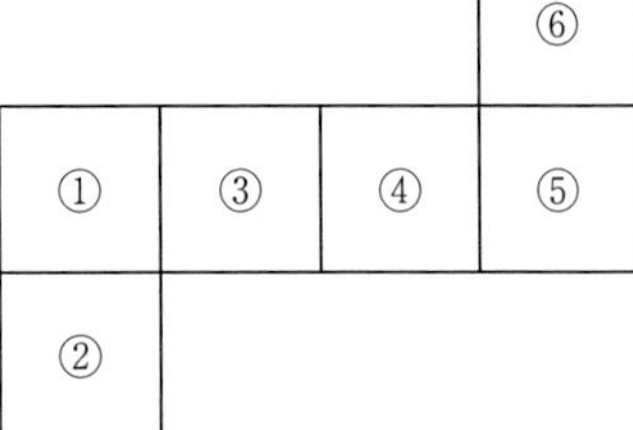

これらがそれぞれ，（1，2）（3，4）（5，6）のいずれかに当てはまるものが条件に合致する。本問では，選択肢4の図が該当する。

以上より，正解は4。

数的処理　数的推理

POINT

数的推理は，数的処理の中では最も算数・数学の知識や能力が役に立つ分野といえる。出題形式はほとんどが文章題であり，必要な情報を読み取り，自身で方程式を立てて解いていく能力が求められる。本書の数学の内容を参考にしつつ，以下の重要事項を知っておいてほしい。

まず知っておいてほしいのは，「速さ，距離，時間」の関係である。(速さ) $=\left(\frac{\text{距離}}{\text{時間}}\right)$ という基本公式をもとに，式変形をして距離や時間を求める，秒から分（または時間），kmからm（またはcm）などに単位変換する，といった操作を速く正確に行えるようになってほしい。このような力を身に付けることで，「通過算」，「旅人算」，「流水算」などの理解にもつながり，「仕事算」や「ニュートン算」といった応用問題にも対応できる。

次に，「比と割合」といった指標の活用法を覚えよう。問題によっては具体的な数量ではなく比や割合だけが与えられる場合もある。例えば，「AとBの比が$a:b$」と出てきたら，Aはa個，Bはb個のように比の値をそのまま数量とする，あるいはAはax個，Bはbx個といった表し方をすると考えやすくなる。また，比例配分の考え方「X個をAとBに$a:b$に配分すると，Aには$\frac{a}{a+b}\times X$〔個〕，Bには$\frac{b}{a+b}\times X$〔個〕配分される」もよく利用される。割合では，「百分率％で表されていたら全体を100とする」と考えやすくなる。「割引き」や「割り増し」といった言葉が出てきた場合の計算にも慣れておこう。

学習のコツとしては，判断推理と同様に「設問を読んだだけで何をすればよいか見通しが立てられるぐらいまで取り組む」ことである。もし学習時間の確保が困難であれば，「設問から必要な情報を読み取り方程式を立てる」ステップだけでも反復練習しよう。

演 習 問 題

1 4人の姉妹がコインを持っていて，長女，二女，三女，四女のコインの枚数の比は7：5：2：1である。長女は三女と四女に同じ枚数のコインを与え，二女は三女に10枚，四女にもある枚数のコインを与えたために，4人の枚数の比は11：9：8：7になった。二女が四女に与えたコインは何枚か。

1　10枚　　2　15枚　　3　20枚　　4　30枚　　5　45枚

2 電卓を用いて2つの数の積を求めようとしたとき，「×」を押すべきところを「＋」を押してしまったために，45が表示された。同様に，「×」ではなく「÷」を押して計算すると2が表示された。本来求めようとした積として正しいものはどれか。

1　285　　2　360　　3　415　　4　450　　5　475

3 次の計算式が成り立つとき，ア＋イはいくらになるか。

```
   2 5 ア 7 2
－   8 イ □ ア
─────────────
   1 イ イ 7 9
```

1　7　　2　8　　3　9　　4　10　　5　11

4 1から999までの整数のうちで，0を少なくとも1個含むものはいくつあるか。

1　177個　　2　178個　　3　179個　　4　180個　　5　181個

5 4%の食塩水xgと10%の食塩水ygを加えると，8%の食塩水ができた。この8%の食塩水にさらに4%の食塩水xgを加えるとできる食塩水の濃度として，正しいものはどれか。

1　4%　　2　5%　　3　6%　　4　7%　　5　8%

6 72を28乗した数の一の位の数として，正しいものはどれか。

1　0　　2　2　　3　4　　4　6　　5　8

7 3ケタの整数のうち5で割ると2余り，7で割ると3余る数は全部でいくつあるか。

1　25個　　2　26個　　3　27個　　4　28個　　5　29個

8 ある果物を箱に詰めるとき，1箱に8個ずつ入れると10個が入らないので，9個ずつ入れたところ，使わない箱が5箱できた。このとき，箱の数の最小値として正しいものはどれか。

1　54　　2　55　　3　56　　4　63　　5　64

9 黄色が1個，赤色が4個，白色が4個の合計9個のビーズを環状につなげて，ブレスレットを作る。この時，作り方は何通りあるか。

1　16通り　　2　38通り　　3　48通り　　4　64通り　　5　68通り

10 次の2式を満たす自然数x，y，zの組み合わせとして正しいものはどれか。

$2x+y-z=2$…①

$3x-2y+4z=28$…②

	x	y	z
1	1	6	8
2	1	6	9
3	2	7	8
4	2	7	9
5	2	8	9

11 次の図のように1辺が4cmの正方形が6個並んでいる。このとき，三角形ECFの面積として正しいものはどれか。

1　24cm^2

2　28cm^2

3　34cm^2

4　38cm^2

5　40cm^2

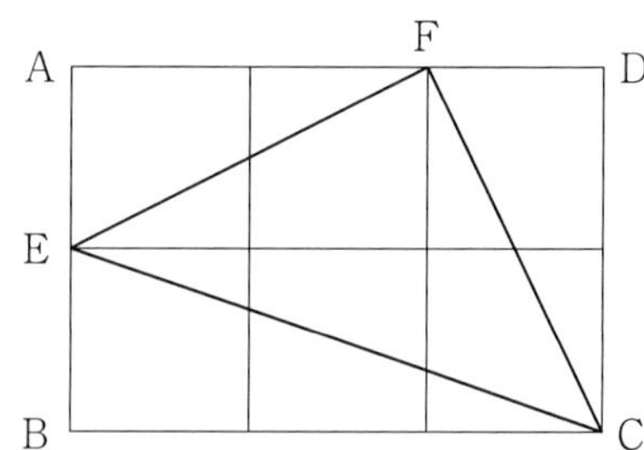

12 右図において，2直線l，mは平行であり，A，B，C，Dは直線l上の異なる4点。またE，F，G，H，Iはm上の異なる5点である。この9点A，B，C，D，E，F，G，H，Iから3点を選び，それを3頂点とする三角形をつくる。このときできる三角形の個数として正しいものは次のどれか。

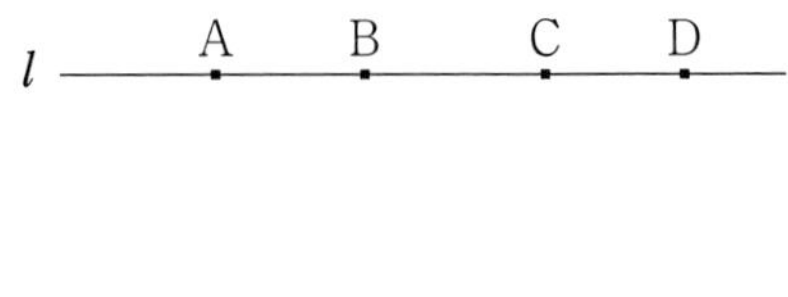

1　68個　　2　70個　　3　75個　　4　80個　　5　84個

13 正の整数a，bがある。この整数が$a<b$であるとき，次の式を満たすa，bの組み合わせの数として，正しいものはどれか。

$$\frac{1}{a}+\frac{1}{b}=\frac{1}{10}$$

1　3組　　2　4組　　3　5組　　4　6組　　5　7組

14 あるデパートで特売品を売り始めたとき，すでに行列ができており，発売開始後も毎分10人ずつ新たに行列に加わるものとする。レジが1つのときは1時間で行列がなくなり，レジが3つのときは15分で行列がなくなる。特売品を売り始めたときに並んでいた人数はどれか。ただし，どのレジも1分間に同じ人数に対応できるものとする。

1　1200人　　2　1300人　　3　1400人　　4　1500人　　5　1600人

15 2つの高校A校とB校で入学試験を行った。A校の合格者と不合格者の比は12：7であった。A校での不合格者全員がB校を受験し，その合格者と不合格者の比は10：1であった。また，A校とB校の両校とも不合格だった者は14人であった。このとき，A校に合格した人数は何人か。ただし，B校を受験したのはA校の不合格者だけだったとする。

1　262人　　2　264人　　3　266人　　4　268人　　5　270人

16 下図のように，半径6cmの円に正六角形が内接しているとき，斜線部分の面積として正しいものはどれか。

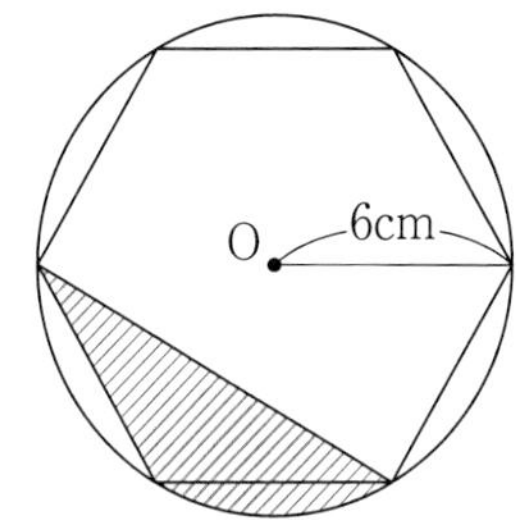

1 6π〔cm^2〕
2 $6\sqrt{3}\pi$〔cm^2〕
3 9π〔cm^2〕
4 $9\sqrt{3}\pi$〔cm^2〕
5 $(9-\sqrt{3})\pi$〔cm^2〕

17 大・中・小3個のサイコロを同時に投げるとき，2個だけ同じ目になる確率として正しいものはどれか。

1 $\frac{1}{12}$　2 $\frac{2}{12}$　3 $\frac{3}{12}$　4 $\frac{4}{12}$　5 $\frac{5}{12}$

18 αとβの2つの文字を最大n個組み合わせることによって，80通りの暗号を作りたい。このとき，nの最低限の値として正しいものはどれか。

1 4　2 5　3 6　4 7　5 8

19 長さ420mの道の両側に，それぞれ30mおきに街路樹を植える際，必要な本数として正しいものはどれか。

1 14本　2 15本　3 28本　4 30本　5 32本

20 下図のように棒を規則的に並べて正六角形をつくっていく。このとき，21番目まで並べる際に必要な棒の総数として，正しいものはどれか。

1番目

2番目
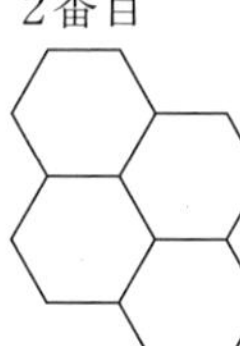
3番目
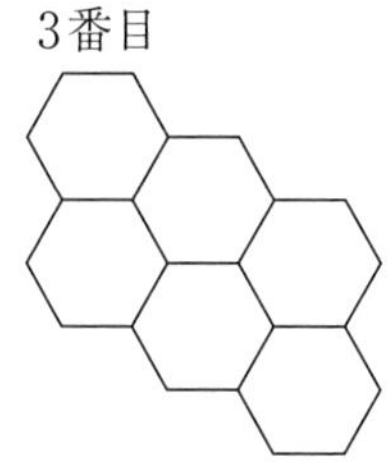

1 170　2 171　3 172　4 173　5 174

21 Aさんはある本を3日間で読み切ろうとして，1日目の全体の$\frac{1}{3}$のページを読み，2日目に残りの半分のページを読んだが，3日目に残りの$\frac{1}{3}$のページしか読めなかったので，18ページ残ってしまった。この本のページ数として正しいものはどれか。

1　54ページ　　2　63ページ　　3　72ページ　　4　81ページ
5　90ページ

22 ミシシッピ川上流のA地点から240km川下にB地点があり，B地点を出発して両地点間を経由地無しで往復する蒸気船が就航している。ある運航で，往路は予定通り20時間でA地点へ到着したが，復路は途中でエンジンが故障して8時間川の流れのみで運航したため，B地点への到着は往路よりも2時間余計にかかってしまった。このとき，復路の予定所要時間として正しいものはどれか。ただし，川の流れの速さと静水時の蒸気船の速さはともに一定であるとする。

1　14時間　　2　14時間30分　　3　15時間　　4　15時間30分
5　16時間

解答・解説

1 4

解説 4人の姉妹のコインの総数は，15(7：5：2：1の数値の和）と35（11：9：8：7の数値の和）の最小公倍数である105の倍数なので，$105x$〔枚〕とする。

はじめに持っていたコインの数は，長女は$105x\times\frac{7}{7+5+2+1}=105x\times\frac{7}{15}=49x$〔枚〕，二女は$105x\times\frac{5}{15}=35x$〔枚〕，三女は$105x\times\frac{2}{15}=14x$〔枚〕，四女は$105x\times\frac{1}{15}=7x$〔枚〕となる。

コインの受け渡し後に持っていたコインの数は，長女は$105x\times\frac{11}{11+9+8+7}=105x\times\frac{11}{35}=33x$〔枚〕，二女は$105\times\frac{9}{35}=27x$〔枚〕，三女は$105x\times\frac{8}{35}=24x$〔枚〕，四女は$105x\times\frac{7}{35}=21x$〔枚〕となる。

よって，長女が三女と四女に与えたコインの枚数の合計は$49x-33x=16x$〔枚〕，それぞれに与えたコインの枚数は$16x\div2=8x$〔枚〕となる。

また，二女はコインの受け渡しの前後で$35x-27x=8x$〔枚〕減っているので，三女に10枚，四女に$8x-10$〔枚〕与えたことになる。

すると，受け渡し後の四女が持っているコインの枚数について，

$21x=7x+8x+(8x-10)$

$x=5$

したがって，二女が四女に与えたコインの枚数は，$8\times5-10=30$〔枚〕。
以上より，正解は4。

2 4

解説 はじめに電卓に入力した数をx，次に入力した数をyとする。
これらを加えると45になるから，$x+y=45$……①

割り算の結果が2なので，$\frac{x}{y}=2$……②

①，②より　$x=30$，$y=15$
したがって，本来求めようとした積は，$30\times15=450$
以上より，正解は4。

3 3

解説 まず，一の位に注目すると，「72－□ア」より，この計算結果の位置の位の数が9になるのは，アが3の場合だけである。よって，設問の図は次のようになる。

```
    2 5 3 7 2
－    8 イ □ 3
─────────────
    1 イ イ 7 9
```

次に，繰り下がりがあるので，「36－イ□＝イ7」となり，この計算結果の一の位の数が7になるのは□に9が入る場合だけである。ここまでで，次のようになる。

```
    2 5 3 7 2
－    8 イ 9 3
─────────────
    1 イ イ 7 9
```

さらに，繰り下がりがあるので，「252－8イ＝1イイ」となり，この計算が成り立つのはイが6の場合だけである。

よって，ア＋イ＝3＋6＝9となる。

以上より，正解は3。

4 4

解説 0を1個も含まないものは，

1ケタの整数では……9〔個〕
2ケタの整数では……$9^2=81$〔個〕
3ケタの整数では……$9^3=729$〔個〕

合計すると，9＋81＋729＝819〔個〕である。

したがって，少なくとも0が1個あるものは，(全体)－(1個も0がないもの)＝999－819＝180〔個〕。

以上より，正解は4。

5 4

解説 $(\text{食塩水の濃度})=\dfrac{\text{食塩の量}}{\text{食塩水の量}}\times 100$より，

$(\text{食塩の量})=\dfrac{(\text{食塩水の量})\times(\text{食塩水の濃度})}{100}$と表せる。

4％の食塩水x〔g〕に含まれる食塩の量は，$\dfrac{x\times 4}{100}=\dfrac{4x}{100}$〔g〕

10％の食塩水y〔g〕に含まれる食塩の量は，$\dfrac{y\times 10}{100}=\dfrac{10y}{100}$〔g〕

これらを加えたところ8％の食塩水ができたので，

$$\frac{\frac{4x}{100}+\frac{10y}{100}}{x+y}\times 100=8$$

これを整理すると，$y=2x$…①

さらに，4％の食塩水x〔g〕を加えたときの濃度は，$\frac{\frac{4x}{100}+\frac{10y}{100}+\frac{4x}{100}}{x+y+x}\times$ 100〔％〕と表せ，①を代入すると，

$$\frac{\frac{4x}{100}+\frac{10y}{100}+\frac{4x}{100}}{x+y+x}\times 100=\frac{\frac{4x}{100}+\frac{10\times 2x}{100}+\frac{4x}{100}}{x+2x+x}\times 100=\frac{28x}{4x}=7〔\%〕$$

以上より，正解は4。

6 4

解説 一の位の数だけに着目すればよい。

次の数の一の位の数は，

$72^1\to 2$，$72^2\to 4$，$72^3\to 8$，$72^4\to 6$，$72^5\to 2$，$72^6\to 4$ …

より，一の位は，「2，4，8，6」の規則のくり返しである。

よって，72^{28}の一の位の数は$28\div 4=7$余り0より，規則の最後の数の6であることが分かる。

以上より，正解は4。

7 2

解説 求める数をNとすると，「5で割ると2余り」，「7で割ると3余る」ので，

$N=5a+2=7b+3$と表せる。(a，bは整数)

$5a=7b+1$より

$$a=\frac{7b+1}{5}=b+\frac{2b+1}{5}=b+1+\frac{2(b-2)}{5}$$

よって，$b-2$は5の倍数となり，$b-2=5t$（tは整数）とおくと，

$b=5t+2$　これを$N=7b+3$へ代入すると，

$$N=7(5t+2)+3=35t+17$$

$100\leqq 35t+17\leqq 999$より，$83\leqq 35t\leqq 982$

$\therefore$　$3\leqq t\leqq 28$　よって，条件を満たすtは$28-3+1=26$〔個〕より，Nも26個となる。

以上より，正解は2。

8 2

解説 果物をx個の箱に詰めるとき，1箱に8個ずつ入れると10個が入らないので，果物の数は，$8x+10$〔個〕
また，1箱に9個ずつ入れると，使わない箱が5箱になるので，

$9(x-6)<8x+10\leqq 9(x-5)$

$9(x-6)<8x+10$より，

$x<64$

$8x+10\leqq 9(x-5)$ より，

$x\geqq 55$

$\therefore\quad 55\leqq x<64$

よって，箱の数の最小値は55個である。
なお，箱の数の最大値は，自然数であることに留意すると63個である。
以上より，正解は2。

9 2

解説 同じものを含む数珠順列を考える。
まず，黄色のビーズを固定させて，残りの赤色4個，白色4個の並べ方を考えると，同じものを含む順列なので，$\frac{8!}{4!\times 4!}=\frac{8\times 7\times 6\times 5}{4\times 3\times 2\times 1}=70$〔通り〕。
次に，黄色を中心に左右対称になっている場合，片側に並ぶ4つのうちどの2か所に赤色が入るか決まればいいので，${}_4C_2=\frac{4\times 3}{2\times 1}=6$〔通り〕。
よって，黄色を中心に左右対称になっていない場合は，$70-6=64$〔通り〕。
ここで，数珠順列の場合，左右対称でない並び方であれば，これをひっくり返すと同じ並び方となるものが存在するので，実際には$64\div 2=32$〔通り〕となる。
よって，並べ方は$6+32=38$〔通り〕となる。
以上より，正解は2。

10 4

解説 ①×2＋②より，yを消去すると，

$$7x+2z=32$$

これを満たす $(x,\ z)$ は $(2,\ 9)$ と $(4,\ 2)$

・$(x,\ z)=(2,\ 9)$ のとき，$y=7$

・$(x,\ z)=(4,\ 2)$ のとき，$y=-4$（自然数ではないため不適）

よって，$(x,\ y,\ z)=(2,\ 7,\ 9)$

以上より，正解は4。

11 5

解説 三角形ECFの面積は，四角形ABCDの面積から3つの直角三角形の面積を引いたものとなる。

三角形EBCの面積：$12\times 4\div 2=24$〔cm^2〕

三角形FAEの面積：$4\times 8\div 2=16$〔cm^2〕

三角形FDCの面積：$4\times 8\div 2=16$〔cm^2〕

四角形ABCDの面積：$12\times 8=96$〔cm^2〕

よって，三角形ECFの面積は，

$$96-(24+16+16)=40\text{〔cm}^2\text{〕}$$

以上より，正解は5。

12 2

解説 できる三角形の個数は

ⅰ）l上から異なる2点を選び，m上から1点を選ぶとき

$$_4C_2\times 5=\frac{4\times 3}{2\times 1}\times 5=6\times 5=30\text{〔個〕}$$

ⅱ）m上から異なる2点を選び，l上から1点を選ぶとき

$$_5C_2\times 4=\frac{5\times 4}{2\times 1}\times 4=10\times 4=40\text{〔個〕}$$

ⅰ）ⅱ）より，

$$30+40=70\text{〔個〕}$$

以上より，正解は2。

13 2

解説 与えられた式の両辺に，$10ab$をかけて，因数分解すると，次のようになる。

$$\frac{1}{a}+\frac{1}{b}=\frac{1}{10}$$
$$10b+10a=ab$$
$$ab-10a-10b+100=100$$
$$(a-10)(b-10)=100\cdots①$$

また，$a<b$より，$(a-10)<(b-10)$となり，a，bが正の整数なので$(a-10)$，$(b-10)$は整数である。
このような条件をもとに，①の式を満たす$(a-10)$，$(b-10)$を考えると次の4組である。

$a-10$	$b-10$
1	100
2	50
4	25
5	20

この4組いずれの場合でも，a，bが1組ずつ対応するので，$\frac{1}{a}+\frac{1}{b}=\frac{1}{10}$を満たす$a$，$b$も4組である。
以上より，正解は2。

14 1

解説 特売品を売り始めたときに行列に並んでいた人数をA人，レジ1つが1分間に処理する人数をa人とする。

レジが1つのとき，60分で行列がなくなったので，新たに行列に加わった人数は$10\times60=600$〔人〕，
レジが処理した人数は$a\times1\times60=60a$となり，次式が成り立つ。

$$A+600=60a\cdots①$$

レジが3つのとき，15分で行列がなくなったので，新たに行列に加わった人数は$10\times15=150$〔人〕，
レジが処理した人数は$a\times3\times15=45a$となり，次式が成り立つ。

$$A+150=45a\cdots②$$

①－②より，$450 = 15a$となり，$a = 30$〔人〕となる。
これを①に代入してAについて解くと，$A = 1200$〔人〕となる。
以上より，正解は1。

15 2

解説 （Aの合格者）:（Aの不合格者）＝12:7より，Aの合格者$12x$〔人〕，不合格者$7x$〔人〕とする。
（Bの合格者）:（Bの不合格者）＝10:1より，Bの合格者$10y$〔人〕，不合格者y〔人〕とする。
これらの条件を表にまとめると，次のようになる。

	合格	不合格	合計
A校	$12x$	$7x$	$19x$
B校	$10y$	y	$11y$

A校の不合格者が全員B校を受験したので，
$7x = 11y$…①
A，B校ともに不合格だった者（つまりB校に不合格だった者）は14人だから，
$y = 14$…②
①，②より，$x = 22$
したがって，A校に合格した者は，$12x = 12 \times 22 = 264$〔人〕
以上より，正解は2。

16 1

解説 円に正六角形が内接している図は線対称な図形なので，直線ADは点Oを通り，またAD//BCとなる。よって，（△ABCの面積）＝（△OBCの面積）
つまり，斜線部分の面積は扇型OBCの面積と等しくなる。正六角形は合同な6つの正三角形からなるので，△OBCは正三角形である。
よって，求める面積は，
$$6 \times 6 \times \pi \times \frac{60}{360} = 6\pi \text{〔cm}^2\text{〕}$$
以上より，正解は1。

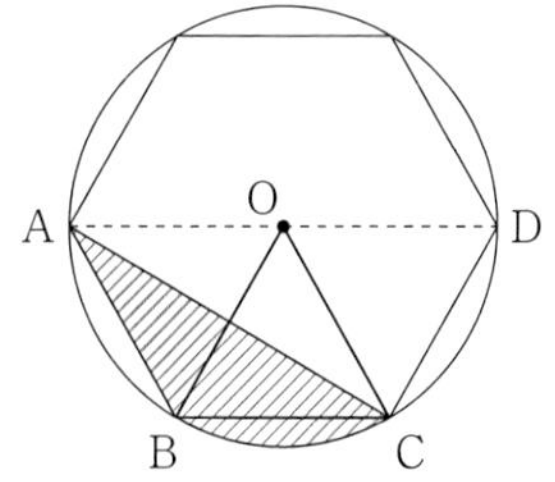

17 5

解説 起こりうるすべての場合の数は，$6 \times 6 \times 6 = 216$〔通り〕である。
この216通りの中で，2個だけ同じ目になる場合の数を考えると，
①大，中，小のうち，どのサイコロ2つで同じ目が出るか
$_3C_2$〔通り〕
②1～6のうち，どの目で同じになるか
6通り
③1つだけ違う目は何が出るか
5通り
①，②，③より，
$_3C_2 \times 6 \times 5 = 3 \times 6 \times 5 = 90$〔通り〕
$\frac{90}{216} = \frac{5}{12}$
よって，求める確率は
以上より，正解は5。

18 3

解説 「2つの文字を最大n個組み合わせる」場合の数を求めるので，(1個だけ使う場合)＋(2個だけ使う場合)＋…＋(n個すべて使う場合) の合計となる。
2つの文字をn個組み合わせる場合の数は，重複順列の公式より2^n〔通り〕
2つの文字を最大n個組み合わせる場合の数は，
$2 + 2^2 + 2^3 + \cdots + 2^n$〔通り〕
$n = 5$のとき，$2 + 2^2 + 2^3 + 2^4 + 2^5 = 62$〔通り〕
$n = 6$のとき，$2 + 2^2 + 2^3 + 2^4 + 2^5 + 2^6 = 126$〔通り〕
よって，80通りの暗号を作るためには2つの文字を最低6個組み合わせる必要がある。
以上より，正解は3。

19 4

解説 必要な街路樹の本数は，両端を考慮すると，$\left(\frac{\text{道の長さ}}{\text{木の間隔}} + 1\right)$〔本〕となる。また，両側に植えるため，2をかける必要がある。

よって，（必要な街路樹の本数）$= \left(\dfrac{420}{30}+1\right)\times 2 = 30$〔本〕
以上より，正解は4。

20 2

解説 1番目から2番目，2番目から3番目と，1増えるごとに必要な棒が何本ずつ増えるかを考える。

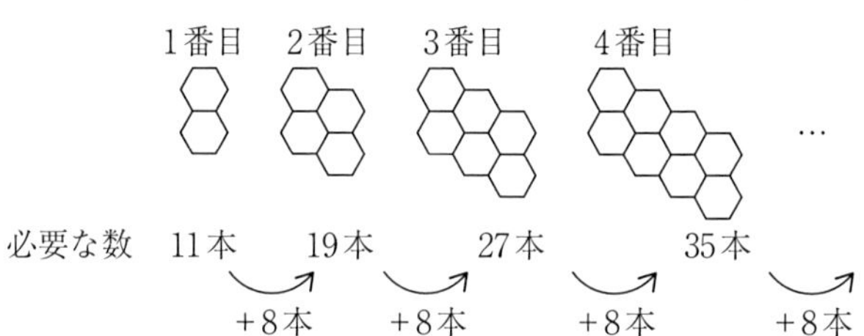

よって，必要な棒の総数は，はじめの数が11でその後8ずつ増えていくので，初項が11，公差が8の等差数列を考えればよく，n番目の項は$11+(n-1)\times 8$と表せる。
したがって，21番目に必要な棒の総数は，
$11+(21-1)\times 8 = 171$〔本〕
以上より，正解は2。

21 4

解説 この本のページ数をxとおくと，
1日目に読んだページ数は$\dfrac{1}{3}x$だから，1日目の残りは$x-\dfrac{1}{3}x=\dfrac{2}{3}x$ページである。
2日目に読んだページ数は$\dfrac{2}{3}x\times\dfrac{1}{2}=\dfrac{1}{3}x$だから，2日目の残りは$\dfrac{2}{3}x-\dfrac{1}{3}x=\dfrac{1}{3}x$である。
3日目に読んだページ数は$\dfrac{1}{3}x\times\dfrac{1}{3}=\dfrac{1}{9}x$だから，3日間で読んだページ数は$\dfrac{1}{3}x+\dfrac{1}{3}x+\dfrac{1}{9}x=\dfrac{7}{9}x$となる。

すると，3日目で残ったページ数が18だから，

$\frac{7}{9}x + 18 = x$ を解いて，

$x = 81$

すなわち81ページとなる。

以上より，正解は4。

22 **3**

解説 静水時の蒸気船の速さを$x$km/h，川の流れの速さを$y$km/hとおく。

A地点への往路は川を遡るから，

$(x - y) \times 20 = 240$ より，

$x - y = 12$……①

B地点への復路は，往路よりも2時間余計にかかったから，往路の所要時間 $20 + 2 = 22$ 時間のうち，8時間は川の流れのみ，$22 - 8 = 14$ 時間はエンジンを稼働させて川を下る。

よって，

$y \times 8 + (x + y) \times 14 = 240$ より，

$7x + 11y = 120$……②

ここで静水時の蒸気船の速さを求めると，(①× 11 + ②) ÷ 18より，$x = 14$

すなわち，蒸気船の速さは14km/hとなり，①に代入して，$y = 2$

すなわち，川の流れの速さは2km/hとなる。

よって，復路の予定所要時間は川を下るから，求める復路の予定所要時間は，

$240 \div (x + y) = 240 \div (14 + 2) = 15$ 時間である。

以上より，正解は3。

数的処理　資料解釈

POINT

資料解釈では，与えられた図表をもとに，必要なデータを早く正確に読み取る能力が試される。出題形式はほとんど選択肢の記述の正誤を問うものなので，「正誤が判断できる最低限の情報を読み取る」姿勢を身に付けてほしい。高度な計算力は必要ないが，取り扱う数量の桁数が大きかったり，見慣れない単位が使われていて，コツを掴むまでに時間がかかるかもしれないので，できるだけ早く取り組もう。

まず，問題を解く前に与えられた図表のタイトル（ない場合もある）や単位に注目すること。次に，図表に記されたデータを見る前に選択肢を確認してほしい。その際，選択肢を順番に検討するのではなく，正誤が判断しやすいものから順に検討し，判断が難しい選択肢については消去法で対応するとよい。なお，選択肢の中には「図表からは判断できない」場合があるので，注意しよう。選択肢の検討にあたっては，次の指標を用いる場合がほとんどなので，それぞれの指標の意味や公式を覚えてしまいたい。

・割合：ある数量が，全体に対して占める分量。
　Aに対するBが占める割合〔%〕は，$\frac{B}{A}\times 100$
・比率：ある数量を，他の数量と比べたときの割合。
　Aに対するBの比率（比）は，$\frac{B}{A}$
・指数：基準となる数量を100としたときの，他の数量の割合。
　Aを100としたときのBの指数は，$\frac{B}{A}\times 100$
・増加量（減少量）：元の数量に対するある数量の増加分（減少分），増加（減少）していればプラス（マイナス）の値になる。
　「昨年の量」に対する「今年の量」の増加量（減少量）は，「今年の量」－「昨年の量」
・増加率（減少率）：元の数量に対するある数量の増加率（減少率），増加（減少）していればプラス（マイナス）の値になる。

「昨年の量」に対する「今年の量」の増加率(減少率)〔%〕は，

$$\frac{「今年の量」-「昨年の量」}{「昨年の量」}\times 100$$

・単位量あたりの数量：「単位面積あたり」や「1人あたり」に占める数量。

全体の量のうち，1人あたりに占める量は，$\frac{全体の量}{人数}$

学習の初期段階では，本書の解説を参考に自身の手で正しく計算するよう心掛けよう。そのうえで，慣れてきたら「増加している」や「2分の1になっている」といった内容であれば計算せずに判断したり，129,176を130,000と概算して判断したりするなど，できるだけ短い時間で解答できるように練習すること。

演習問題

[1] 次のグラフは，法人による農業経営について，各年における常雇い人数と雇い入れた法人経営体数，2015年における常雇いの年齢構成を示している。これらから読み取れる内容として最も妥当なものはどれか。

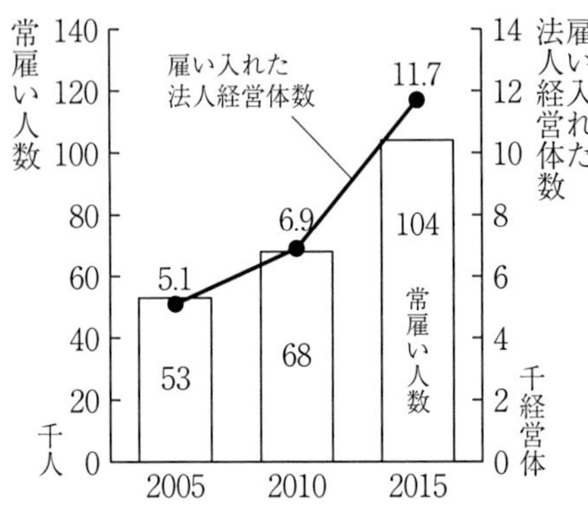

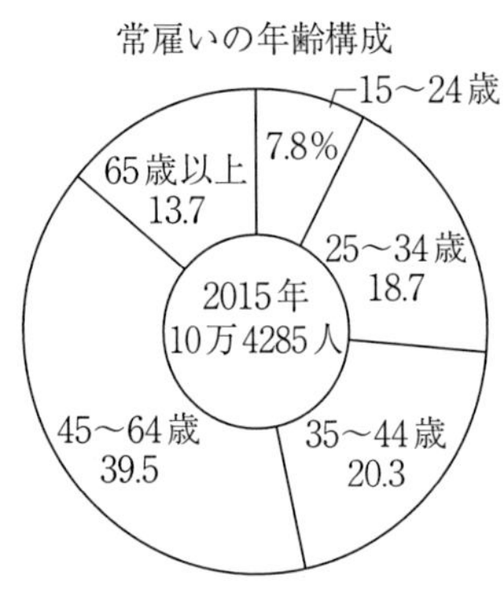

(『日本国勢図会2020/2021』より作成)

1 2005年と2015年を比較すると，常雇い人数は増加しており，その数は2倍を超えている。

2 2005年と2015年を比較すると，雇い入れた法人経営体数は増加しているが，その数は2倍に満たない。

3 2015年において，65歳以上の常雇いの者は，15,000人に満たない。

4 2015年において，常雇いの年齢構成について比較すると，最も少ないのは25～34歳の者である。

5　常雇いの年齢構成の推移をみると，65歳以上の者についての増加が進んでいる。

2 **次のグラフは，日本において1年以内の間に正社員以外の雇用形態の従業員をから正社員に登用した企業の割合について，産業別と調査産業計の推移を示したものである。このグラフから読み取れる内容として，妥当なものはどれか。**

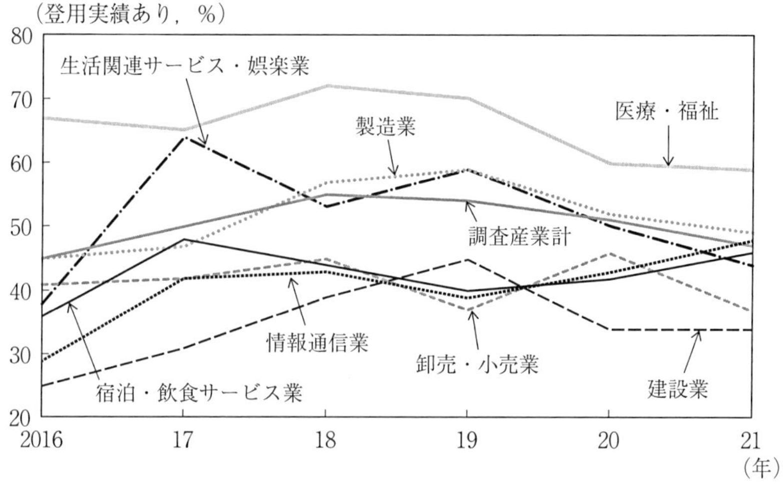

（『令和4年版　経済財政白書』より作成）

1 「生活関連サービス・娯楽業」は，各年および各産業を比較して最も「登用実績あり」の率が高い年があった。

2　順位の変動を年ごとに比較すると，各年を通じ，順位が同一の産業はなかった。

3　2019年には，4つの産業において「登用実績あり」の率が5割を超えていた。

4　調査産業計の増減は，日本における失業率の変化と連動していた。

5 「建設業」は，各年および各産業を比較して最も「登用実績あり」の率が低い年があった。

3 **次の表は，各国における石油製品の輸出入額（2018年）を表したものである。この表からいえることとして，最も妥当なものはどれか。**

輸出　　（単位　万t）

アメリカ合衆国	21943	ベルギー	3013	ノルウェー	2043
ロシア	13027	イタリア	2759	フランス	1997
サウジアラビア	11104	クウェート	2754	ギリシャ	1997
オランダ	10951	イラン	2431	（台湾）	1771
シンガポール	8304	スペイン	2295	日本	1717
韓国	6819	ドイツ	2262	カタール	1591
中国	6356	イギリス	2222	スウェーデン	1590
インド	6325	カナダ	2178	世界計	146250
アラブ首長国連邦	4186	アルジェリア	2105	うちOPEC	24740

輸入

シンガポール	11228	韓国	3913	ナイジェリア	1963
オランダ	8770	イギリス	3511	マレーシア	1908
アメリカ合衆国	7359	インド	3335	スペイン	1871
中国	6782	ベルギー	3008	アラブ首長国連邦	1809
メキシコ	5526	オーストラリア	2982	（台湾）	1658
サウジアラビア	4291	トルコ	2748	イタリア	1586
日本	4231	インドネシア	2681	パキスタン	1542
フランス	4228	ブラジル	2496	イラク	1377
ドイツ	4033	（香港）	2162	世界計	13618

（『世界国勢図会2021/2022』より作成）

1　アメリカ合衆国の石油製品の輸出額は，世界の輸出額合計のうち16％以上を占めている。

2　ロシアの石油製品の輸出額は，世界の輸出額合計のうち1割以上を占めている。

3　オランダの石油製品の輸出額は，スペインの石油製品の輸出額の5倍以上である。

4　シンガポールの石油製品の輸入額は，世界の輸入額合計のうち10％以上を占めている。

5　メキシコの石油製品の輸入額は，世界の輸入額合計のうち3％以上を占めている。

[4] 下のグラフは，インターネット利用率およびネット接続機器の利用率を学校種別ごとに表したものである。このグラフから読み取れる内容として妥当なものはどれか。但し，ここでいう小学生は10歳以上の小学生とする。

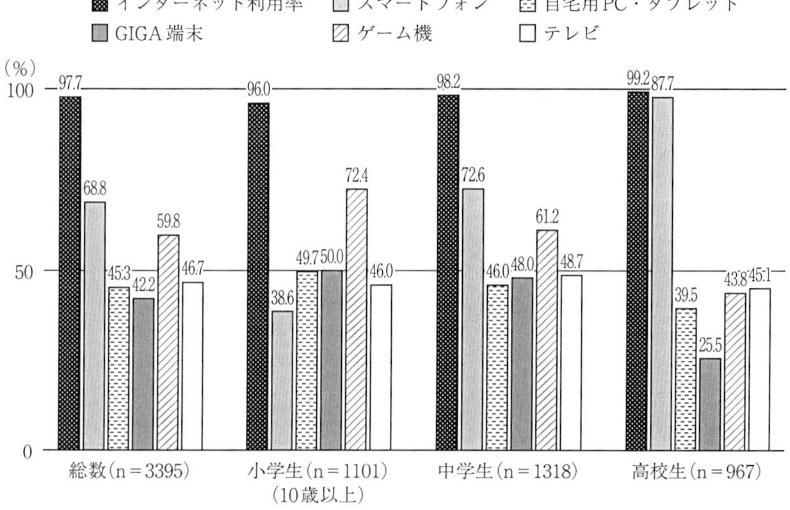

（内閣府「令和3年度青少年のインターネット利用環境実態調査」より作成）

1　インターネット利用率を学校種別ごとに比較すると，高い順から，中学生，高校生，小学生となる。

2　スマートフォンの利用率は，いずれの学校種においても4割を超えている。

3　機器別の利用率について，中学生と高校生を比較すると，同一の順位となる機器はない。

4　機器別の利用率について，学校種別に順位を比較すると，5種類すべてが全体の順位と一致する例はない。

5　GIGA端末の利用者数は，年齢が下がるほど多くなっている。

5 **次の円グラフは，各国の国際移住者の出身国（2020年）を表したものである。この円グラフからいえることとして，最も妥当なものはどれか。**

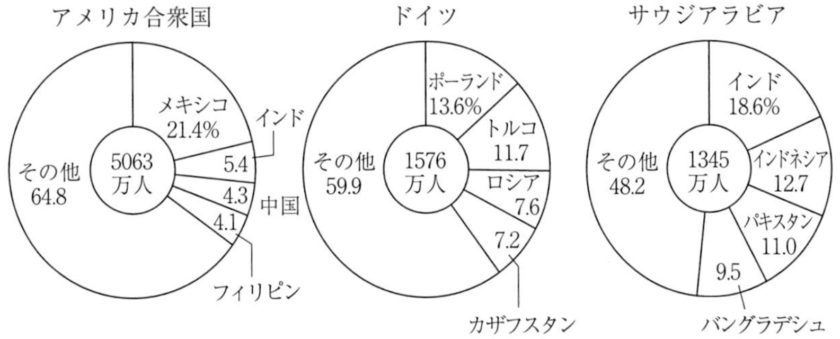

（『世界国勢図会2021/22』より作成）

1　アメリカ合衆国において，メキシコからの国際移住者は1100万人を越えている。
2　ドイツにおいて，ポーランドからの国際移住者は200万人未満である。
3　アメリカ合衆国におけるフィリピンからの国際移住者は，ドイツにおけるトルコからの国際移住者より少ない。
4　サウジアラビアにおいて，インドからの国際移住者は200万人を越えている。
5　サウジアラビアにおけるパキスタンからの国際移住者は，ドイツにおけるロシアからの国際移住者よりも少ない。

6 次の表は，各国における肉類の生産量（単位　千t）を表したものである。この表からいえることとして，最も妥当なものはどれか。

肉類計	2017	2018	肉類計	2017	2018
中国	86775	86463	ミャンマー	3154	3529
アメリカ合衆国	45799	46833	南アフリカ共和国	3131	3241
ブラジル	27694	29341	イラン	2994	3086
ロシア	10319	10629	オランダ	3007	2936
ドイツ	8281	8189	タイ	2920	2933
インド	7366	7454	コロンビア	2686	2829
メキシコ	6808	7051	韓国	2406	2498
スペイン	6662	7028	ウクライナ	2345	2383
アルゼンチン	5699	5930	エジプト	2149	2152
フランス	5563	5622	マレーシア	1973	2114
ベトナム	5072	5228	ペルー	1893	2016
カナダ	4773	4893	デンマーク	1814	1874
オーストラリア	4444	4659	ベルギー	1795	1825
ポーランド	4338	4463	(台湾)	1479	1531
イギリス	3957	4087	チリ	1418	1505
日本	3963	4016	ニュージーランド	1387	1453
パキスタン	3682	3870	ナイジェリア	1446	1451
トルコ	3584	3668	モロッコ	1272	1346
イタリア	3661	3668	ベネズエラ	1206	1295
フィリピン	3527	3642	ウズベキスタン	1010	1206
インドネシア	3337	3597	世界計	334837	342396

（『世界国勢図会2020/21』より作成）

1　中国とアメリカ合衆国における肉類の生産量は，2017年から2018年にかけて，どちらの国も増加している。

2　ミャンマーとオランダにおける肉類の生産量は，2017年から2018年にかけて，どちらの国も増加している。

3　2017年において，ロシアの肉類の生産量は，フランスの肉類の生産量の2倍以上である。

4　2017年において，ブラジルの肉類の生産量は，ベトナムの肉類の生産量の5倍以上である。

5　2018年において，インドの肉類の生産量は，ニュージーランドの肉類の生産量の5倍以下である。

7 次の表は2000年から2019年までの各国の漁業生産量（単位　千t）を表したものである。この表からいえることとして，最も妥当なものはどれか。

	2000年	2010年	2018年	2019年
日本	5192	4188	3341	3231
インドネシア	4159	5390	7262	7525
メキシコ	1350	1528	1699	1581
ノルウェー	2892	2838	2664	2472

（『世界国勢図会2021/22』より作成）

1　インドネシアとメキシコにおける漁業生産量は，いずれの国においても年々増加傾向にある。
2　いずれの年においても，インドネシアの漁業生産量が最も大きい値を示している。
3　いずれの年においても，日本の漁業生産量は2番目に大きい値を示している。
4　2019年におけるインドネシアの漁業生産量は，ノルウェーの漁業生産量の3倍未満である。
5　日本とノルウェーにおける漁業生産量は，いずれも年々減少傾向にある。

8 次のグラフは1960年から2019年における日本の製造品出荷等構成の推移を表したものである。ここからいえることとして，最も妥当なものはどれか。

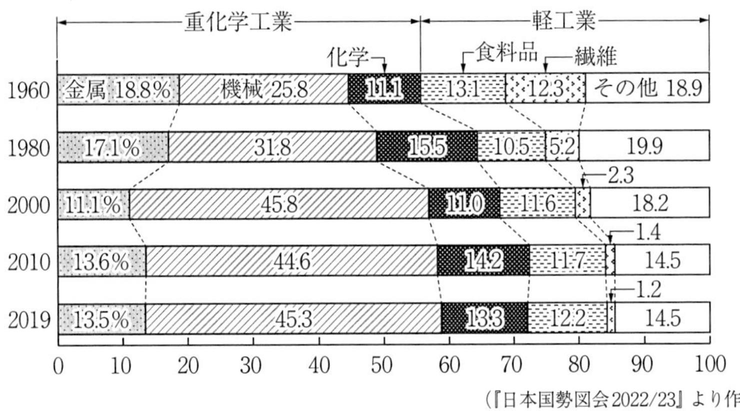

（『日本国勢図会2022/23』より作成）

1　2000年における「食料品」の割合は「繊維」の割合の6倍以上である。
2　2019年における「機械」の割合は「化学」の割合の3.5倍以上である。
3　重化学工業に占める「機械」の割合は年々増加傾向にある。
4　軽工業に占める「繊維」の割合は年々減少傾向にある。
5　重化学工業に占める「金属」の割合は，常に「化学」の割合よりも高い。

9　次の図は，アメリカ，イギリス，カナダ，オーストラリアにおけるSNSサイト利用率を年齢別に示したものである。この図からいえることとして，最も妥当なものはどれか。

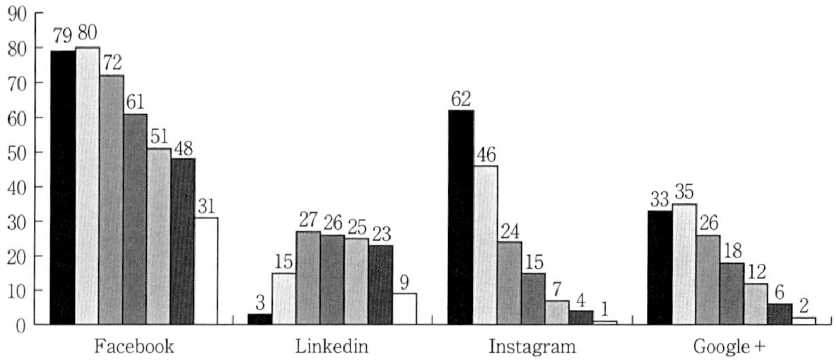

（内閣府「平成26年度アメリカ・イギリス・カナダ・オーストラリアにおける青少年のインターネット環境整備状況等調査」より作成）

1　Linkedinの利用率が最も高いのは，12－17歳である。
2　いずれのSNSサイトにおいても，65歳以上の利用率が最も低い。
3　Fecebookの年齢別利用率とGoogle＋の年齢別利用率を大きい順から並べると同じ順番となっている。
4　12－17歳，18－24歳，25－34歳におけるGoogle＋の利用率は，いずれにおいても2番目に大きい値となっている。
5　いずれの年齢層においても，Linkedinの利用率はFacebookの利用率を上回っている。

10 次の表は，各国（地域）における原油の国内供給量（単位　万t）と自給率を表したものである。この表からいえることとして，最も妥当なものはどれか。

	国内供給量	自給率(%)		国内供給量	自給率(%)
アジア	146969	22.5	北アメリカ	89322	81.8
中国	62952	30.0	アメリカ合衆国	82334	65.8
インド	26022	13.1	カナダ	6987	269.4
韓国	15245	0.0	中東	41407	312.7
日本	14893	0.1	サウジアラビア	15214	337.9
タイ	6363	19.1	イラン	8439	208.4
シンガポール	5531	—	アラブ首長国連邦	3405	406.7
(台湾)	4644	0.0	イラク	3373	659.1
インドネシア	4557	82.4	クウェート	3682	411.3
ヨーロッパ	92619	87.5	中南アメリカ	21720	190.6
ロシア	26116	200.4	ブラジル	8609	152.7
ドイツ	8778	2.4	メキシコ	3072	309.5
スペイン	6789	0.1	アフリカ	9712	373.4
イタリア	6699	7.0	オセアニア	2518	52.6
オランダ	5494	1.6			
フランス	5395	1.4			
イギリス	5148	92.4			
ベルギー	3302	—	世界計	404267	—

（『世界国勢図会2021/22』より作成）

1　ロシアの原油の国内供給量は，ベルギーの原油の国内供給量の8倍以上である。

2　アメリカ合衆国の原油の国内供給量は，メキシコの原油の国内供給量の30倍以上である。

3　中東地域において，原油の自給率が最も高い国は，国内供給量についても最も多い。

4　アジア地域において，原油の自給率が最も高い国は，国内供給量についても最も多い。

5　インドの原油の国内供給量は，タイの原油の国内供給量の4倍以上である。

11 次の図は，食肉全体のうち，牛肉，豚肉および鶏肉の日本における輸入額合計額と，輸入元の割合を国・地域別で示したものである。この図からいえることとして妥当なものはどれか。

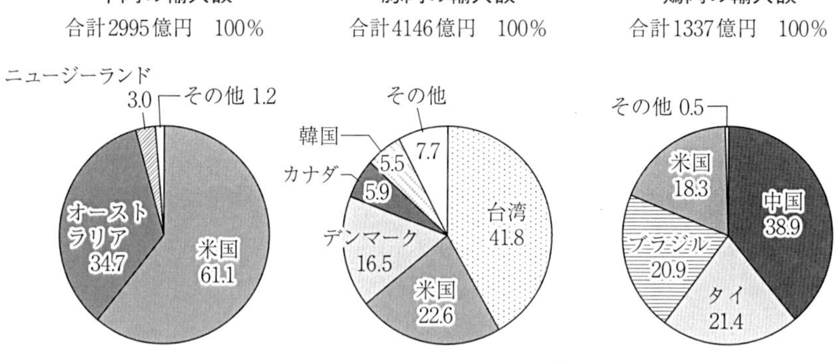

（農畜産業振興機構資料より作成）

1　いずれの食肉についても，米国からの輸入が上位3位以内に入っている。
2　豚肉について，台湾からの輸入額は，デンマークからの輸入額の3倍を超えている。
3　カナダからの豚肉の輸入額は，ブラジルからの鶏肉の輸入額より多い。
4　オーストラリアからの食肉すべての輸入額の合計は，タイからの食肉すべての輸入額の5倍を超えている。
5　米国からの輸入額を牛肉，豚肉について比較すると，前者の方が大きいものの，その差は3倍に満たない。

解答・解説

1 3

解説 1. 誤り。常雇い人数については，$\frac{2015年の常雇い人数}{2005年の常雇い人数}=\frac{104〔千人〕}{53〔千人〕}$ ≒ 1.96〔倍〕より，2倍に満たない。 2. 誤り。雇い入れた法人経営体数については，$\frac{2015年の法人経営体数}{2005年の法人経営体数}=\frac{11.7〔千経営体数〕}{5.1〔千経営体数〕}$ ≒ 2.29〔倍〕より，2倍を超えている。 3. 正しい。65歳以上の常雇いの人数は，104,285 × 0.137 ≒ 14,287〔人〕より，15,000人未満である。 4. 誤り。年齢構成の中で最も少ないのは15～24歳の者である。 5. 誤り。資料には常雇いの年齢構成の推移は示されていないので，判断できない。

2 5

解説 1. 誤り。「登用実績あり」の率について，「生活関連サービス・娯楽業」は2017年の約65％が最高であったが，「医療・福祉」は，2018年の約70％が最高であった。つまり，「『生活関連サービス・娯楽業』は，各年および各産業を比較して最も『登用実績あり』の率が高い年があった」との記述は誤りである。 2. 誤り。「医療・福祉」は各年とも1位であるから，「各年を通じ，順位が同一の産業はなかった」との記述は誤りである。 3. 誤り。2019年において「登用実績あり」の率が5割（50％）を超えていたのは，「医療・福祉」「製造業」「生活関連サービス・娯楽業」の3つの産業である。なお，「調査産業計」は含めないことに注意。 4. 誤り。失業率についてのデータが示されていないので，「このグラフから読み取れる内容」としては誤りである。 5. 正しい。2016年における「建設業」の「登用実績あり」の率は約25％であったが，これは，各年および各産業を比較した際，最も低い水準であった。

3 5

解説 1. 誤り。アメリカ合衆国の石油製品の輸出額は，

$\frac{アメリカ合衆国の輸出額}{世界の輸出額合計}\times 100=\frac{21943}{146280}\times 100$ ≒ 15.0〔％〕より，世界の輸出額合計のうち16％以上を占めていない。 2. 誤り。ロシアの石油製品の輸出額は，$\frac{ロシアの輸出額}{世界の輸出額合計}=\frac{13027}{146250}$ ≒ 0.089（8.9％）より，世界の輸出額

合計のうち1割以上を占めていない。　3. 誤り。オランダの石油製品の輸出額は，$\frac{\text{オランダの輸出額}}{\text{スペインの輸出額}}=\frac{10951}{2295}\fallingdotseq 4.8$〔倍〕より，スペインの石油製品の輸出額の5倍未満である。　4. 誤り。シンガポールの石油製品の輸入額は，$\frac{\text{シンガポールの輸入額}}{\text{世界の輸入額合計}}\times 100=\frac{11228}{136816}\times 100\fallingdotseq 8.2$〔%〕より，世界の輸入額合計のうち10%以上を占めていない。　5. 正しい。メキシコの石油製品の輸入額は，$\frac{\text{メキシコの輸入額}}{\text{世界の輸入額合計}}\times 100=\frac{5526}{136816}\times 100\fallingdotseq 4.0$〔%〕より，世界の輸入額合計のうち3%以上を占めている。

4　4

解説　1. 誤り。インターネット利用率を学校種別ごとに比較すると，高い順から，高校生 (99.2%)，中学生 (98.2%)，小学生 (96.0%) である。
2. 誤り。小学生のスマートフォンの利用率は，38.6%であるから，4割に満たない。　3. 誤り。中学生，高校生ともにスマートフォンの利用率が1位であり，それぞれ72.6%と97.7%である。　4. 正しい。機器別の利用率について，順位は次の通りである。

全体
・1位…スマートフォン・2位…ゲーム機・3位…テレビ・4位…自宅用PC・タブレット・5位…GIGA端末

小学生
・1位…ゲーム機・2位…GIGA端末・3位…自宅用PC・タブレット・4位…テレビ・5位…スマートフォン

中学生
・1位…スマートフォン・2位…ゲーム機・3位…テレビ・4位…GIGA端末・5位…自宅用PC・タブレット

高校生
・1位…スマートフォン・2位…テレビ・3位…ゲーム機・4位…自宅用PC・タブレット・5位…GIGA端末

5. 誤り。利用率や調査人数のデータは示されているものの年齢別のデータは示されていないので，判断できない。

5 4

解説 1. 誤り。アメリカ合衆国におけるメキシコからの国際移住者は，$5063 \times 0.214 \fallingdotseq 1083$〔万人〕であり，1100万人未満である。　2. 誤り。ドイツにおけるポーランドからの国際移住者は，$1576 \times 0.136 \fallingdotseq 214$〔万人〕であり，200万人を越えている。　3. 誤り。アメリカ合衆国におけるフィリピンからの国際移住者は$5063 \times 0.041 \fallingdotseq 208$〔万人〕であるのに対して，ドイツにおけるトルコからの国際移住者は$1576 \times 0.117 \fallingdotseq 184$〔万人〕である。　4. 正しい。サウジアラビアにおけるインドからの国際移住者は，$1345 \times 0.186 \fallingdotseq 250$〔万人〕なので，200万人を超えている。　5. 誤り。サウジアラビアにおけるパキスタンからの国際移住者は$1345 \times 0.110 \fallingdotseq 147$〔万人〕であるのに対して，ドイツにおけるロシアからの国際移住者は$1576 \times 0.076 \fallingdotseq 120$〔万人〕である。

6 4

解説 1. 誤り。アメリカ合衆国における肉類の生産量は，2017年から2018年にかけて増加しているが，中国においては減少している。　2. 誤り。ミャンマーにおける肉類の生産量は，2017年から2018年にかけて増加しているが，オランダにおいては減少している。　3. 誤り。2017年において，ロシアの肉類の生産量は，$\dfrac{\text{ロシアの肉類の生産量}}{\text{フランスの肉類の生産量}} = \dfrac{10319}{5563} \fallingdotseq 1.85$〔倍〕より，フランスの肉類の生産量の2倍未満である。　4. 正しい。2017年において，ブラジルの肉類の生産量は，$\dfrac{\text{ブラジルの肉類の生産量}}{\text{ベトナムの肉類の生産量}} = \dfrac{27694}{5072} \fallingdotseq 5.46$〔倍〕より，ベトナムの肉類の生産量の5倍以上である。　5. 誤り。2018年において，インドの肉類の生産量は，$\dfrac{\text{インドの肉類の生産量}}{\text{ニュージーランドの肉類の生産量}} = \dfrac{7454}{1453} \fallingdotseq 5.13$〔倍〕より，ニュージーランドの肉類の生産量の5倍を超えている。

7 5

解説 1. 誤り。インドネシアにおける漁業生産量は年々増加傾向にあるものの，メキシコの漁業生産量は2018年から2019年にかけて減少している。　2. 誤り。2000年において最も漁業生産量が多い国は，日本である。　3. 誤り。2000年においては最も大きい値を示し，2010年から2019年にかけては2番目に大きい値を示している。　4. 誤り。2019年におけるインドネシアの漁業生産量は，$\dfrac{\text{インドネシアの漁業生産量}}{\text{ノルウェーの漁業生産量}}=\dfrac{7525}{2472}\fallingdotseq 3.0$〔倍〕より，ノルウェーの漁業生産量の3倍以上である。　5. 正しい。日本とノルウェーにおける漁業生産量は，年々減少している。

8 4

解説 1. 誤り。2000年における「食料品」の割合は，$\dfrac{\text{「食料品」の割合}}{\text{「繊維」の割合}}=\dfrac{11.6}{2.3}\fallingdotseq 5.0$〔倍〕より，「繊維」の割合の6倍未満である。　2. 誤り。2019年における「機械」の割合は，$\dfrac{\text{「機械」の割合}}{\text{「化学」の割合}}=\dfrac{45.3}{13.3}\fallingdotseq 3.4$〔倍〕より，「化学」の割合の3.5倍未満である。　3. 誤り。重化学工業に占める「機械」の割合は，1960年では$\dfrac{25.8}{18.8+25.8+11.1}=\dfrac{25.8}{55.7}\fallingdotseq 0.463$，1980年では$\dfrac{31.8}{17.1+31.8+15.5}=\dfrac{31.8}{64.4}\fallingdotseq 0.494$，2000年では$\dfrac{45.8}{11.1+45.8+11.0}=\dfrac{45.8}{67.9}\fallingdotseq 0.675$，2010年では$\dfrac{44.6}{13.6+44.6+14.2}=\dfrac{44.6}{72.4}\fallingdotseq 0.616$，2019年では$\dfrac{45.3}{13.5+45.3+13.3}=\dfrac{45.3}{72.1}\fallingdotseq 0.628$より，年々増加しているわけではない。　4. 正しい。軽工業に占める「繊維」の割合は，1960年では$\dfrac{12.3}{100-55.7}=\dfrac{12.3}{44.3}\fallingdotseq 0.278$，1980年では$\dfrac{5.2}{100-64.4}=\dfrac{5.2}{35.6}\fallingdotseq 0146$，2000年では$\dfrac{2.3}{100-67.9}=\dfrac{2.3}{32.1}\fallingdotseq 0.072$，2010年では$\dfrac{1.4}{100-72.4}=\dfrac{1.4}{27.6}\fallingdotseq 0.051$，2019年では$\dfrac{1.2}{100-72.1}=\dfrac{1.2}{27.9}\fallingdotseq 0.043$より，年々増加している。　5. 重化学工業に占める「金属」の割合は，1960年から2000年および2019年においては「化学」の割合より高いものの，2010年においては「化学」の割合よりも低い。

9 3

解説 1. 誤り。Linkedinの利用率が最も高いのは，25－34歳である。　2. 誤り。Linkedinに関しては，12－17歳の利用率が最も低い。　3. 正しい。いずれも18－24歳，12－17歳，25－34歳，35－44歳，45－54歳，55－64歳，65歳以上の順に利用率が高い。　4. 誤り。12－17歳，18－24歳，25－34歳におけるGoogle＋の利用率は，3番目に大きい値となっている。　5. 誤り。いずれの年齢層においても，Facebookの利用率はLinkedin

の利用率を上回り，最も大きい割合を占めている。

10 5

解説 1. 誤り。ロシアの原油の国内供給量は，$\frac{\text{ロシアの国内供給量}}{\text{ベルギーの国内供給量}}=\frac{26116}{3302}\fallingdotseq 7.9$〔倍〕より，ベルギーの原油の国内供給量の8倍に満たない。

2. 誤り。アメリカ合衆国の原油の国内供給量は，$\frac{\text{アメリカ合衆国の国内供給量}}{\text{メキシコの国内供給量}}=\frac{82334}{3072}\fallingdotseq 26.8$〔倍〕より，メキシコの原油の国内供給量の30倍に満たない。

3. 誤り。中東地域において，原油の自給率が最も高い国はイラクであるが，国内供給量が最も多い国はサウジアラビアである。 4. 誤り。アジア地域において，原油の自給率が最も高い国はインドネシアであるが，国内供給量が最も多い国は中国である。 5. 正しい。インドの原油の国内供給量は，$\frac{\text{インドの国内供給量}}{\text{タイの国内供給量}}=\frac{26022}{6363}\fallingdotseq 4.08$〔倍〕より，タイの原油の国内供給量の4倍以上である。

11 5

解説 1. 誤り。図表からデータを読み取り，比較する問題である。米国からの輸入は，牛肉については1位，豚肉については2位であるが，鶏肉については4位である。 2. 誤り。選択肢は，輸入額についての記述であるが，同一の品目なので，割合を比較してもよい。豚肉について，台湾からの輸入割合をデンマークからの輸入割合と比較すると，$41.8 \div 16.5 = 2.53\cdots\cdots \fallingdotseq 2.5$〔倍〕であるから，3倍を超えていない。 3. 誤り。カナダからの豚肉の輸入額$=4146\times 0.059=244.614$〔億円〕，ブラジルからの鶏肉の輸入額$=1337\times 0.209=279.433$〔億円〕であるから，カナダからの豚肉の輸入額の方が少ない。 4. 誤り。グラフに示されているのは，牛肉，豚肉，鶏肉に限られており，食肉全体は示されていないので，判断できない。 5. 正しい。米国からの牛肉の輸入額$=2{,}995\times 0.611=1829.945$〔億円〕であり，米国からの豚肉の輸入額$=4{,}146\times 0.226=936.996$〔億円〕，また，$1829.945\div 936.996=1.952\cdots\cdots\fallingdotseq 2.0$〔倍〕であるから，その差は3倍には満たない。

第6部

論作文試験対策

● 論作文対策

人物試験　論作文対策

POINT

Ⅰ.「論作文試験」とはなにか

(1)「論作文試験」を実施する目的

かつて18世紀フランスの博物学者，ビュフォンは「文は人なり」と言った。その人の知識・教養・思考力・思考方法・人間性などを知るには，その人が書いた文章を見るのが最良の方法であるという意味だ。

知識の質・量を調べる筆記試験の教養試験だけでは，判定しがたい受験生の資質をより正確にとらえるため，あるいは受験生の公務員としての適性を判断するため，多角的な観点から考査・評価を行う必要がある。

そのため論作文試験は，公務員試験のみならず，一般企業でも重視されているわけだが，とりわけ公務員の場合は，行政の中核にあって多様な諸事務を処理して国民に奉仕するという職務柄，人物試験とともに近年は一層重視されているのが現状だ。しかも，この傾向は，今後もさらに強くなると予想される。

同じ国語を使って，同じように制限された字数，時間の中で同じテーマの論作文を書いても，その論作文はまったく違ったものになる。おそらく学校で，同じ先生に同じように文章指導を受けたとしても，そうなるだろう。その違いのなかにおのずと受験生の姿が浮かび上がってくることになる。

採用側からみた論作文試験の意義をまとめると，次のようになる。

① 公務員としての資質を探る

公務員というのは，文字どおり公に従事するもの。地域住民に直接に接する機会も多い。民間企業の場合は，新入社員研修が何ヶ月もかけて行われることもあるが，公務員の場合は，ほとんどが短期間のうちに現場の真っ只中に入ることになる。したがって自立性や創造力などの資質を備えた人物が求められるわけで，論作文試験を通じて，そのような資質を判定することができる。

② 総合的な知識・理解力を知る

論作文試験によって，公務員として必要な言語能力・文章表現能力を判定することや，公務員として職務を遂行するのにふさわしい基礎的な知識の理解度や実践への応用力を試すことができる。

換言すれば，日本語を文章として正しく表現するための常識や，これまでの学校教育などで得た政治や経済などの一般常識を今後の実践の中でどれほど生かすことができるか，などの総合的な知識・理解力の判定をもしようということである。

③ 思考過程・論理の構成力を知る

教養試験は，一般知識分野であれ一般知能分野であれ，その出題の質が総括的・分散的になりがちである。いわば「広く浅く」が出題の基本となりやすいわけだ。これでは受験生の思考過程や論理の構成力を判定することは不可能だ。その点，論作文試験ではひとつの重要な課題に対する奥深さを判定しやすい。

④ 受験生の人柄・人間性の判定

人物試験（面接）と同様に，受験生の人格・人柄を判定しやすい。これは，文章の内容からばかりではなく，文章の書き方，誤字・脱字の有無，制限字数への配慮，文字の丁寧さなどからも判断される。

(2)「論作文試験」の実施状況

公務員試験全体における人物重視の傾向とあいまって，論作文試験も重視される傾向にある。地方公務員の場合，試験を実施する都道府県・市町村などによって異なるが，行政事務関係はほぼ実施している。

(3) 字数制限と時間制限

最も一般的な字数は1,000～1,200字程度である。最も少ないところが600字，最大が2,000字と大きく開きがある。

時間制限は，60～90分，あるいは120分というのが一般的だ。この時間は，けっして充分なものではない。試しにストップウォッチで計ってみるといいが，他人の論作文を清書するだけでも，600字の場合なら約15分程度かかる。

テーマに即して，しかも用字・用語に気を配ってということになると，かなりのスピードが要求されるわけである。情報を整理し，簡潔に説明できる力を養う必要があるだろう。

(4)「論作文試験」の評価の基準

採用試験の答案として書く論作文なので，その評価基準を意識して書くことも大切といえる。しかし，公務員試験における論作文の評価の基準は，いずれの都道府県などでも公表していないし，今後もそれを期待することはなかなか難しいだろう。

ただ，過去のデータなどから手掛りとなるものはあるので，ここではそれらを参考に，一般的な評価基準を考えてみよう。

形式的な面からの評価	① 表記法に問題はないか。
	② 文脈に応じて適切な語句が使われているか。
	③ 文（センテンス）の構造，語句の照応などに問題はないか。
内容的な面からの評価	① テーマを的確に把握しているか。
	② 自分の考え方やものの見方をまとめ，テーマや論旨が明確に表現されているか。
	③ 内容がよく整理され，段落の設定や論作文の構成に問題はないか。
総合的な面からの評価	① 公務員に必要な洞察力や創造力，あるいは常識や基礎学力は十分であるか。
	② ものの見方や考え方が，公務員として望ましい方向にあるか。

おおよそ以上のような評価の視点が考えられるが，これらはあらゆるテーマに対して共通しているということではない。それぞれのテーマによってそのポイントの移動があり，また，実施する自治体などによっても，このうちのどれに重点を置くかが異なってくる。

ただ，一般的に言えることは，企業の採用試験などの場合，その多くは総合的な評価が重視され形式的な面はあまり重視されないが，公務員採用試験における論作文は，形式的な面も軽んじてはならないということである。なぜなら，公務員は採用後に公の文書を取り扱うわけで，それらには一定のフォーマットがあるものが多いからだ。これへの適応能力が試されるのは当然である。

(5)「論作文試験」の出題傾向

公務員試験の場合，出題の傾向をこれまでのテーマから見るのは難しい。一定の傾向がないからだ。

ここ数年の例を見ると，「公務員となるにあたって」「公務員に求められる倫理観について」など，将来への抱負や心構え，公務員観に関するものから，「私が目指す●●県のまちづくり」「▲▲の魅力を挙げ，他地域の人々に▲▲を発信・セールスせよ」など，具体的なプランとアクションを挙げさせるところもあり，その種類まさに千差万別といえる。

いずれにせよ，今までの自己体験，あるいは身近な事件を通して得た信条や生活観，自然観などを語らせ，その観点や感性から，公務員としての適性を知ろうとするものであることに変わりはないようだ。

Ⅱ.「論作文試験」の事前準備

(1) 試験の目的を理解する

論作文試験の意義や評価の目的については前に述べたが，試験の準備を進めるためには，まずそれについてよく考え，理解を深めておく必要がある。その理解が，自分なりの準備方法を導きだしてくれるはずだ。

例えば，あなたに好きなひとがいたとする。ラブレター（あるいはメール）を書きたいのだが，あいにく文章は苦手だ。文章の上手い友人に代筆を頼む手もあるが，これでは真心は通じないだろう。そこで，便せんいっぱいに「好きだ，好きだ，好きだ，好きだ，好きだ，好きだ」とだけ書いたとする。それで十分に情熱を伝えることができるし，場合によっては，どんな名文を書き連ねるよりも最高のラブレターになることだってある。あるいはサインペンで用紙いっぱいに一言「好き」と大書して送ってもいい。個人対個人間のラブレターなら，それでもいいのである。つまり，その目的が，「好き」という恋心を相手にだけわかってもらうことにあるからだ。

文章の長さにしてもそうで，例えばこんな文がある。

「一筆啓上　火の用心　おせん泣かすな　馬肥やせ」

これは徳川家康の家臣である本多作左衛門重次が，妻に宛てた短い手紙である。「一筆啓上」は「拝啓」に当たる意味で，「おせん泣かすな」は重次の唯一の子どもであるお仙（仙千代）を「泣かしたりせず，しっかりと育てなさい」と我が子をとても大事にしていたことが伺える。さらに，「馬肥やせ」は武将の家には欠くことのできない馬について「いざという時のために餌をしっかり与えて大事にしてくれ」と妻へアドバイスしている。短いながらもこの文面全体には，家族への愛情や心配，家の主としての責任感などがにじみ出ているかのようだ。

世の中にはもっと短い手紙もある。フランスの文豪ヴィクトル・ユーゴーは『レ・ミゼラブル』を出版した際にその売れ行きが心配になり，出版社に対して「？」と書いただけの手紙を送った。すると出版社からは「！」という返事が届いたという。意味がおわかりだろうか。これは，「売れ行きはどうか？」「すごく売れていますよ！」というやりとりである。前提になる状況と目的によっては，「？」や「！」ひとつが，千万の言葉よりも，意思と感情を的確に相手に伝達することもあるのだ。

しかし，論作文試験の場合はどうだろうか。「公務員を志望した動機」というテーマを出されて，「私は公務員になりたい，私は公務員になりたい，私は公務員になりたい，……」と600字分書いても，評価されることはないだろう。

つまり論作文というのは，何度もいうように，人物試験を兼ねあわせて実施されるものである。この意義や目的を忘れてはいけない。しかも公務員採用試験の場合と民間企業の場合では，求められているものに違いもある。

民間企業の場合でも業種によって違いがある。ということは，それぞれの意義や目的によって，対策や準備方法も違ってくるということである。これを理解した上で，自分なりの準備方法を見つけることが大切なのだ。

(2) 文章を書く習慣を身につける

多くの人は「かしこまった文章を書くのが苦手」だという。携帯電話やパソコンで気楽なメールを頻繁にしている現在では，特にそうだという。論作文試験の準備としては，まずこの苦手意識を取り除くことが必要だろう。

文章を書くということは，習慣がついてしまえばそれほど辛いものではない。習慣をつけるという意味では，第一に日記を書くこと，第二に手紙を書くのがよい。

① 「日記」を書いて筆力をつける

実際にやってみればわかることだが，日記を半年間書き続けると，自分でも驚くほど筆力が身に付く。筆力というのは「文章を書く力」で，豊かな表現力・構成力，あるいはスピードを意味している。日記は他人に見せるものではないので，自由に書ける。材料は身辺雑事・雑感が主なので，いくらでもあるはず。この「自由に書ける」「材料がある」ということが，文章に慣れるためには大切なことなのだ。パソコンを使ってブログで長い文章を書くのも悪くはないが，本番試験はキーボードが使えるわけではないので，リズムが変わると書けない可能性もある。やはり紙にペンで書くべきだろう。

② 「手紙」を書いてみる

手紙は，他人に用件や意思や感情を伝えるものである。最初から他人に読んでもらうことを目的にしている。ここが日記とは根本的に違う。つまり，読み手を意識して書かなければならないわけだ。そのために，一定の形式を踏まなければならないこともあるし，逆に，相手や時と場合によって形式をはずすこともある。感情を全面的に表わすこともあるし，抑えることもある。文章を書く場合，この読み手を想定して形式や感情を制御していくということは大切な要件である。手紙を書くことによって，このコツに慣れてくるわけだ。

「おっはよー，元気い（^_^）？　今日もめっちゃ寒いけど……」

「拝啓，朝夕はめっきり肌寒さを覚える今日このごろですが，皆々様におかれましては，いかがお過ごしかと……」

手紙は，具体的に相手（読み手）を想定できるので，書く習慣がつけば，このような「書き分ける」能力も自然と身についてくる。つまり，文章のTPOといったものがわかってくるのである。

③ 新聞や雑誌のコラムを写してみる

新聞や雑誌のコラムなどを写したりするのも，文章に慣れる王道の手段。最初は，とにかく書き写すだけでいい。ひたすら，書き写すのだ。

ペン習字などもお手本を書き写すが，それと同じだと思えばいい。ペン習字と違うのは，文字面をなぞるのではなく，別の原稿用紙などに書き写す点だ。

とにかく，こうして書き写すことをしていると，まず文章のリズムがわかってくる。ことばづかいや送り仮名の要領も身につく。文の構成法も，なんとなく理解できてくる。実際，かつての作家の文章修業は，こうして模写をすることから始めたという。

私たちが日本語を話す場合，文法をいちいち考えているわけではないだろう。接続詞や助詞も自然に口をついて出ている。文章も本来，こうならなければならないのである。そのためには書き写す作業が一番いいわけで，これも実際にやってみると，効果がよくわかる。

なぜ，新聞や雑誌のコラムがよいかといえば，これらはマスメディア用の文章だからである。不特定多数の読み手を想定して書かれているために，一般的なルールに即して書かれていて，無難な表現であり，クセがない。公務員試験の論作文では，この点も大切なことなのだ。

たとえば雨の音は，一般的に「ポツリ，ポツリ」「パラ，パラ」「ザァ，ザァ」などと書く。ありふれた表現だが，裏を返せばありふれているだけに，だれにでも雨の音だとわかるはず。「朝から，あぶないな，と思っていたら，峠への途中でパラ，パラとやってきた……」という文章があれば，この「パラ，パラ」は雨だと想像しやすいだろう。

一方，「シイ，シイ」「ピチ，ピチ」「トン，トン」「バタ，バタ」，雨の音をこう表現しても決して悪いということはない。実際，聞き方によっては，こう聞こえるときもある。しかし「朝から，あぶないな，と思っていたら，峠への途中でシイ，シイとやってきた……」では，一般的には「シイ，シイ」が雨だとはわからない。

論作文は，作家になるための素質を見るためのものではないから，やはり後者ではマズイのである。受験論作文の練習に書き写す場合は，マスコミのコラムなどがよいというのは，そういうわけだ。

④　考えを正確に文章化する

頭の中では論理的に構成されていても，それを文章に表現するのは意外に難しい。主語が落ちているために内容がつかめなかったり，語彙が貧弱で，述べたいことがうまく表現できなかったり，思いあまって言葉足らずという文章を書く人は非常に多い。文章は，記録であると同時に伝達手段である。メモをとるのとは違うのだ。

論理的にわかりやすい文章を書くには，言葉を選び，文法を考え，文脈を整え，結論と課題を比較してみる……，という訓練を続けることが大切だ。しかし，この場合，一人でやっていたのでは評価が甘く，また自分では気づかないこともあるので，友人や先輩，国語に詳しいかつての恩師など，第三者の客観的な意見を聞くと，正確な文章になっているかどうかの判断がつけやすい。

⑤　文章の構成力を高める

正確な文章を書こうとすれば，必ず文章の構成をどうしたらよいかという問題につきあたる。文章の構成法については後述するが，そこに示した基本的な構成パターンをしっかり身につけておくこと。一つのテーマについて，何通りかの構成法で書き，これをいくつものテーマについて繰り返してみる。そうしているうちに，特に意識しなくてもしっかりした構成の文章が書けるようになるはずだ。

⑥　制限内に書く感覚を養う

だれでも時間をかけてじっくり考えれば，それなりの文章が書けるだろう。しかし，実際の試験では字数制限や時間制限がある。練習の際には，ただ漫然と文章を書くのではなくて，字数や時間も実際の試験のように設定したうえで書いてみること。

例えば800字以内という制限なら，その全体量はどれくらいなのかを実際に書いてみる。また，全体の構想に従って字数（行数）を配分すること。時間制限についても同様で，60分ならその時間内にどれだけのことが書けるのかを確認し，構想，執筆，推敲などの時間配分を考えてみる。この具体的な方法は後に述べる。

こうして何度も文章を書いているうちに，さまざまな制限を無駄なく十分に使う感覚が身についてくる。この感覚は，練習を重ね，文章に親しまない限り，身に付かない。逆に言えば実際の試験ではそれが極めて有効な力を発揮するのが明らかなのだ。

Ⅲ.「合格答案」作成上の留意点

(1) テーマ把握上の注意

さて，いよいよ試験が始まったとしよう。論作文試験でまず最初の関門になるのが，テーマを的確に把握できるか否かということ。どんなに立派な文章を書いても，それが課題テーマに合致していない限り，試験結果は絶望的である。不幸なことにそのような例は枚挙にいとまがにないと言われる。ここでは犯しやすいミスを2，3例挙げてみよう。

① 似たテーマと間違える

例えば「私の生きかた」や「私の生きがい」などは，その典型的なもの。前者が生活スタイルや生活信条などが問われているのに対して，後者はどのようなことをし，どのように生きていくことが，自分の最も喜びとするところかが問われている。このようなニュアンスの違いも正確に把握することだ。

② テーマ全体を正確に読まない

特に，課題そのものが長い文章になっている場合，どのような条件を踏まえて何を述べなければならないかを，正確にとらえないまま書き始めてしまうことがある。例えば，下記のようなテーマがあったとする。

「あなたが公務員になったとき，職場の上司や先輩，地域の人々との人間関係において，何を大切にしたいと思いますか。自分の生活体験をもとに書きなさい」

①公務員になったとき，②生活体験をもとに，というのがこのテーマの条件であり，「上司・先輩，地域の人々との人間関係において大切にしたいこと」というのが必答すべきことになる。このような点を一つひとつ把握しておかないと，内容に抜け落ちがあったり，構成上のバランスが崩れたりする原因になる。テーマを示されたらまず2回はゆっくりと読み，与えられているテーマの意味・内容を確認してから何をどう書くかという考察に移ることが必要だ。

③ テーマの真意を正確につかまない

「今，公務員に求められるもの」というテーマと「公務員に求められるもの」というテーマを比べた場合，“今”というたった1字があるか否かで，出題者の求める答えは違ってくることに注意したい。言うまでもなく，後者がいわゆる「公務員の資質」を問うているのに対して，前者は「現況をふまえたうえで，できるだけ具体的に公務員の資質について述べること」が求められているのだ。

以上3点について述べた。こうやって示せば誰でも分かる当たり前のことのようだが，試験本番には受け取る側の状況もまた違ってくるはず。くれぐれも慎重に取り組みたいところだ。

(2) 内容・構成上の注意点

① 素材選びに時間をかけろ

テーマを正確に把握したら，次は結論を導きだすための素材が重要なポイントになる。公務員試験での論作文では，できるだけ実践的・経験的なものが望ましい。現実性のある具体的な素材を見つけだすよう，書き始める前に十分考慮したい。

② 全体の構想を練る

さて，次に考えなくてはならないのが文章の構成である。相手を納得させるためにも，また字数や時間配分の目安をつけるためにも，全体のアウトラインを構想しておくことが必要だ。ただやみくもに書き始めると，文章があらぬ方向に行ってしまったり，広げた風呂敷をたたむのに苦労しかねない。

③文体を決める

文体は終始一貫させなければならない。文体によって論作文の印象もかなり違ってくる。〈です・ます〉体は丁寧な印象を与えるが，使い慣れないと文章がくどくなり，文末のリズムも単調になりやすい。〈である〉体は文章が重々しいが，断定するつもりのない場合でも断定しているかのような印象を与えやすい。

それぞれ一長一短がある。書きなれている人なら，テーマによって文体を使いわけるのが望ましいだろう。しかし，大概は文章のプロではないのだから，自分の最も書きやすい文体を一つ決めておくことが最良の策だ。

(3) 文章作成上の注意点

① ワン・センテンスを簡潔に

一つの文（センテンス）にさまざまな要素を盛り込もうとする人がいるが，内容がわかりにくくなるだけでなく，時には主語・述語の関係が絡まり合い，文章としてすら成立しなくなることもある。このような文章は論旨が不明確になるだけでなく，読み手の心証もそこねてしまう。文章はできるだけ無駄を省き，わかりやすい文章を心掛けること。「一文はできるだけ簡潔に」が鉄則だ。

② 論点を整理する

論作文試験の字数制限は多くても2,000字，少ない場合は600字程度ということもあり，決して多くはない。このように文字数が限られているのだから，文章を簡潔にすると同時に，論点をできるだけ整理し，特に必要のない要素は削ぎ落とすことだ。これはテーマが抽象的な場合や，逆に具体的に多くの条件を設定してる場合は，特に注意したい。

③ 段落を適切に設定する

段落とは，文章全体の中で一つのまとまりをもった部分で，段落の終わりで改行し，書き始めは1字下げるのが決まりである。いくつかの小主題をもつ文章の場合，小主題に従って段落を設けないと，筆者の意図がわかりにくい文章になってしまう。逆に，段落が多すぎる文章もまた意図が伝わりにくく，まとまりのない印象の文章となる場合が多い。段落を設ける基準として，次のような場合があげられる。

① 場所や場面が変わるとき。	④ 思考が次の段階へ発展するとき。
② 対象が変わるとき。	⑤ 一つの部分を特に強調したいとき。
③ 立場や観点が変わるとき。	⑥ 同一段落が長くなりすぎて読みにくくなるとき。

これらを念頭に入れて適宜段落を設定する。

(4) 文章構成後のチェック点

① 主題がはっきりしているか。論作文全体を通して一貫しているか。課題にあったものになっているか。
② まとまった区切りを設けて書いているか。段落は，意味の上でも視覚的にもはっきりと設けてあるか。
③ 意味がはっきりしない言いまわしはないか。人によって違った意味にとられるようなことはないか。
④ 一つの文が長すぎないか。一つの文に多くの内容を詰め込みすぎているところはないか。
⑤ あまりにも簡単にまとめすぎていないか。そのために論作文全体が軽くなっていないか。
⑥ 抽象的ではないか。もっと具体的に表現する方法はないものか。
⑦ 意見や感想を述べる場合，裏づけとなる経験やデータとの関連性は妥当なものか。
⑧ 個人の意見や感想を，「われわれは」「私たちは」などと強引に一般化しているところはないか。
⑨ 表現や文体は統一されているか。
⑩ 文字や送り仮名は統一されているか。

実際の試験では，こんなに細かくチェックしている時間はないだろうが，練習の際には，一つの論作文を書いたら，以上のようなことを必ずチェックしてみるとよいだろう。

Ⅳ.「論作文試験」の実戦感覚

準備と対策の最後の仕上げは，“実戦での感覚”を養うことである。これは“実戦での要領”といってもよい。「要領がいい」という言葉には，「上手に」「巧みに」「手際よく」といった意味と同時に，「うまく表面をとりつくろう」「その場をごまかす」というニュアンスもある。「あいつは要領のいい男だ」という表現などを思い出してみれば分かるだろう。

採用試験における論作文が，論作文試験という競争試験の一つとしてある以上，その意味での“要領”も欠かせないだろう。極端にいってしまえば，こうだ。

「約600字分だけ，たまたまでもすばらしいものが書ければよい」

もちろん，本来はそれでは困るのだが，とにかく合格して採用されることが先決だ。そのために，短時間でその要領をどう身につけるか，実戦ではどう要領を発揮するべきなのか。

(1) 時間と字数の実戦感覚

① 制限時間の感覚

公務員試験の論作文試験の平均制限時間は，90分間である。この90分間に文字はどれくらい書けるか。大学ノートなどに，やや丁寧に漢字まじりの普通の文を書き写すとして，速い人で1分間約60字，つまり90分間なら約5,400字。遅い人で約40字/1分間，つまり90分間なら約3,600字。平均4,500字前後と見ておけばよいだろう。400字詰め原稿用紙にして11枚程度。これだけを考えれば，時間はたっぷりある。しかし，これはあくまでも「書き写す」場合であって，論作文している時間ではない。

構想などが決まったうえで，言葉を選びながら論作文する場合は，速い人で約20字前後/1分間，60分間なら約1,800字前後である。ちなみに，文章のプロたち，例えば作家とか週刊誌の記者とかライターという職業の人たちでも，ほぼこんなものなのだ。構想は別として，1時間に1,800字，400字詰め原稿用紙で4～5枚程度書ければ，だいたい職業人として1人前である。言い換えれば，読者が読むに耐えうる原稿を書くためには，これが限度だということである。

さて，論作文試験に即していえば，もし制限字数1,200字なら，1,200字÷20字で，文章をつづる時間は約60分間ということになる。そうだとすれば，テーマの理解，着想，構想，それに書き終わった後の読み返しなどにあてられる時間は，残り30分間。これは実にシビアな時間である。まず，この時間の感覚を，しっかりと頭に入れておこう。

② 制限字数の感覚

これも一般には，なかなか感覚がつかめないもの。ちなみに，いま，あなたが読んでいるこの本のこのページには，いったい何文字入っているのか，すぐにわかるだろうか。答えは，1行が33字詰めで行数が32行，空白部分もあるから約1,000字である。公務員試験の論作文試験の平均的な制限字数は1,200字となっているから，ほぼ，この本の約1頁強である。

この制限字数を，「長い！」と思うか「短い！」と思うかは，人によって違いはあるはず。俳句は17文字に万感の想いを込めるから，これと比べれば1,000字は実に長い。一方，ニュース番組のアナウンサーが原稿を読む平均速度は，約400字程度/1分間とされているから，1,200字なら3分。アッという間である。つまり，1,200字というのは，そういう感覚の字数なのである。ここでは，論作文試験の1,200字という制限字数の妥当性については置いておく。1,200字というのが，どんな感覚の文字数かということを知っておけばよい。

この感覚は，きわめて重要なことなのである。後でくわしく述べるが，実際にはこの制限字数によって，内容はもとより書き出しや構成なども，かなりの規制を受ける。しかし，それも試験なのだから，長いなら長いなりに，短いなら短いなりに対処する方法を考えなければならない。それが実戦に臨む構えであり，「要領」なのだ。

(2) 時間配分の実戦感覚

90分間かけて，結果として1,200字程度の論作文を仕上げればよいわけだから，次は時間の配分をどうするか。開始のベルが鳴る（ブザーかも知れない)。テーマが示される。いわゆる「課題」である。さて，なにを，どう書くか。この「なにを」が着想であり，「どう書くか」が構想だ。

① まず「着想」に10分間

課題が明示されているのだから，「なにを」は決まっているように思われるかもしれないが，そんなことはない。たとえば「夢」という課題であったとして，昨日みた夢，こわかった夢，なぜか印象に残っている夢，将来の夢，仕事の夢，夢のある人生とは，夢のある社会とは，夢のない現代の若者について……などなど，書くことは多種多様にある。あるいは「夢想流剣法の真髄」といったものだってよいのだ。まず，この「なにを」を10分以内に決める。文章を書く，または論作文するときは，本来はこの「なにを」が重要なのであって，自分の知識や経験，感性を凝縮して，長い時間をかけて決めるのが理想なのだが，なにしろ制限時間があるので，やむをえず5分以内に決める。

② 次は「構想」に10分間

「構想」というのは，話の組み立て方である。着想したものを，どうやって1,200字程度の字数のなかに，うまく展開するかを考える。このときに重要なのは，材料の点検だ。

たとえば着想の段階で，「現代の若者は夢がないといわれるが，実際には夢はもっているのであって，その夢が実現不可能な空想的な夢ではなく，より現実的になっているだけだ。大きな夢に向かって猛進するのも人生だが，小さな夢を一つ一つ育んでいくのも意義ある人生だと思う」というようなことを書こうと決めたとして，ただダラダラと書いていったのでは，印象深い説得力のある論作文にはならない。したがってエピソードだとか，著名人の言葉とか，読んだ本の感想……といった材料が必要なわけだが，これの有無，その配置を点検するわけである。しかも，その材料の質・量によって，話のもっていきかた（論作文の構成法）も違ってくる。これを10分以内に決める。

実際には，着想に10分，構想に10分と明瞭に区別されるわけではなく，「なにを」は瞬間的に決まることがあるし，「なにを」と「どう書くか」を同時に考えることもある。ともあれ，着想と構想をあわせて，なにがなんでも20分以内に決めなければならないのである。

③ 「執筆」時間は60分間

これは前述したとおり。ただ書くだけの物理的時間が約15～20分間かかるのだから，言葉を選び表現を考えながらでは60分間は実際に短かすぎるが，試験なのでやむをえない。

まずテーマを書く。氏名を書く。そして，いよいよ第1行の書き出しにかかる。「夢，私はこの言葉が好きだ。夢をみることは，神さまが人間だけに与えた特権だと思う……」「よく，最近の若者には夢がない，という声を聞く。たしかに，その一面はある。つい先日も，こんなことがあった……」「私の家の近所に，夢想流を継承する剣道の小さな道場がある。白髪で小柄な80歳に近い老人が道場主だ……」などと，着想したことを具体的に文章にしていくわけである。

人によっては，着想が決まると，このようにまず第1行を書き，ここで一息ついて後の構想を立てることもある。つまり，書き出しの文句を書きこむと，後の構想が立てやすくなるというわけである。これも一つの方法である。しかし，これは，よっぽど書きなれていないと危険をともなう。後の構想がまとまらないと何度も書き出しを書き直さなければならないからだ。したがって，論作文試験の場合は，やはり着想→構想→執筆と進んだほうが無難だろう。

④ 「点検」時間は10分間で

論作文を書き終わる。当然，点検をしなければならない。誤字・脱字はもとより，送り仮名や語句の使い方，表現の妥当性も見直さなければならない。この作業を一般には「推敲」と呼ぶ。推敲は，文章を仕上げる上で欠かせない作業である。本来なら，この推敲には十分な時間をかけなければならない。文章は推敲すればするほど練りあがるし，また，文章の上達に欠かせないものである。

しかし，論作文試験においては，この時間が10分間しかない。前述したように，1,200字の文章は，ニュースのアナウンサーが読みあげるスピードで読んでも，読むだけで約3分はかかる。だとすれば，手直しする時間は7分。ほとんどないに等しいわけだ。せいぜい誤字・脱字の点検しかできないだろう。論作文試験の時間配分では，このことをしっかり頭に入れておかなければならない。要するに論作文試験では，きわめて実戦的な「要領の良さ」が必要であり，準備・対策として，これを身につけておかなければならないということなのだ。

第7部

面接試験対策

- 面接対策
- 集団討論対策

人物試験　面接対策

POINT

Ⅰ．面接の意義

筆記試験や論作文（論文）試験が，受験者の一般的な教養の知識や理解の程度および表現力やものの考え方・感じ方などを評価するものであるのに対し，面接試験は人物を総合的に評価しようというものだ。

すなわち，面接担当者が直接本人に接触し，さまざまな質問とそれに対する応答の繰り返しのなかから，公務員としての適応能力，あるいは職務遂行能力に関する情報を，できるだけ正確に得ようとするのが面接試験である。豊かな人間性がより求められている現在，特に面接が重視されており，一般企業においても，面接試験は非常に重視されているが，公務員という職業も給与は税金から支払われており，その職務を完全にまっとうできる人間が望まれる。その意味で，より面接試験に重きがおかれるのは当然と言えよう。

Ⅱ．面接試験の目的

では，各都道府県市がこぞって面接試験を行う目的は，いったいどこにあるのだろうか。ごく一般的に言えば，面接試験の目的とは，おおよそ次のようなことである。

① 人物の総合的な評価

試験官が実際に受験者と対面することによって，その人物の容姿や表情，態度をまとめて観察し，総合的な評価をくだすことができる。ただし，ある程度，直観的・第一印象ではある。

② 性格や性向の判別

受験者の表情や動作を観察することにより性格や性向を判断するが，実際には短時間の面接であるので，面接官が社会的・人生的に豊かな経験の持ち主であることが必要とされよう。

③　動機・意欲等の確認

公務員を志望した動機や公務員としての意欲を知ることは，論作文試験等によっても可能だが，さらに面接試験により，採用側の事情や期待内容を逆に説明し，それへの反応の観察，また質疑応答によって，試験官はより明確に動機や熱意を知ろうとする。

以上3点が，面接試験の最も基本的な目的であり，試験官はこれにそってさまざまな問題を用意することになる。さらに次の諸点にも，試験官の観察の目が光っていることを忘れてはならない。

④　質疑応答によって知識・教養の程度を知る

筆記試験によって，すでに一応の知識・教養は確認しているが，面接試験においてはさらに付加質問を次々と行うことができ，その応答過程と内容から，受験者の知識教養の程度をより正確に判断しようとする。

⑤　言語能力や頭脳の回転の速さの観察

言語による応答のなかで，相手方の意志の理解，自分の意志の伝達のスピードと要領の良さなど，受験者の頭脳の回転の速さや言語表現の諸能力を観察する。

⑥　思想・人生観などを知る

これも論作文試験等によって知ることは可能だが，面接試験によりさらに詳しく聞いていくことができる。

⑦　協調性・指導性などの社会的性格を知る

前述した面接試験の種類のうち，グループ・ディスカッションなどはこれを知るために考え出された。公務員という職業の場合，これらの資質を知ることは面接試験の大きな目的の一つとなる。

Ⅲ．面接試験の問題点

これまで述べてきたように，公務員試験における面接試験の役割は大きいが，問題点もないわけではない。

というのも，面接試験の場合，学校の試験のように“正答”というものがないからである。例えば，ある試験官は受験者の「自己PR＝売り込み」を意欲があると高く評価したとしても，別の試験官はこれを自信過剰と受け取り，公務員に適さないと判断するかもしれない。あるいは模範的な回答をしても，「マニュアル的だ」と受け取られることもある。

もっとも，このような主観の相違によって評価が左右されないように，試験官を複数にしたり評価の基準が定められたりしているわけだが，それでもやはり，面接試験自体には次に述べるような一般的な問題点もあるのである。

① 短時間の面接で受験者の全体像を評価するのは容易でない

面接試験は受験者にとってみれば，その人の生涯を決定するほど重要な場であるのだが，その緊張した短時間の間に日頃の人格と実力のすべてが発揮できるとは限らない。そのため第一印象だけで，その全体像も評価されてしまう危険性がある。

② 評価判断が試験官の主観で左右されやすい

面接試験に現れるものは，そのほとんどが性格・性向などの人格的なもので，これは数値で示されるようなものではない。したがってその評価に客観性を明確に付与することは困難で，試験官の主観によって評価に大変な差が生じることがある。

③ 試験官の質問の巧拙などの技術が判定に影響する

試験官の質問が拙劣なため，受験者の正しく明確な反応を得ることができず，そのため評価を誤ることがある。

④ 試験官の好悪の感情が判定を左右する場合がある

これも面接が「人間 対 人間」によって行われる以上，多かれ少なかれ避けられないことである。この弊害を避けるため，前述したように試験官を複数にしたり複数回の面接を行ったりなどの工夫がされている。

⑤ 試験官の先入観や信念などで判定がゆがむことがある

人は他人に接するとき無意識的な人物評価を行っており，この経験の積み重ねで，人物評価に対してある程度の紋切り型の判断基準を持つようになっている。例えば，「額の広い人は頭がよい」とか「耳たぶが大きい人は人格円満」などというようなことで，試験官が高年齢者であるほどこの種の信念が強固であり，それが無意識的に評価をゆがめる場合も時としてある。

面接試験には，このように多くの問題点と危険性が存在する。それらのほとんどが「対人間」の面接である以上，必然的に起こる本質的なものであれば，万全に解決されることを期待するのは難しい。しかし，だからといって面接試験の役割や重要性が，それで減少することは少しもないのであり，各市の面接担当者はこうした面接試験の役割と問題点の間で，どうしたらより客観的で公平な判定を下すことができるかを考え，さまざまな工夫をしているのである。最近の面接試験の形態が多様化しているのも，こうした採用側の努力の表れといえよう。

Ⅳ．面接の質問内容

ひとくちに面接試験といっても，果たしてどんなことを聞かれるのか，不安な人もいるはずだ。ここでは志望動機から日常生活にかかわることまで，それぞれ気に留めておきたい重要ポイントを交えて，予想される質問内容を一挙に列記しておく。当日になって慌てないように，「こんなことを聞かれたら（大体）こう答えよう」という自分なりの回答を頭の中で整理しておこう。

■志望動機編■

(1)　受験先の概要を把握して自分との接点を明確に

公務員を受験した動機，理由については，就職試験の成否をも決めかねない重要な応答になる。また，どんな面接試験でも，避けて通ることのできない質問事項である。なぜなら志望動機は，就職先にとって最大の関心事のひとつであるからだ。受験者が，どれだけ公務員についての知識や情報をもったうえで受験をしているのかを調べようとする。

(2)　質問に対しては臨機応変の対応を

受験者の立場でいえば，複数の受験をすることは常識である。もちろん「当職員以外に受験した県や一般企業がありますか」と聞く面接官も，それは承知している。したがって，同じ職種，同じ業種で何箇所かかけもちしている場合，正直に答えてもかまわない。しかし，「第一志望は何ですか」というような質問に対して，正直に答えるべきかどうかというと，やはりこれは疑問がある。一般的にはどんな企業や役所でも，ほかを第一志望にあげられれば，やはり愉快には思わない。

(3)　志望の理由は情熱をもって述べる

志望動機を述べるときは，自分がどうして公務員を選んだのか，どこに大きな魅力を感じたのかを，できるだけ具体的に，しかも情熱をもって語ることが重要である。

たとえば，「人の役に立つ仕事がしたい」と言っても，特に公務員でなければならない理由が浮かんでこない。

①例題Q＆A

Q.　あなたが公務員を志望した理由，または動機を述べてください。

A.　私は子どもの頃，周りの方にとても親切にしていただきました。それ以来，人に親切にして，人のために何かをすることが生きがいとなっておりました。ですから，一般の市民の方のために役立つことができ，奉仕していくことが夢でしたし，私の天職だと強く思い，志望させていただきました。

Q.　もし公務員として採用されなかったら，どのようにするつもりですか。

A.　もし不合格になった場合でも，私は何年かかってでも公務員になりたいという意志をもっています。しかし，一緒に暮らしている家族の意向などもありますので，相談いたしまして一般企業に就職するかもしれません。

②予想される質問内容

○ 公務員について知っていること，または印象などを述べてください。

○ 職業として公務員を選ぶときの基準として，あなたは何を重要視しましたか。

○ いつごろから公務員を受けようと思いましたか。

○ ほかには，どのような業種や会社を受験しているのですか。

○ 教職の資格を取得しているようですが，そちらに進むつもりはないのですか。

○ 志望先を決めるにあたり，どなたかに相談しましたか。

○ もし公務員と他の一般企業に，同時に合格したらどうするつもりですか。

■仕事に対する意識・動機編■

1　採用後の希望はその役所の方針を考慮して

採用後の希望や抱負などは，志望動機さえ明確になっていれば，この種の質問に答えるのは，それほど難しいことではない。ただし，希望職種や希望部署など，採用後の待遇にも直接関係する質問である場合は，注意が必要だろう。また，勤続予定年数などについては，特に男性の場合，定年まで働くというのが一般的である。

2　勤務条件についての質問には柔軟な姿勢を見せる

勤務の条件や内容などは，職種研究の対象であるから，当然，前もって下調べが必要なことはいうまでもない。

「残業で遅くなっても大丈夫ですか」という質問は，女性の受験者によく出される。職業への熱意や意欲を問われているのだから，「残業は一切できません！」という柔軟性のない姿勢は論外だ。通勤方法や時間など，具体的な材料をあげて説明すれば，相手も納得するだろう。

そのほか初任給など，採用後の待遇についての質問には，基本的に規定に従うと答えるべき。新卒の場合，たとえ「給料の希望額は？」と聞かれても，「規定通りいただければ結構です」と答えるのが無難だ。間違っても，他業種との比較を口にするようなことをしてはいけない。

3　自分自身の言葉で職業観を表現する

就職や職業というものを，自分自身の生き方の中にどう位置づけるか，また，自分の生活の中で仕事とはどういう役割を果たすのかを考えてみることが重要だ。つまり，自分の能力を生かしたい，社会に貢献したい，自分の存在価値を社会的に実現してみたい，ある分野で何か自分の力を試してみたい……などを考えれば，おのずと就職するに当たっての心構えや意義は見えてくるはずである。

あとは，それを自分自身の人生観，志望職種や業種などとの関係を考えて組み立ててみれば，明確な答えが浮かび上がってくるだろう。

①例題Q＆A

Q.　公務員の採用が決まった場合の抱負を述べてください。

A.　まず配属された部署の仕事に精通するよう努め，自分を一人前の公務員として，そして社会人として鍛えていきたいと思います。また，公務員の全体像を把握し，仕事の流れを一日も早くつかみたいと考えています。

Q.　公務員に採用されたら，定年まで勤めたいと思いますか。

A.　もちろんそのつもりです。公務員という職業は，私自身が一生の仕事として選んだものです。特別の事情が起こらない限り，中途退職したり，転職することは考えられません。

②予想される質問内容

○ 公務員になったら，どのような仕事をしたいと思いますか。
○ 残業や休日出勤を命じられたようなとき，どのように対応しますか。
○ 公務員の仕事というのは苛酷なところもありますが，耐えていけますか。
○ 転勤については大丈夫ですか。
○ 公務員の初任給は○○円ですが，これで生活していけますか。
○ 学生生活と職場の生活との違いについては，どのように考えていますか。
○ 職場で仕事をしていく場合，どのような心構えが必要だと思いますか。
○ 公務員という言葉から，あなたはどういうものを連想しますか。
○ あなたにとって，就職とはどのような意味をもつものですか。

■自己紹介・自己PR編■

1　長所や短所をバランスよくとりあげて自己分析を

人間には，それぞれ長所や短所が表裏一体としてあるものだから，性格についての質問には，率直に答えればよい。短所については素直に認め，長所については謙虚さを失わずに語るというのが基本だが，職種によっては決定的にマイナスととられる性格というのがあるから，その点だけは十分に配慮して応答しなければならない。

「物事に熱しやすく冷めやすい」といえば短所だが，「好奇心旺盛」といえば長所だ。こうした質問に対する有効な応答は，恩師や級友などによる評価，交友関係から見た自己分析など具体的な例を交えて話すようにすれば，より説得力が増すであろう。

2　履歴書の内容を覚えておき，よどみなく答える

履歴書などにどんなことを書いて提出したかを，きちんと覚えておく。重要な応募書類は，コピーを取って，手元に控えを保管しておくと安心だ。

3　志望職決定の際，両親の意向を問われることも

面接の席で両親の同意をとりつけているかどうか問われることもある。家族関係がうまくいっているかどうかの判断材料にもなるので，親の考えも伝えながら，明確に答える必要がある。この際，あまり家族への依存心が強いと思われるような発言は控えよう。

①例題Q＆A

Q.　あなたのセールスポイントをあげて，自己PRをしてください。
A.　性格は陽気で，バイタリティーと体力には自信があります。高校時代は山岳部に属し，休日ごとに山歩きをしていました。3年間鍛えた体力と精神力をフルに生かして，ばりばり仕事をしたいと思います。

Q.　あなたは人と話すのが好きですか，それとも苦手なほうですか。
A.　はい，大好きです。高校ではサッカー部のマネージャーをやっておりましたし，大学に入ってからも，同好会でしたがサッカー部の渉外担当をつとめました。試合のスケジュールなど，外部の人と接する機会も多かったため，初対面の人とでもあまり緊張しないで話せるようになりました。

②予想される質問内容

- ○ あなたは自分をどういう性格だと思っていますか。
- ○ あなたの性格で，長所と短所を挙げてみてください。
- ○ あなたは，友人の間でリーダーシップをとるほうですか。
- ○ あなたは他の人と協調して行動することができますか。
- ○ たとえば，仕事上のことで上司と意見が対立したようなとき，どう対処しますか。
- ○ あなたは何か資格をもっていますか。また，それを取得したのはどうしてですか。

○ これまでに何か大きな病気をしたり，入院した経験がありますか。
○ あなたが公務員を志望したことについて，ご両親はどうおっしゃっていますか。

■日常生活・人生観編■

1　趣味はその楽しさや面白さを分かりやすく語ろう

余暇をどのように楽しんでいるかは，その人の人柄を知るための大きな手がかりになる。趣味は“人間の魅力”を形作るのに重要な要素となっているという側面があり，面接官は，受験者の趣味や娯楽などを通して，その人物の人柄を知ろうとする。

2　健全な生活習慣を実践している様子を伝える

休日や余暇の使い方は，本来は勤労者の自由な裁量に任されているもの。とはいっても，健全な生活習慣なしに，創造的で建設的な職場の生活は営めないと，採用側は考えている。日常の生活をどのように律しているか，この点から，受験者の社会人・公務員としての自覚と適性を見極めようというものである。

3　生活信条やモットーなどは自分自身の言葉で

生活信条とかモットーといったものは，個人的なテーマであるため，答えは千差万別である。受験者それぞれによって応答が異なるから，面接官も興味を抱いて，話が次々に発展するケースも多い。それだけに，嘘や見栄は禁物で，話を続けるうちに，矛盾や身についていない考えはすぐ見破られてしまう。自分の信念をしっかり持って，臨機応変に進めていく修練が必要となる。

①例題Q＆A

Q.	スポーツは好きですか。また，どんな種目が好きですか。
A.	はい。手軽に誰にでもできるというのが魅力ではじめたランニングですが，毎朝家の近くを走っています。体力増強という面もありますが，ランニングを終わってシャワーを浴びると，今日も一日が始まるという感じがして，生活のけじめをつけるのにも大変よいものです。目標は秋に行われる●●マラソンに出ることです。

Q.	日常の健康管理に，どのようなことを心がけていますか。
A.	私の場合，とにかく規則的な生活をするよう心がけています。それとあまり車を使わず，できるだけ歩くようにしていることなどです。

②予想される質問内容

○ あなたはどのような趣味をもっているか，話してみてください。
○ あなたはギャンブルについて，どのように考えていますか。
○ お酒は飲みますか。飲むとしたらどの程度飲めますか。
○ ふだんの生活は朝型ですか，それとも夜型ですか。
○ あなたの生き方に影響を及ぼした人，尊敬する人などがいたら話してください。
○ あなたにとっての生きがいは何か，述べてみてください。
○ 現代の若者について，同世代としてあなたはどう思いますか。

■一般常識・時事問題編■

1　新聞には必ず目を通し，重要な記事は他紙と併読

一般常識・時事問題については筆記試験の分野に属するが，面接でこうしたテーマがもち出されることも珍しくない。受験者がどれだけ社会問題に関

心をもっているか，一般常識をもっているか，また物事の見方・考え方に偏りがないかなどを判定しようというものである。知識や教養だけではなく，一問一答の応答を通じて，その人の性格や適応能力まで判断されることになると考えておくほうがよいだろう。

2　社会に目を向け，健全な批判精神を示す

思想の傾向や政治・経済などについて細かい質問をされることが稀にあるが，それは誰でも少しは緊張するのはやむをえない。

考えてみれば思想の自由は憲法にも保証された権利であるし，支持政党や選挙の際の投票基準についても，本来，他人からどうこう言われる筋合いのものではない。そんなことは採用する側も認識していることであり，政治思想そのものを採用・不採用の主材料にすることはない。むしろ関心をもっているのは，受験者が，社会的現実にどの程度目を向け，どのように判断しているかということなのだ。

①例題Q＆A

Q.	今日の朝刊で，特に印象に残っている記事について述べてください。
A.	△△市の市長のリコールが成立した記事が印象に残っています。違法な専決処分を繰り返した事に対しての批判などが原因でリコールされたわけですが，市民運動の大きな力を感じさせられました。

Q.	これからの高齢化社会に向けて，あなたの意見を述べてください。
A.	やはり行政の立場から高齢者サービスのネットワークを推進し，老人が安心して暮らせるような社会を作っていくのが基本だと思います。それと，誰もがやがて迎える老年期に向けて，心の準備をしていくような生活態度が必要だと思います。

②予想される質問内容

○ あなたがいつも読んでいる新聞や雑誌を言ってください。
○ あなたは，政治や経済についてどのくらい関心をもっていますか。
○ 最近テレビで話題の××事件の犯人逮捕についてどう思いますか。
○ △△事件の被告人が勝訴の判決を得ましたがこれについてどう思いますか。

③面接の方法

(1)　一問一答法

面接官の質問が具体的で，受験者が応答しやすい最も一般的な方法である。例えば，「学生時代にクラブ活動をやりましたか」「何をやっていましたか」「クラブ活動は何を指導できますか」というように，それぞれの質問に対し受験者が端的に応答できる形式である。この方法では，質問の応答も具体的なため評価がしやすく，短時間に多くの情報を得ることができる。

(2)　供述法

受験者の考え方，理解力，表現力などを見る方法で，面接官の質問は総括的である。例えば，「愛読書のどういう点が好きなのですか」「○○事件の問題点はどこにあると思いますか」といったように，一問一答ではなく，受験者が自分の考えを論じなければならない。面接官は，質問に対し，受験者がどのような角度から応答し，どの点を重視するか，いかに要領よく自分の考えを披露できるかなどを観察・評価している。

(3)　非指示的方法

受験者に自由に発言させ，面接官は話題を引き出した論旨の不明瞭な点を明らかにするなどの場合に限って，最小限度の質問をするだけという方法で。

(4)　圧迫面接法

意識的に受験者の神経を圧迫して精神状態を緊張させ，それに対する受験者の応答や全体的な反応を観察する方法である。例えば「そんな安易な考えで，職務が務まると思っているんですか？」などと，受験者の応答をあまり考慮せずに，語調を強めて論議を仕掛けたり，枝葉末節を捉えて揚げ足取りをする，受験者の弱点を大げさに捉えた言葉を頻発する，質問責めにするといった具合で，受験者にとっては好ましくない面接法といえる。そのような不快な緊張状況が続く環境の中での受験者の自制心や忍耐力，判断力の変化などを観察するのが，この面接法の目的だ。

V．面接Q＆A

★社会人になるにあたって大切なことは？★

〈良い例①〉

責任を持って物事にあたることだと考えます。学生時代は多少の失敗をしても，許してくれました。しかし，社会人となったら，この学生気分の甘えを完全にぬぐい去らなければいけないと思います。

〈良い例②〉

気分次第な行動を慎み，常に，安定した精神状態を維持することだと考えています。気持ちのムラは仕事のミスにつながってしまいます。そのために社会人になったら，精神と肉体の健康の安定を維持して，仕事をしたいのです。

〈悪い例①〉

社会人としての自覚を持ち，社会人として恥ずかしくない人間になることだと思います。

〈悪い例②〉

よりよい社会を作るために，政治，経済の動向に気を配り，国家的見地に立って物事を見るようにすることが大切だと思います。

●コメント

この質問に対しては，社会人としての自覚を持つんだという点を強調すべきである。〈良い例〉では，学生時代を反省し，社会へ出ていくのだという意欲が感じられる。

一方〈悪い例①〉では，あまりにも漠然としていて，具体性に欠けている。また〈悪い例②〉のような，背のびした回答は避ける方が無難だ。

★簡単な自己PRをして下さい。★

〈良い例①〉

体力には自信があります。学生時代，山岳部に所属していました。登頂した山が増えるにつれて，私の体力も向上してきました。それに度胸というようなものがついてきたようです。

〈良い例②〉

私のセールスポイントは，頑張り屋ということです。高校時代では部活動のキャプテンをやっていましたので，まとめ役としてチームを引っ張り，県大会出場を果たしました。

〈悪い例①〉

セールスポイントは，3点あります。性格が明るいこと，体が丈夫なこと，スポーツが好きなことです。

〈悪い例②〉

自己PRですか……エピソードは……ちょっと突然すぎて，それに一言では……。

〈悪い例③〉

私は自分に絶対の自信があり，なんでもやりこなせると信じています。これまでも，たいていのことは人に負けませんでした。公務員になりましたら，どんな仕事でもこなせる自信があります。

●コメント

自己PRのコツは，具体的なエピソード，体験をおりまぜて，誇張しすぎず説得力を持たせることである。

〈悪い例①〉は具体性がなく迫力に欠ける。②はなんとも歯ぎれが悪く，とっさの場合の判断力のなさを印象づける。③は抽象的すぎるし，自信過剰で嫌味さえ感じられる。

★健康状態はいかがですか？★

〈良い例①〉

健康なほうです。以前は冬になるとよくカゼをひきましたが，４年くらい前にジョギングを始めてから，風邪をひかなくなりました。

〈良い例②〉

いたって健康です。中学生のときからテニスで体をきたえているせいか，寝こむような病気にかかったことはありません。

〈悪い例①〉

寝こむほどの病気はしません。ただ，少々貧血気味で，たまに気分が悪くなることがありますが，あまり心配はしていません。勤務には十分耐えられる健康状態だと思います。

〈悪い例②〉

まあ，健康なほうです。ときどき頭痛がすることがありますが，睡眠不足や疲れのせいでしょう。社会人として規則正しい生活をするようになれば，たぶん治ると思います。

●コメント

多少，健康に不安があっても，とりたててそのことを言わないほうがいい。〈悪い例②〉のように健康維持の心がけを欠いているような発言は避けるべきだ。まず健康状態は良好であると述べ，日頃の健康管理について付け加える。スポーツばかりではなく，早寝早起き，十分な睡眠，精神衛生などに触れるのも悪くない。

★どんなスポーツをしていますか？★

〈良い例①〉

毎日しているスポーツはありませんが，週末によく卓球をします。他のスポーツに比べると，どうも地味なスポーツに見られがちなのですが，皆さんが思うよりかなり激しいスポーツで，全身の運動になります。

〈良い例②〉

私はあまり運動が得意なほうではありませんので，小さいころから自主的にスポーツをしたことがありませんでした。でも，去年テレビでジャズダンスを見ているうちにあれならば私にもできそうだという気がして，ここ半年余り週1回のペースで習っています。

〈悪い例①〉

スポーツはどちらかといえば見る方が好きです。よくテレビでプロ野球中継を見ます。

●コメント

スポーツをしている人は，健康・行動力・協調性・明朗さなどに富んでいるというのが一般の（試験官の）イメージだ。〈悪い例①〉のように見る方が好きだというのは個人の趣向なので構わないが，それで終わってしまうのは好ましくない。

★クラブ・サークル活動の経験はありますか？★

〈良い例①〉

剣道をやっていました。剣道を通じて，自分との戦いに勝つことを学び，また心身ともに鍛えられました。それから横のつながりだけでなく先輩，後輩との縦のつながりができたことも収穫の一つでした。

〈良い例②〉

バスケット部に入っておりました。私は，中学生のときからバスケットをやっていましたから，もう6年やったことになります。高校までは正選手で，大きな試合にも出ていました。授業終了後，2時間の練習があります。また，休暇時期には，合宿練習がありまして，これには，OBも参加し，かなりハードです。

〈悪い例①〉

私は社会心理研究会という同好会に所属していました。マスコミからの情報が，大衆心理にどのような影響をおよぼしているのかを研究していました。大学に入ったら，サークル活動をしようと思っていました。それが，いろいろな部にあたったのですが，迷ってなかなか決まらなかったのです。そんなとき，友人がこの同好会に入ったので，それでは私も，ということで入りました。

〈悪い例②〉

何もしていませんでした。どうしてもやりたいものもなかったし，通学に2時間半ほどかかり，クラブ活動をしていると帰宅が遅くなってしまいますので，結局クラブには入りませんでした。

●コメント

クラブ・サークル活動の所属の有無は，協調性とか本人の特技を知るためのものであり，どこの採用試験でも必ず質問される。クラブ活動の内容，本人の役割分担，そこから何を学んだかがポイントとなる。具体的な経験を加えて話すのがよい。ただ，「サークル活動で●●を学んだ」という話は試験官にはやや食傷気味でもあるので，内容の練り方は十分に行いたい。

〈悪い例①〉は入部した動機がはっきりしていない。〈悪い例②〉では，クラブ活動をやっていなかった場合，必ず別のセールスポイントを用意しておきたい。例えば，ボランティア活動をしていたとか，体力なら自信がある，などだ。それに「何も夢中になることがなかった」では人間としての積極性に欠けてしまう。

★新聞は読んでいますか？★

〈良い例①〉

毎日，読んでおります。朝日新聞をとっていますが，朝刊では“天声人語”や“ひと”そして政治・経済・国際欄を念入りに読みます。夕刊では，“窓”を必ず読むようにしています。

〈良い例②〉

読売新聞を読んでいます。高校のころから，政治，経済面を必ず読むよう，自分に義務づけています。最初は味気なく，つまらないと思ったのですが，このごろは興味深く読んでいます。

〈悪い例①〉

定期購読している新聞はありません。ニュースはほとんどテレビやインターネットで見られますので。たまに駅の売店などでスポーツ新聞や夕刊紙などを買って読んでいます。主にどこを読むかというと，これらの新聞の芸能・レジャー情報などです。

〈悪い例②〉

毎日新聞を読んでいますが，特にどこを読むということはなく，全体に目を通します。毎日新聞は，私が決めたわけではなく，実家の両親が購読していたので，私も習慣としてそれを読んでいます。

●コメント

この質問は，あなたの社会的関心度をみるためのものである。毎日，目を通すかどうかで日々の生活規律やパターンを知ろうとするねらいもある。具体的には，夕刊紙ではなく朝日，読売，毎日などの全国紙を挙げるのが無難であり，読むページも，政治・経済面を中心とするのが望ましい。

〈良い例①〉は，購読している新聞，記事の題名などが具体的であり，真剣に読んでいるという真実味がある。直近の記憶に残った記事について感想を述べるとなお印象は良くなるだろう。〈悪い例①〉は，「たまに読んでいる」ということで×。それに読む記事の内容からも社会的関心の低さが感じられる。〈悪い例②〉は〈良い例①〉にくらべ，具体的な記事が挙げられておらず，かなりラフな読み方をしていると思われても仕方がない。

人物試験　集団討論対策

POINT

近年，社会性や人間関係能力，コミュニケーション能力などが特に重視されるようになってきた。行政が組織的に実践されていることからわかるとおり，集団の一員としての資質や組織的な役割意識，そして課題解決能力が求められているのである。集団討論はこれらの評価や公務員としての適性を判断する手段として，全国的に採用試験で実施されるようになった。集団討論は，主に2次試験で実施されることが多い。一般的には，小グループにテーマを与えて，一定時間の中で討論させる方法が実施されている。

面接試験の形式

［一例］

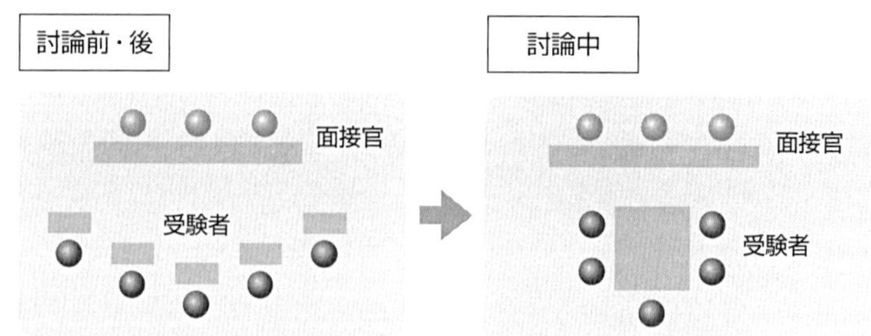

■形式　受験者が6～8人程度で面接官が2～4人程度

■内容　グループに課題を与え，1人1～2分で意見を述べてから全体で自由討議に入る。司会者を受験生の中から選び進行させたり，司会者を決めないで進行させたりし，面接官は観察や評価に専念する。

■時間　30～50分程度

■特徴　集団活動を通して，受験者の協調性や社会性，論理性や判断力など集団内での社会的能力を観察できる。これは面接官が評価に専念できる利点がある一面，あまり発言できない受験者の評価が十分にできないといった欠点もある。

■手順

1 グループで座り，討論のテーマが提示される。

2 各自テーマを読み，5分間程度で自分の考えをメモにまとめ討論の準備をする。

3 各自1分間程度でテーマについての意見を述べる。

4 全員意見を述べたら20分間の課題解決型討論を始める。

5 採点者は，受験者の討論を観察し評価する。

6 討論後，面接官からの質問に答える。

★ポイント　協調性や社会性といった社会的能力を中心に評価されるので，相手の意見を尊重しながら自分の主張を行うようにする。自分の意見に固執したり，他の意見に攻撃的に反論したりしないように注意する必要がある。

集団討論の意義

このようにして，面接前の態勢を整えるが，やはり，主担当者がいて，全体を取り仕切っているのであるから，面接の期間中，その人物の言動から目を逸らさないようにすることである。出題に関しては，次に述べることとするが，この集団討論での重要なことは，討論に入る前であり，その態勢をどのようにつくるかである。さらに，それぞれの意見交換ということになるので，最初の出会いの時のそれぞれの印象が強く残るということになる。

実施形式と攻略法

①面接官主導の討論

自己紹介という形で，それぞれに1～2分間ずつ時間が与えられることが多い。このことで，その集団の様子が明らかになるが，面接官がすべて指示するため，受験者がコの字型や円形になっている中心に，面接官が1人加わることになる。

課題の提示は，面接官が課題を読み上げる方法や受験者各自に紙面が配られる場合，会場の掲示板に示してある場合などがあるが，ほとんどの場合は，後者2つの方法であるため討論中に課題を忘却することはないと考えられる。

応答の形式等すべて，面接官の指示に従うことであるが，注意すべきことは，議論に熱中するあまり，発言時間を超過してしまうことである。この傾向についてはよく見られることであるため，面接官よりあらかじめ「発言時間は，1分以内」との指示もあるはずである。しかも，時間超過には発言中断の注意が発せられることになるため，自らの発言については要注意である。このとき，前述したことであるが，発言内容を「結論から」述べ，次に「その理由」とし，他の受験者がもっと聞きたいと思うようになることが望ましく，対話的になるのがよいのである。

②受験者相互の意見交換

着席してから質疑に入る前に点呼をとり，受験者の確認があり，その後，自己紹介という形で，それぞれに1～2分間ずつ時間が与えられることが多いのは，面接官主導の討論の場合と同様である。このことで，その集団の様子が明らかになるが，受験生がコの字型や円形になっている場合，面接官が加わることはないのである。

そして，面接官から，「どなたか，司会になっていただけませんか。」といわれる場合と「これからは，それぞれ自由に意見を出し合って，討論をしていただきます。」という2つの形態があり，後者の傾向が強くなりつつあるようである。このことは，前者の場合，司会を決定するまでに手間がかかり，それぞれの討論時間が均一にならない，という事情があるからである。したがって，示された課題に対する最初の意見表明は，かなりの度胸も必要になるが，そのことが，全体の雰囲気を左右することにもなるため，慎重になるべきである。

集団討論試験に対する対応の基本

〈集団討論の対応〉

集団討論では，他の面接と異なり，受験者が集団の中でどのような能力を発揮し，また協調できるかなどが，とくに観察されているので，その観点について知っておくことが大切である。このことについての評価の観点の意味づけを示しておく。

ア　観察されていること

○貢献度

課題解決に寄与することで，受験者が討論の機能をどの程度理解し，目的達成のためにどの程度貢献したのかを見るものである。発言の回数が多くても，自己中心的で課題解決に役立たない場合は，高い評価を得ることはできず，発言回数が少なければ，当然，低く評価されることになる。

○協調性

これは協同して事に当たる状態を作り上げることに寄与することで，発言態度が独善ではなく，民主的であることや他の人の意見及び反対の立場の人の意見にも耳を傾ける態度が望まれる。とくに，発言の活発でない受験者を励ますような態度も評価される。

○主導性

グループ全体を課題解決への方向付けをすることで，ただ単にリーダーシップを発揮するということではなく，全員を納得させながら問題解決の方向に導いていくことが求められている。したがって，より建設的な意見や信頼感のある発言などが，高く評価されている。

○判断力

問題を十分理解し，正しい判断が行われているかどうかである。また，討議の過程において，自分の置かれている立場に対する状況判断が，適切であるかどうかなどが評価されている。

○表現力

自らが主張しようとするところを適切な言葉や有効なエピソードなどを加えて表現されているかどうかである。また，このグループディスカッションは，討論とは言っても勝ち負けが問題とされるわけではなく，面接試験なのであるから，あまり感情をむき出しにした言葉遣いや他の人に対する冷たい言い方は，避けなければならないことであり，その配慮などが評価される。

○企画性

討論の進行に対して，計画的な発言が行われているかどうかである。また，そのように進行させようと努力しているかどうかなどについて，とくに，全体の状況に対する配慮が評価されている。

イ　評価を高める十ヶ条

Ⅰ　油断をしない。
Ⅱ　好感を与える。
Ⅲ　対話的になる。
Ⅳ　信頼感を与える。
Ⅴ　演出を考えておく。
Ⅵ　けじめを感じさせる。
Ⅶ　気配りを感じとらせる。
Ⅷ　全力投球の気構えをもつ。
Ⅸ　健康的で，活気を感じさせる。
Ⅹ　人間的な温かみを感じとらせる。

集団討論におけるアドバイス

・はじめに各自自分の意見を述べるので，そのとき，他のメンバーの考えを簡単にメモしながら聞くと，後の討論のとき他の受験生がテーマをどのように捉えているのかがわかり，意見をまとめやすくなる。
・テーマの内容によっては論じにくいものもあるが，行政の課題に関連づけ，公務員の視点から発言するとよい。
・自分の考えばかりを言うのではなく，他の人の意見を聞き，それに対して自分はどう思うかを発言することが大切である。
・自分と意見が違う場合には「私は……のように思いますが皆さんはどう思われますか」などと尋ねてみるとよい。
・他の人の言っていることがよくわからなかったら，「○番の方，もう少し具体的に説明していただけますか」などのように聞くことも必要である。
・みんなで一緒にコンセンサス（共通理解）を得るといった気持ちを大切にする。
・普段から友達同士で行政の課題について，気楽に話をしたり，意見交換をしておくことが大切である。
・他の受験者の意見に関連づけて発言するとよい。
［例］「○さんが言われたのに付け加えて，私は……と考えています」
「○さんと○さんが言われたことに私も賛成で，……を加えたいと思

います」
「◯さんは先ほど……のように言われましたが，私は……と考えています」
「◯さんが言われることに関して，私の意見は……と考えています」

●言葉遣い

面接試験だからといって，特に難しい言葉を使う必要はなく，日常使っている敬語を使った丁寧な言葉で十分である。自分の考えや意見を正しく，わかりやすく，相手に伝えられるようにすることが重要である。つまり，公務員として，住民の模範となるような正しい日本語を使うことが大切であると言える。

しかし，面接試験のときには緊張してしまい，つい普段の癖がでてしまうものである。常日頃から，目上の人や年長者と話すときに，正しい敬語が使えるようにしておくことが大切である。

集団討論の流れ

①課題の把握と方針の決定（個人発表）

問題点の構造化を図り，解決すべき課題を整理して，2，3つに集約した課題を自分の意見として挙げる。

②構造の把握と分析

テーマの分野がどのような構造になっているのか，どの方向から考えていったらいいのかを討論する。皆の意見を整理し，同様の意見をまとめて構造的に分類する。

③課題の焦点化と討論の流れの確認

構造化された課題の中で，話し合いで焦点化していく課題を1つ選び，メンバーで確認しながら，選んだ課題についての分析と問題点の確認，以降の討論の流れを確認する。

④課題の深化

テーマの課題に対して意見を出し合い，課題の問題点や，状況を解明する。

⑤課題解決の対策

課題が解明できてきたら，時間を見ながら，対策や対処法についての具体策を出す方向へと進める。

⑥解決策のまとめ

一通り課題への解決策が出てきたら，皆の解決策をいくつかにまとめて集約していく。分類できるものは分類して構造的に整理する。

⑦次の課題への転換

時間が残っている場合には，次の課題へと話を転じる発言をする。課題の焦点化から同様の話し合いを行う。

⑧議題の収束へ

残り3～5分程度になったら全体を収束させる方向に議論を進める。抽象的な話から具体的な解決策へと発展させていく。

評価項目

貢献度　グループ・ディスカッションを進めるとき，課題に対する論点を示したり，議論の方向性を定めたりする働きが重要である。これは受験者の発言や発表が，討論を進める上で，どのように貢献できたかを評価するものである。発言の回数が多くても，課題からずれていたり，自己中心的で課題解決に役立たない場合には評価されない。当然，発言が少なければ評価は低い。

評価の観点

・適切な論点を提供する
・論点についての適切な意見を述べる
・課題の解決に役立つ意見を提供する
・混乱した討論を整理し，論題からはずれた意見を修正する
・討論をまとめる方向へと意見を述べる

協調性　グループでの協同作業は，まわりとの協調性が必要である。他人の意見や反対の意見にも耳を傾け，発言態度が民主的であることが求められる。感情的に対立したり，攻撃的に意見を述べるといった態度では自由な意見交換が成立しなくなってしまう。まわりの意見に気を配り，他人の意見も積極的に認め，発展させようとする態度が望ましい。

評価の観点

・自分の意見に固執しない

・他人の意見を意欲的に聞こうとする
・他人の意見を積極的に認めようとする
・対立・攻撃を和らげるように努める
・グループの雰囲気を高めようと努める

主導性 グループ・ディスカッションでは，全員を納得させながら課題解決の方向へと導いていくことが望まれている。ただ単にリーダーシップをとるということではなく，民主的に互いの意見を尊重し合いながら解決へと進めていく主導性が求められている。

評価の観点

・進んで口火を切る発言をする
・討論を次の段階へと発展させる働きをする
・意見が討論の進行に大きな影響を与えている
・討論をまとめる方向へと導く
・他者を促し，全員が討論に参加できるようにする

企画性 討論の進行に対して計画的に発言し，一定の時間の中で課題の論点を解決の方向へとまとめていく努力をしなくてはならない。受験者が討論の全体構想をもって発言しているか，論点を示しながら発展させ，まとめへと計画的に意見を述べているかといったことが評価される。また，現実的・具体的に課題を捉え，その解決の方策を考えることも重要なことである。

評価の観点

・討論進行に対して計画的な発言を行う
・一定の方向性を持った意見を述べる
・制限時間を考えながら発言している
・課題に対する全体構想をもっている
・発言内容が現実的・具体的である

評価の観点

①貢献度

課題解決に寄与した程度で，受験者が討論の機能をどの程度理解し，目

的達成のためにどの程度貢献したかを見るものである。発言の回数が多くても，自己中心的で課題解決に役立たない場合は高評価を得ることはできないし，発言回数が少なければ当然低く評価されることになる。

②協調性

これは協同して事に当たる状態を作り上げることに寄与した程度で，発言態度が独善的でなく民主的であることや，他の人の意見，反対の立場の人の意見にも耳を傾ける態度が望まれる。

③主導性

グループを課題解決の方向に動かした程度でただ単にリーダーシップをとるということではなく，全員を納得させながら問題解決の方向に導いていくことが求められている。

④判断力

問題を十分理解し正しい判断が行われているかどうか，また討議の過程において自分のおかれている立場に対する状況判断が適切であるかどうか，などである。

⑤表現力

自分の主張しようとするところが適切な言葉や有効なエピソードなどを使って表現されているかどうか。また，このグループディスカッションは討論とはいっても勝ち負けが問題とされるわけではなく面接試験なのであるから，あまり感情をむき出しにした言葉遣いや，他の人に対する冷たい言い方は避けなければならないのは当然である。

⑥企画性

討論の進行に対して計画的な発言が行われているかどうか，また行おうと努力しているかどうかなどについて，特に，全体の状況に対する配慮などが評価される。

●書籍内容の訂正等について

弊社では教員採用試験対策シリーズ（参考書，過去問，全国まるごと過去問題集），公務員採用試験対策シリーズ，公立幼稚園・保育士試験対策シリーズ，会社別就職試験対策シリーズについて，正誤表をホームページ（https://www.kyodo-s.jp）に掲載いたします。内容に訂正等，疑問点がございましたら，まずホームページをご確認ください。もし，正誤表に掲載されていない訂正等，疑問点がございましたら，下記項目をご記入の上，以下の送付先までお送りいただくようお願いいたします。

① **書籍名，都道府県・市町村名，区分，年度**
（例：公務員採用試験対策シリーズ　北海道のＡ区分　2025年度版）
② **ページ数**（書籍に記載されているページ数をご記入ください。）
③ **訂正等，疑問点**（内容は具体的にご記入ください。）
（例：問題文では“ア～オの中から選べ”とあるが，選択肢はエまでしかない）

〔ご注意〕
○ 電話での質問や相談等につきましては，受付けておりません。ご注意ください。
○ 正誤表の更新は適宜行います。
○ いただいた疑問点につきましては，当社編集制作部で検討の上，正誤表への反映を決定させていただきます（個別回答は，原則行いませんのであしからずご了承ください）。

●情報提供のお願い

公務員試験研究会では，これから公務員試験を受験される方々に，より正確な問題を，より多くご提供できるよう情報の収集を行っております。つきましては，公務員試験に関する次の項目の情報を，以下の送付先までお送りいただけますと幸いでございます。お送りいただきました方には謝礼を差し上げます。
（情報量があまりに少ない場合は，謝礼をご用意できかねる場合があります。）
◆あなたの受験された教養試験，面接試験，論作文試験の実施方法や試験内容
◆公務員試験の受験体験記

送付先
○電子メール：edit@kyodo-s.jp
○FAX：03-3233-1233（協同出版株式会社　編集制作部 行）
○郵送：〒101-0054　東京都千代田区神田錦町2-5
協同出版株式会社　編集制作部 行
○HP：https://kyodo-s.jp/provision（右記のQRコードからもアクセスできます）

※謝礼をお送りする関係から，いずれの方法でお送りいただく際にも，「お名前」「ご住所」は，必ず明記いただきますよう，よろしくお願い申し上げます。

那覇市・沖縄市・うるま市・
浦添市・宜野湾市の
初級

編　者　公務員試験研究会

発　行　令和６年３月10日

発行者　小貫輝雄

発行所　協同出版株式会社

〒101－0054
東京都千代田区神田錦町2－5
電話　03－3295－1341
振替　東京00190－4－94061

落丁・乱丁はお取り替えいたします

Printed in Japan